Rob Mitchell

# Kind der Hoffnung
Wie ein Junge seine Heimat findet

Rob Mitchell

# Kind der Hoffnung

Wie ein Junge seine Heimat findet

SCM Hänssler

**SCM**

Stiftung Christliche Medien

Bestell-Nr. 394.874
ISBN 978-3-7751-4874-0


Originally published in English under the title *Castaway Kid*.


Internet: www.scm-haenssler.de
E-Mail: info@scm-haenssler.de
Umschlaggestaltung: Gerd Böttler
Titelbild: stockxpert.com
Bilder im Innenteil: R. B. Mitchell
Satz: typoscript GmbH, Kirchentellinsfurt
Druck und Bindung: CPI – Ebner & Spiegel, Ulm
Printed in Germany

# Leserstimmen

»Wow. Ich hatte kaum die erste Seite gelesen, da kamen mir die Tränen. Ich konnte das Buch nicht weglegen. Ich habe einen kleinen Sohn, der gerade vier geworden ist, und ich kann mir nicht vorstellen, ihn länger als irgend nötig allein zu lassen. Ich wollte meinen kleinen Jungen nur noch aus dem Bett holen und ihn festhalten. Diese Geschichte macht mich zutiefst demütig. Ich hoffe, sie wird das Leben von Tausenden von Menschen verändern. Mein Leben hat sie verändert.«

*Brian Litrell, Sänger und Mitglied der Backstreet Boys*

»*Kind der Hoffnung* ist eine beeindruckende Geschichte über die Macht von Jesus, in jedem Bereich unseres Lebens Erlösung zu schenken. Es ist ein großartiges Buch, das mir persönlich Gottes Liebe vor Augen hält. Als ich es las, weinte ich echte Tränen. Man muss es einfach lesen.«

*Dave Ramsey, Bestsellerautor*

»Bevor Sie sich hinsetzen und *Kind der Hoffnung* von Rob Mitchell lesen, würde ich Ihnen empfehlen, sich eine Packung Taschentücher zu besorgen. Diese fesselnde Geschichte wird Sie von der ersten Seite an packen und Ihnen begreiflich machen, wie sich völlige Einsamkeit und Ablehnung anfühlen. Wichtiger noch, sie rückt die wichtigsten Dinge im Leben, wie die Beziehung zu Gott, ins rechte Licht. Sie ist ein hervorragendes Beispiel dafür, wie Gottes Hand alle Wunden heilen und uns helfen kann, unser angeborenes Potenzial zu erkennen.

Wenn Sie dieses Buch gelesen haben, werden Sie bereit sein, die Taschentücher wegzulegen und sich daranzumachen, die Welt zu erobern.«

*Dr. Benjamin S. Carson senior, John Hopkins Medical Institutions (Baltimore), weltweit bekannter Neurochirurg, der u. a. die siamesischen Zwillinge Tabea und Lea trennte; Autor von »Begnadete Hände« und »Das Ziel heißt Leben«*

»Eine eindrückliche, fesselnde Botschaft, die auf die unvorstellbare Gnade unseres himmlischen Vaters hinweist.«

*Dan T. Cathy, Vorsitzender und Betriebsdirektor von Chick-fil-A Inc.*

»In einer Zeit, in der ›Selbstwertgefühl‹ großgeschrieben wird, weist Rob Mitchell aus eigener Erfahrung darauf hin, wie sehr jeder von uns Gott für das eigene Leben und sämtliche Unternehmungen braucht. Eine wichtige Lektüre!«

*Ben Edwards, Vorstandsvorsitzender i. R. von A. G. Edwards & Sons Inc.*

»Dies ist ein beachtliches Werk zeitgenössischer Literatur, das schnell den Kopf und dann das Herz des Lesers erreicht. Das Buch handelt anfangs vom Kampf eines kleinen Jungen mit dem Verlassenwerden, doch sehr bald geht es um den eigenen Kampf des Lesers mit universellen Themen wie Einsamkeit, Angst, Ablehnung, Wut, Verbitterung und Vergebung für andere und sich selbst.«

*Dotty Hoots, Dozentin für Englisch an der Wesleyan Academy in High Point, North Carolina*

*Für die Einsamen, die sich selbst verletzt haben oder durch Misshandlung oder Gleichgültigkeit von anderen verletzt wurden – und für diejenigen, die unaufhörlich beten und versuchen, Hoffnung zu bringen.*

# Inhalt

# Danksagung

Mein Dank geht an:
Gott, der über alle Vorstellungskraft hinaus führt, wenn ich auf ihn höre.
Susan, meine Frau und Gefährtin – deine äußere Schönheit wird noch übertroffen von deiner klugen, einfühlsamen und liebevollen inneren Schönheit, die mir auf unserer gemeinsamen Reise immer wieder Kraft gibt.
Alicia und Luke – euer Vater zu sein ist die Freude meines Lebens.
Paul – ehemals nur ein Gast, jetzt ein Bruder.
Die Rockforder – Art, Paul, Marge und »die Mädchen«.
Joe und Mary Davis, beide verstorben – Susans Eltern und wunderbare Schwiegereltern.
Ein Dankeschön auch an:
Diejenigen aus Princeton, die nicht in diesem Buch erwähnt sind, sich aber ebenfalls um mich bemüht haben: Carol, Colleen, George, Helen, John, Ralph und Tim sowie auch die Swansons und die Malms.
Die aus dem College – die Eds, Barbie, David, Doug, Gerry, Jimmy, John, Kate und die *New-Garden*-Jugendgruppe.
Die Missionare Ruth und Brad Hill und Jan und Bob Thornbloom. *Mbote!*
Die Männer, die mich immer wieder an meine Verantwortung erinnern: Barry, Jay, Pete und Steve.
Die Männer von CBMC, besonders Pat O'Neal.
Die Cathys von *Chick-fil-A* und ihre Organisation für gefährdete Kinder, *WinShape*.
Die Mitglieder von *Kiwanis*, die sich um gefährdete Kinder kümmern und mich einladen, ihnen dabei zu helfen.
Die *Red Pen Partners* von Massachusetts.
Dotty Hoots und ihre Studenten in der Abschlussklasse 2004 der *Wesleyan Academy* – die Besten.
Phil Downer von *DNA Ministries* und unseren Kumpel Ken Walker, für ihre Ermutigung.
Ronda, Ruth und Vivien, die alles am Laufen halten.
Nanci und John, die mich bei *Focus on the Family* betreuen.

Und Barbara Winslow Robidoux, die mich beim Schreiben angeleitet hat und mir eine Freundin geworden ist.

# Ist diese Geschichte wahr?

Das ist ein Buch der Hoffnung. Bei all den Skandalen in letzter Zeit über Memoiren, die zweifelhafte »Fakten« enthielten, ist die Frage berechtigt, ob dies wirklich eine wahre Geschichte ist.

Als ich Anfang der 1990er Jahre bei einer Spendenveranstaltung für das *Covenant Children's Home* einen Vortrag hielt, erfuhr ich vom Direktor, dass ich, da ich nie Mündel des Staates gewesen war, vollen Zugriff auf meine Fürsorge-Akten hatte. Ich kopierte etliche der Dokumente für meine Unterlagen und dachte dabei oft: *Solltest du jemals ein Buch schreiben, werden die Leute glauben, du hättest dir das ausgedacht.*

All diese Ereignisse haben jedoch tatsächlich stattgefunden. Nicht nur ich habe sie mir so gewissenhaft wie möglich in Erinnerung gerufen. Auch andere beteiligte Erwachsene haben sich daran erinnert, und sie sind in den Notizen meiner Sozialarbeiter, in protokollierten Gesprächen und im Tagebuch meiner Großmutter Gigi, dokumentiert.

Damit sie ihre eigene Geschichte erzählen können, wann und falls sie das wollen, werden andere Kinder aus dem Waisenhaus nicht erwähnt – bis auf eines, und das mit ausdrücklicher Erlaubnis. Kein Name in diesem Buch ist erfunden, einige davon sind jedoch Spitznamen.

Man hat mir gesagt, dass ich ungewöhnlich präzise Erinnerungen habe. Natürlich hat kein Mensch ein perfektes Gedächtnis, aber die Dialoge in diesem Buch entsprechen der jeweiligen Situation und sind so wortgetreu wie möglich wiedergegeben. Alle noch lebenden Erwachsenen, die zitiert werden und die ich erreichen konnte, haben meine Beschreibung der Ereignisse bestätigt, an denen sie beteiligt waren.

Ja, diese Geschichte der Hoffnung ist wahr. Weitere Einzelheiten finden Sie im Internet unter www.amillionlittleproofs.com.

*Nicht die Umstände machen einen Menschen aus,*
*sondern der Charakter.*

Booker T. Washington
Pädagoge; ehemaliger Sklave

# 1 Ausgestoßen

Dunkle, undeutliche Bilder bestimmen den größten Teil der Erinnerungen an meine frühe Kindheit. Doch ein Bild ist klar und deutlich. Die Angst hat es unauslöschlich in mein dreijähriges Gehirn gebrannt: Mutter und ich stehen vor einem großen Gebäude. Hohe Schneehaufen säumen den Gehweg. »Komm schon, Robby«, sagt Mutter und zerrt mich die Stufen zur Eingangstür hinauf. »Sie warten auf uns.«

Bald darauf übernachten wir in einem fremden Zimmer. Ich weiß nicht warum. Wegen der unheimlichen Geräusche und Schatten wimmere ich, wenn ich nachts aufwache. Mutter ermahnt mich zur Ruhe.

Der laute Schlag einer Glocke weckt uns. Die Sonne scheint und die Furcht erregenden Schatten sind verschwunden. Aus den ungewohnten Lauten der letzten Nacht werden rennende Füße und Lachen.

Wir frühstücken in einem großen Raum voller Kinder, doch sie scheinen uns nicht zu sehen. Als wir fertig sind, bringt Mutter mich nach oben. Eine namenlose Dame in einem langen dunklen Kleid empfängt uns. »Geh dort hinüber und spiel ein bisschen«, sagt sie und deutet auf eine Ecke, wo ein Junge Bauklötze aufeinanderstapelt.

Ich bewege mich nicht.

»Tu, was sie sagt, Robby!«, befiehlt Mutter.

Ich stehe an Mutters Bein geklammert da und zögere. Sie befreit sich von meiner Hand, packt mich am Arm und zerrt mich zur Spielecke. Sie lässt mich auf den Boden plumpsen, sodass mein Gesicht dem Jungen zugewandt ist und ich mit dem Rücken zu ihr sitze. Ich strecke die Hand nach einem Bauklotz aus, doch der Junge greift ihn sich. Als er anfängt, das andere Spielzeug zu sich hinzuschieben, drehe ich mich um, um mich zu beschweren.

Nur die fremde Dame steht da. Mutter ist weg.

»Mami musste ins Krankenhaus, Robby«, sagt mir die Frau. »Sie ist mit dem Zug zurück nach Chicago gefahren. Sie wird dich wieder besuchen, wenn es ihr besser geht.«

Ihr Mund bewegt sich weiter, aber ich höre ihre Worte nicht. Als mir endlich ins Bewusstsein dringt, dass Mutter mich verlassen hat, fange ich an zu wimmern.

»Hör auf damit, Robby«, befiehlt die Frau. »Spiel weiter.«

»Ich will zu Mami!«, schreie ich. »Ich will zu Papi. Ich will zu Oma Gigi. Ich will nach Hause!« Die Schreie werden zu lautem Schluchzen und ich renne zur Tür. Ich versuche sie zu öffnen, aber ich kann die Türklinke nicht bewegen.

»Hör auf zu weinen, Robby, oder ich versohle dir den Hintern!«, warnt mich die Frau.

»Ich will nach Hause! Ich will nach Hause!«, weine ich, werfe mich zu Boden und strample mit den Füßen.

Mein Wutanfall überschreitet die Grenzen ihrer Geduld. Sie reißt mich vom Boden hoch und versetzt mir einen Schlag nach dem anderen auf mein Hinterteil. Schließlich beiße ich die Zähne zusammen, um die Schreie nicht herauszulassen. Sie hört auf, aber ich schniefe immer weiter.

An jenem Abend ignorieren mich die anderen Kinder.

Als der Morgen kommt, wache ich in einem nassen Bett auf. Die Frau schimpft mich aus. Nach dem Frühstück legt sie ein braunes Gummilaken über die Matratze und darüber noch ein braunes Gummilaken. Ich muss den ganzen Vormittag zwischen diesen beiden Laken liegen. Die Gummilaken sind sehr warm. Sie quietschen, wenn ich mich bewege.

»Pipi-Baby«, skandieren einige der Jungen. »Der Neue ist ein Pipi-Baby!« Ich schäme mich, habe aber zu viel Angst, um etwas zu sagen.

Das Quietschen der braunen Gummilaken stempelt mich als schlecht ab, als anders.

Anders als die anderen Jungen an dem Ort, an dem Mutter mich zurückgelassen hat.

In den Wochen und Monaten, die folgten, hörte ich nichts von Mutter. Aber ich hörte von Oma Gigi. Ich weiß nicht, wie oder wann sie herausfand, wo ich war. Aber sobald sie es herausgefunden hatte, kam sie jeden Samstag mit dem Zug aus Chicago, um mich in der kleinen landwirtschaftlichen Stadt Princeton, Illinois, zu besuchen.

Gigi war über 60, geschieden und arm. Sie wohnte allein in einer winzigen Wohnung und arbeitete im großen *Marshall-Field's-Warenhaus* im Stadtzentrum. Meine Mutter, Joyce Mitchell, war ihr einziges Kind; ich war Gigis einziges Enkelkind.

Mich zu besuchen, war nicht leicht für Gigi. Es bedeutete, dass sie ihre Wohnung im Norden der Stadt früh am Morgen verlassen, auf dem Ridge Boulevard vier Blocks weit zur Howard Street laufen und den Bus zum Howard-Bahnhof nehmen musste. Von dort nahm sie die Hochbahn nach Belmont, stieg auf die Linie nach Adams und Quincy um und lief mehrere lange Blocks weit zur *Union Station.* Hier nahm sie den Zug, der unter dem Namen *California Zephyr* bekannt ist, und fuhr zwei Stunden nach Princeton. Wenn sie dann um zehn Uhr morgens dort ankam, lagen noch fünf Blocks bis zum *Covenant Children's Home* vor ihr.

Wenn sie mich endlich sah, kniete sich Gigi hin und wartete, dass ich zu ihr gerannt kam. Irgendwie schaffte sie es, auf den Beinen zu bleiben, wenn ich mich in ihre Arme warf. Sie umarmte mich fest – und roch dabei so gut. Immer sah sie aus wie eine Dame – ein schlichtes, aber schmeichelhaftes Kleid umspielte ihre mittelgroße Figur, und sie trug Ohrringe, eine Halskette, Nylonstrümpfe, hohe Schuhe und einen Hut, unter dessen Rand kurze, dunkle Locken hervorlugten.

»Was hast du Neues gelernt, seit ich das letzte Mal hier war?«, fragte sie immer. Ich erzählte ihr dann alles, was mir einfiel. Danach zog ich sie stolz zum Spielplatz, um ihr mein neuestes Kunststück zu zeigen. Es machte mich stolz, wenn sie zu einigen der anderen Jungen »Hallo« sagte und sie mit Namen anredete. Wir Heimkinder fühlten uns als etwas Besonderes, wenn jemand sich daran erinnerte, wer wir waren.

Gegen Mittag gingen wir immer zu einem kleinen Restaurant in der Nähe. Sie bestellte sich einen Kaffee, aß aber selten etwas. Sie ließ mich in die Speisekarte schauen und sagte dann: »Wie wär's mit einem Hamburger und einem schönen Glas Milch? Und zum Nachtisch essen wir Eis.« Das klang immer gut für mich.

Aber es wurde viel zu schnell zwei Uhr nachmittags. Gigi musste sich verabschieden, um den Drei-Uhr-Zug zurück in die Stadt zu erreichen.

»Gigi, nimm mich mit«, bettelte ich jedes Mal. »Bitte, Gigi, bitte nimm mich mit!«

Dann kniete sie sich mit Tränen in den Augen hin und sagte immer das Gleiche: »Robby, Schatz, du bist mein lieber Enkelsohn. Es tut mir leid, dass ich dich nicht bei mir haben kann. Es tut mir leid, dass deine Eltern zu krank sind, um dich bei sich zu haben.

Halte meine Liebe ganz fest in deinem Herzen. Sie wird immer dort sein.«

Ich verstand nicht, was sie meinte. Ich wusste nur, dass mich jeden Samstag, wenn sie bei mir war, Liebe zu erfüllen schien. Wenn sie ging, fühlte ich mich leer und allein.

Jedes Mal stand ich vor der Eingangstür des Kinderheims und beobachtete, wie sie wegging. Mit verschränkten Armen, die Hände fest in die Achselhöhlen gepresst, wiegte ich mich leicht von links nach rechts.

*Warum nimmst du mich nicht mit nach Hause?*, rief ich ihr in Gedanken nach. *Ich werde brav sein, Gigi. Ich versprech's. Ich werde nicht viel essen! Bitte, bitte lass mich nicht hier.*

Schließlich verschwand sie aus meinem tränenverschleierten Blick. Und der Einzige, der noch da war, um mich zu umarmen, war… ich selbst.

Der zwei Jahre alte Robby umarmt seine Mutter, Joyce Mitchell (April 1957). Sechs Monate später versucht sein Vater Robert (re.), sich das Leben zu nehmen.

Großmutter Gigi mit dem zweieinhalb Jahre alten Robby.

# 2 Kleine Jungen

Ich weiß nicht genau, wie viele Monate vergingen, bevor das Bettnässen aufhörte, aber die Gummilaken verschwanden, kurz bevor Nola kam. Unsere neue Gruppenleiterin war 29 Jahre alt, unverheiratet und eine geradlinige Frau mit einem strahlenden Lächeln und funkelnden Augen.

Gewöhnlich trug sie lange einfarbige Kleider oder eine Bluse und Dreiviertelhosen, eine Hornbrille im Stil der 50er Jahre und keinen Schmuck. Ihr welliges dunkles Haar trug sie immer kurz geschnitten. Wenn man sie nach dem Grund fragte, lachte Nola und sagte: »Hab keine Zeit, mich mit meinen Haaren *und* einem Dutzend Jungs herumzuschlagen!« Ich war völlig hingerissen von ihr!

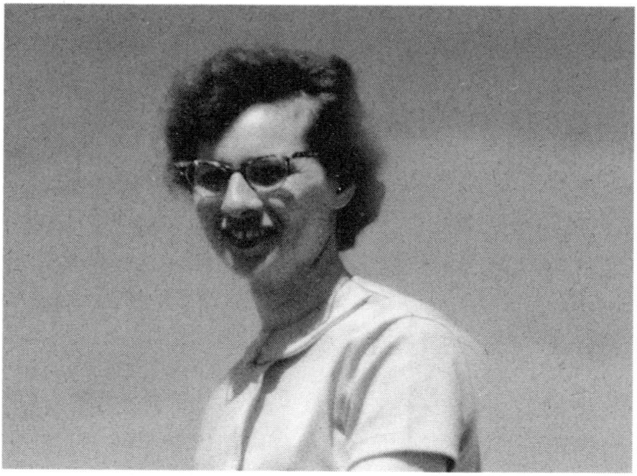

Nola, Hausmutter im Kleine-Jungen-Schlafraum,
trifft ein Jahr nach Robby ein.

Nola lachte schnell und umarmte schnell. Sie zog uns den Hosenboden stramm, wenn es nötig war, doch nur aus gutem Grund und mit Liebe. Die Wärme, die sie immer ausstrahlte, half, einen Teil der Leere in meinem Herzen zu füllen.

So konnte ich mich darauf konzentrieren, meine neue Umgebung kennenzulernen.

Das *Covenant Children's Home* lag auf einem acht Hektar großen, dreieckigen Stück Land am nordöstlichen Rand von Princeton. Mais- und Sojafelder säumten die eine Grundstücksgrenze, offenes Weideland die andere.

Das Hauptgebäude beherbergte die Schlafsäle, die Personalbüros, einen Speisesaal und einen Besuchersalon. In einem kleineren Gebäude gab es eine Wäscherei in der oberen und einen Heizungsraum in der unteren Etage. Eine Scheune, ein Hühnerstall und Gemüsegärten lagen etwas weiter entfernt.

In sicherem Abstand von der Elm Street war unser riesiger Spielplatz. Es gab große Schaukeln, ein Karussell, einen Basketballplatz, Rutschen und ein Baseballfeld. Ich war von dem riesigen, feuerwehrroten Klettergerüst mit Ringen, Reck, Kletterstangen und großen Leitern fasziniert. Aber ich war noch nicht mutig genug, so hoch zu klettern.

Es gab vier Gruppen: kleine Jungen, kleine Mädchen, große Jungen, große Mädchen. Auf der zweiten Etage des kleineren Gebäudes waren die großen Jungen untergebracht; im Hauptgebäude teilten sich die kleinen Mädchen und die großen Mädchen die dritte Etage, während die kleinen Jungen auf der zweiten Etage wohnten.

In unserer Kleine-Jungen-Abteilung gab es acht bis 16 Jungen unter zehn Jahren. Nola wohnte bei uns auf der Etage und hatte ein kleines privates Schlaf- und Badezimmer.

Das schwedische Covenant Children's Home in Princeton, Illinois, wie es damals aussah. Im Hauptgebäude gab es Schlafsäle, Personalbüros, einen Speisesaal und eine Halle für Besucher.

Zwölf Bewohner des Kleine-Jungen-Schlafraums sitzen bei einem Imbiss zusammen. Der Autor ist vier Jahre alt und ganz links zu sehen.

An unserem Badezimmer war nichts privat. Von allem gab es zwei Exemplare und alles war weiß – weiß gestrichene Holzkabinen für die weißen Toiletten, weiße Keramikfliesen auf dem Boden, weiße gusseiserne Badewannen und weiße Waschbecken in nicht allzu großer Höhe, damit wir Kinder leicht herankommen konnten.

Wir hatten ein großes Wohnzimmer mit Industrieteppich, zwei strapazierfähigen Sofas, ein paar abgewetzten Stühlen und zwei großen Tischen, wo wir Hausaufgaben machten und malen und Spiele machen konnten. Der braune Fernseher war größer als ich und hatte eine Zimmerantenne, mit der wir die wenigen verfügbaren Fernsehsender empfangen konnten.

In unseren vier Schlafzimmern standen schwarze gusseiserne Betten auf schwarzen Linoleumböden. In einem Zimmer waren drei Betten, in den anderen zwei Zimmern je vier.

Eine Kommode aus Eichenholz mit mehreren Schubladen vervollständigte die Einrichtung in jedem Zimmer. Jedes Kind hatte eine Schublade für sich persönlich. Sie wurden der Größe nach zugeteilt. Meine Schublade war ganz unten. Mit drei Jahren war ich der Kleinste.

Diese Schublade war, wie ich bald mitbekommen sollte, für geheime Schätze reserviert. In die Schublade eines anderen Jungen auch nur hineinzuspähen hatte zur Folge, dass alle anderen im Zimmer einen windelweich prügelten. Meine Schublade enthielt hauptsächlich hübsche Steine und Federn, die ich auf dem Spielplatz fand. Ich schaute sie mir wenigstens einmal am Tag an, nur um sicher zu sein, dass sie noch da waren. Einige Kinder öffneten ihre Schublade nie.

Den Überblick über die Menschen im Heim zu behalten, war schwieriger. Da die Kinder häufig kamen und gingen, war nur wenig Zeit, um Freundschaften zu schließen. Einige blieben nur für ein oder zwei Tage. Andere waren einige Monate oder länger da. Oft kamen die Kinder wütend, verwirrt und frustriert an. Es half nicht, zu einer großen Gruppe zu gehören. Wir lebten mit vielen anderen zusammen, aber jeder von uns fühlte sich allein.

Das Personal versuchte, mit unserer großen Bandbreite an Hintergründen und Gefühlen richtig umzugehen. Um die Ordnung aufrechtzuerhalten, wurden strenge Regeln durchgesetzt, und es gab einen fest geregelten Tagesablauf.

Am frühen Morgen durfte zum Beispiel keiner aufstehen, bis eine Glocke läutete. Wir durften uns aufsetzen. Wir durften uns unterhalten. Wir durften die Beine über die Bettkante baumeln lassen. Aber wir durften keinen Fuß auf den Boden setzen. Wir bekamen Schwierigkeiten, wenn Nola an einem unserer Zimmer vorbeilief und auch nur einen Zeh auf dem Boden sah, bevor die Glocke läutete.

Um exakt sieben Uhr erklang die Glocke und die ganze Gruppe setzte sich in Bewegung. Wir hüpften aus den Betten und richteten Kissen und Decke rasch her, wie Nola es gern sehen wollte. Dann rannten wir ins Badezimmer, wo der Umstand, dass wir uns die Toiletten teilen mussten, zu reichlich Warten und Zappeln führte.

Wir putzten uns die Zähne, wuschen uns die Gesichter – zu zweit oder zu mehreren am Waschbecken – und zogen uns dann eilig an. Es war eine wilde Szene, wenn acht bis 16 Jungen in den Umkleideraum stürmten und darum kämpften, die Sachen anzuziehen, die Nola für den entsprechenden Tag vor jeden Spind gelegt hatte.

Unsere Spinde hatten keine Türen, nur hölzerne Seitenwände, die in die Wand eingebaut waren und in einer Farbe angestrichen waren, die mich an Erbsensuppe erinnerte. Sie waren breit und tief und ermöglichten uns, hineinzuklettern und uns hinter den Sachen zu verstecken. Der Schrankboden war aus irgendeinem Grund etwas über dem Fußboden angebracht; dort kamen unsere ein oder zwei

Paar Schuhe hin. Da viele Kinder einfach nur mit den Sachen, die sie am Leib trugen, zu uns kamen, hatten nur wenige eigene Kleidung darin hängen.

Die meisten unserer Sachen waren gebrauchte Kleidungsstücke von Leuten aus dem Ort, deren Kinder aus ihnen herausgewachsen waren, oder Geschenke von Bekleidungsgeschäften oder Kirchengruppen. Die Hemden der Kleine-Jungen-Gruppe waren entweder karierte Flanellhemden oder einfache weiße T-Shirts. Die Hosen passten nur selten, also trugen wir meistens Hosenträger, um sie oben zu halten. Nola krempelte zu lange Hosenbeine für jeden von uns hoch.

Sobald wir endlich angezogen waren, stellten wir uns, mit Schubsen und Drängeln, wie eine bunt zusammengewürfelte Armee, in einer Reihe hinter Nola auf und marschierten die Treppe hinunter in den Speisesaal zum Frühstück – das gab es immer um halb acht. Das Essen im Kinderheim war eine Pflicht, kein gesellschaftlicher Anlass. Die meisten von uns schaufelten die Mahlzeit innerhalb von fünf Minuten in sich hinein. Aus Gründen, die uns nie erklärt wurden, mussten wir aber mindestens zehn Minuten lang am Tisch sitzen.

Nach dem Frühstück wurden die Kinder, die in die Highschool gingen, in die öffentlichen Schulen in Princeton gefahren – mit einem hässlichen gelben Bus, auf dem peinlich große Buchstaben COVENANT CHILDREN'S HOME verkündeten. Die Douglas-Grundschule war nur zwei Blocks entfernt, also brachten einige Mitarbeiter die jüngeren Kinder zu Fuß hin und zurück.

Als jüngstes Kind, das das Kinderheim seit langer Zeit aufgenommen hatte, war ich meistens das einzige Kind, das nicht in der Schule war. Ich fand es herrlich, Nola für mich allein zu haben. Wie ein hüpfendes blondes Hündchen folgte ich ihr überall hin und half ihr, schmutzige Kleidung für die Wäscherei zu sortieren. Sie steckte einige Kleidungsstücke in einen Kissenbezug und ich trug oder zog ihn dann stolz die Treppe hinunter, zur Tür hinaus, über den Basketballplatz und eine weitere Treppe hinauf zur Wäscherei mit den großen Waschmaschinen und Trocknern.

Um mich von dem mit Fusseln übersäten Boden und von Ärger fernzuhalten, setzte mich Nola auf einen Tisch, wo ich zusehen konnte, wie das Wäschereipersonal für die 60 Kinder und Angestellten Kleidung und Bettwäsche wusch. Es gab immer einige Frauen aus der örtlichen *Covenant Church*, die freiwillig hier arbeiteten; sie nannten sich selbst die »Covy«-Frauen. Ich sah zu, wie sie mit beiden Armen heiße Kleidung und Bettwäsche aus den Trocknern zogen und dann Wäschekörbe auf Rädern beluden und sie zu langen Tischen fuhren, wo das Sortieren und Zusammenlegen stattfand.

Die Gruppenleiter kümmerten sich nicht um die Wäsche, aber Nola bestand darauf, unsere Sonntagshemden zu bügeln. Wenn andere Mitarbeiter fragten, warum Nola das nicht eine »Wäschedame« tun ließ, antwortete sie schlicht: »Es macht mir nichts aus. Einige der Jungen sind allergisch gegen Stärke und andere mögen viel davon, also gebe ich jedem, was er mag. Es ist kein Aufwand und sie brauchen ein paar Besonderheiten in ihrem kleinen Leben.«

An Tagen, wenn die Wäschedamen gute Laune hatten und wenn die meiste Arbeit getan war, wartete ich, bis Nola nicht hinsah – und tauchte kopfüber in einen Korb mit frischer, warmer Bettwäsche.

»Wo bist du, Robby?«, wunderte sie sich dann scherzhaft. »Wo bist du hin? Ach, liebe Güte, wo ist dieser Junge hin?« Sie steckte die Hände in den Haufen Bettwäsche und suchte demonstrativ. Der Wäschehaufen wackelte, wenn ich versuchte, mein Kichern zu unterdrücken.

Schließlich packte sie mich bei den Knöcheln und zog mich mit dem Kopf nach unten heraus. Dabei quietschte ich wie ein glückliches Ferkel. »Da bist du ja, Kind«, kicherte sie mit gespieltem Vergnügen. »Ich dachte schon, ich finde dich nie!«

Allerdings gehörte Nola nicht mehr nur mir, wenn die anderen Jungen aus der Schule zurückkamen. Sie polterten herein, ließen ihre Bücher fallen und setzten sich zu einem kleinen Imbiss hin, der aus Keksen und Saft bestand. Einige Jungen spielten und einige erledigten Hausarbeiten, während Nola Schulaufgaben und Mitteilungen von den Lehren kontrollierte. Letzteres führte gewöhnlich dazu, dass sie ein oder zwei Kinder tadelte, die einem Lehrer gegenüber ungehörig gewesen waren oder sich auf dem Schulhof geprügelt hatten.

Um fünf Uhr wuschen wir uns Gesicht und Hände und marschierten dann in den Speisesaal. Ungefähr 60 Kinder und sechs Erwachsene standen auf den abwechselnd angeordneten schwarzen und roten Linoleumquadraten und beteten, wie wir es vor jeder Mahlzeit taten: »Alle guten Gaben und alles, was wir haben, kommt, o Gott, von dir, wir danken dir dafür. Amen.« Wir sprachen laut im Chor, aber der Ton war eher ein Singsang und verriet, wie oft wir diesen Satz schon gesprochen hatten.

Darauf folgten Lärm und Durcheinander. Jungen stießen andere Jungen mit den Ellenbogen an oder schnitten den Mädchen Grimassen. Ich schaffte es gerade, meinen schweren Stuhl aus Eichenholz weit genug vom Tisch zurückzuschieben, um hinaufzuklettern – aber dann ging es nicht weiter. Frustriert und beschämt, weil ich zu klein war, um meinen Stuhl dicht genug an den Tisch zu bekommen, musste ich warten, bis Nola herüberkam, um mich mit dem Stuhl an den Tisch zu schieben. Ich konnte es kaum erwarten, groß genug zu sein, um das selbst zu können. Oder, besser noch, um das zu tun, was die großen Jungen taten – ein Bein über die Stuhllehne zu schwingen und sich fallen zu lassen wie ein Cowboy, der aufs Pferd steigt.

Im Speisesaal des Heims; Robby sitzt vorne rechts.

Nach dem Abendessen setzte sich die Routine fort. Die älteren Jungen gingen in ihre Zimmer, um Hausaufgaben zu machen, während Nola uns Jüngere bettfertig machte. Wenn es Mittwoch- oder Samstagabend war, war ein Bad an der Reihe. Wir murrten; zweimal in der Woche zu baden war uns mindestens einmal zu viel.

Das Meckern half uns allerdings nie; Nola war fest entschlossen. Sie hatte nur zwei Wannen für ihre sich windende kleine Herde und versuchte, sechs von uns sauber zu bekommen, bevor sie das Wasser wechselte. Das hieß, dass immer zwei von uns in eine Wanne kamen. Das erste Paar wurde sauber, das zweite Paar wurde ein bisschen Schmutz los und das dritte Paar hatte einfach seinen Spaß.

Spätestens um sieben Uhr steckten wir in unseren Schlafanzügen und Nola sammelte uns im Wohnzimmer um sich wie eine Henne ihre Küken. Es war Zeit für die biblische Geschichte.

Nola setzte sich mitten auf die schwere Eichencouch in der Ecke, legte den Arm um mich und lud die Jüngsten ein, zu ihr zu kommen. Die Älteren ließen sich auf dem Boden nieder, saßen im Schneidersitz da oder streckten sich auf dem Bauch aus. Nola verlangte stille Aufmerksamkeit – kein Schwatzen oder Ablenken. Ich wusste nicht viel von der Bibel, aber ich wusste, dass dies eine besondere Zeit war.

Dann ging es ab ins Bett. Nola kniete sich an jedem Bett hin, flüsterte ein Gebet, das nur der jeweilige Junge hören konnte, gab ihm einen Gutenachtkuss und sagte ihm, dass sie ihn lieb hatte.

Einmal, als ich aufwachte und über den Flur zur Toilette tappte, stand die Tür zu Nolas kleinem Zimmer offen. Ich hörte undeutlich, wie sie betete. Dabei nannte sie die Namen von verschiedenen Jungen. Als ich zurücktappte, rief sie: »Spül die Toilette, Robby!« Ich kapierte nie, wie sie jeden von uns am Gang erkannte.

Als ich zum zweiten Mal an ihrer Tür vorbeikam, blieb ich stehen und klopfte an.

Nola kam in ihrem einfachen rosafarbenen Bademantel zur Tür. »Ja?«, fragte sie.

»Wofür betest'n du?«, fragte ich. »Dass wir uns benehmen?«

»Nein, Robby«, antwortete sie ernst. »Ich bete darum, dass Gott mir hilft, an jedem von euch etwas zum Liebhaben zu sehen.«

Ich wusste nicht, was ich dazu sagen sollte. Bevor mir eine Antwort einfiel, hob sie mich hoch und drückte mich fest. Während sie mich zurück ins Bett trug, flüsterte sie scherzhaft: »Aber *du* könntest ein *extra* Gebet brauchen, damit du dich benimmst!«

Als es wieder Winter wurde, setzte Gigi ihre wöchentlichen Besuche fort. An Nolas fürsorglicher Aufmerksamkeit mangelte es nie. Aber die Einsamkeit blieb.

Ich wusste wenig über »normale« Kinder, aber ich sehnte mich danach, das Kinderheim zu verlassen und ein eigenes Zuhause und eine eigene Familie zu haben.

Aus einem Jahr wurden zwei. Noch immer hörte ich nichts von Mutter; inzwischen war sie kaum mehr als eine Erinnerung. Doch dann veränderte sich die Lage plötzlich. Die Frau, die mich bei Fremden gelassen hatte, war wieder da und brachte Chaos in mein Leben.

# 3 Der Tornado

Es war 1959, beinahe zwei Jahre waren vergangen, seit meine Mutter mich verlassen hatte. Ich war fünf. Eines Tages brachte mich Nola ohne Erklärung hinunter ins Besucherzimmer. Da stand Mutter.

Ich rannte zu ihr und schlang die Arme um ihr Bein. *Ich gehe nach Hause*, sagte ich mir. *Mami ist aus dem Krankenhaus zurück und ist hier, um mich nach Hause zu holen. Ich gehe nach Hause!*

»Hallo Robby«, sagte sie ziemlich ungerührt. »Wie geht es dir?«

Ich wusste nicht, was ich darauf antworten sollte.

Sie kniete sich nicht hin und umarmte mich wie Gigi, also packte ich sie bei der Hand. »Komm mit zum Spielplatz wie Gigi, Mami. Ich zeig dir alle Kunststücke, die ich auf der Schaukel und am Klettergerüst gelernt habe.«

»Das ist nicht wichtig, Robby!«, sagte sie kalt. »Wir haben Wichtigeres, über das wir reden müssen.«

Ich fühlte mich wie ein Hündchen, dem man gerade einen Tritt versetzt hatte. Ich ließ ihre Hand fallen und den Kopf hängen und schwieg.

»Wir gehen in der Stadt Mittagessen«, erklärte Mutter. Sie nahm meine Hand und ging auf die Tür zu. Weil sie schneller lief, als ich es konnte, zerrte sie mich vorwärts, damit ich Schritt hielt.

Wir verließen das Gelände und liefen mehrere Blocks weit zu einem Restaurant. Sie sprach ununterbrochen von Dingen, die ich nicht verstand. »Zu viele Einwanderer hier. Man sollte die Schwarzen zurück in die Südstaaten schicken. Soll doch deine Hexe von Großmutter Pauline in Atlanta mit ihnen fertig werden. Sie hat mein Leben zerstört, weil sie deinen Vater verkorkst hat. Sie hat ihm nie die Freiheit gegeben, die er brauchte, und er war nicht Manns genug, sich gegen sie durchzusetzen!«

Wir blieben nicht stehen, bis sie ein Restaurant fand, in dem Bier ausgeschenkt wurde. Dort rauchten die Leute und spielten Billard.

Als wir nach Qualm stinkend zurückkamen, waren die schwedischen Christen, die das Kinderheim leiteten, nicht besonders glücklich. Nola sprach mit ruhiger Stimme, war aber eindeutig verärgert. Mit zusammengebissenen Zähnen sagte sie: »Dieses Restaurant ist nicht passend für ein kleines Kind, Mrs. Mitchell. Bitte nehmen Sie doch das, das näher hier am Gelände ist. Es ist sehr schön und familienfreundlich. Oder Sie könnten auch auf dem Gelände bleiben und mit uns im Speisesaal essen.«

»Ich bin seine Mutter, und ich weiß, was am besten für ihn ist«, schoss Mutter zurück. Dann setzte sie zu einer Liste von Forderungen an: »Geben Sie ihm besondere Kopfkissen. Keine Wolldecken. Geben Sie ihm das zu essen, was ich auf diesem Zettel aufgeschrieben habe.«

Nola schüttelte den Kopf, nickte dann und hörte sich alles schweigend an.

»Wenn er in die Vorschule kommt, fahren Sie ihn zur Schule und holen ihn auch wieder ab. Kein Sport.« Sie griff in ihre Manteltasche und zog ein weiteres Blatt Papier hervor. »Und hier sind ein paar Bibelverse, die er auswendig lernen soll, bis ich wiederkomme.«

*Wann gehen wir nach Hause?*, dachte ich. *Hör auf, mit Nola zu reden. Gehen wir. Wir können den Zug nehmen, den Gigi immer nimmt.*

Doch ohne Vorwarnung drehte Mutter sich zu mir um und verkündete: »Ich muss gehen.« Ohne Umarmung oder Kuss wandte sie sich ab, ging eilig den Zugangsweg entlang, verließ mit großen Schritten das Gelände und steuerte auf den Bahnhof zu.

*Du gehst ohne mich? Schon wieder?* Mir fehlten sowohl die Worte als auch die Tränen. Erschüttert schaute ich hinauf zu Nola. Sanft nahm sie meine Hand und wir gingen wortlos zurück ins Kinderheim.

Tagelang sprach und spielte ich nicht. Ich wanderte in den abgelegenen Teil des Spielplatzes, wo ich ins Leere starrte und mich fragte, wie lange meine Mutter sich so benehmen würde. Die anderen Kinder behelligten mich nicht. Wir Heimkinder schienen es zu spüren, wenn jemand seine Ruhe brauchte.

Es war nicht das letzte Mal, dass Mutter überraschend auftauchte. Über die nächsten Jahre hinweg wiederholte sich diese Szene immer wieder. Ihre unberechenbaren Besuche waren tornadoähnliche Ereignisse. Da sie nie vorher anrief, um jemandem mitzuteilen, dass sie kam, dauerte es manchmal eine Weile, bis Nola mich in den Besuchersalon bringen konnte. Wenn wir eintrafen, beschimpfte sie Nola lautstark und warf ihr und dem Rest des Heimpersonals vor, sie würden ihren Sohn vor seiner Mutter verstecken.

Während dieser Wutanfälle wurde mein Herz ganz kalt, während Mutter mich ignorierte. Dann zerrte sie mich immer zum gleichen

Mittagessen in der gleichen Billardhalle mit den gleichen wiederkehrenden Vorträgen. Und jedes Mal ließ sie mich am Ende im Heim zurück.

*Vielleicht wird es dieses Mal anders*, sagte ich mir immer wieder. *Vielleicht wird sie nicht wütend und schreit Nola an. Vielleicht hat sie jetzt eine gute Arbeitsstelle, sodass sie mich mit nach Hause nehmen kann. Vielleicht können wir wieder eine Familie sein.*

Bei jedem Besuch wurde ich enttäuscht. Tagelang versuchte ich dann, mit dem Schmerz fertig zu werden.

Der Sozialarbeiter vom Kinderheim verbrachte jetzt mehr Zeit mit mir. Er versuchte, mich dazu zu bringen, dass ich ihm oder Nola erzählte, was ich dachte und fühlte. Ich konnte nur sagen: »Mein Herz tut weh. Es tut sehr weh.«

Bald hörte ich auf, meine Mutter »Mami« zu nennen. Das war nicht einfach. Ich wollte, dass diese Frau mich liebte. Aber ich dachte, »Mami« nannte man eine Frau, die einen abends ins Bett brachte, die einen beschützte und gut für einen sorgte. Mami war eine Frau, auf die man stolz war. Meine Mutter war nie eine Mami für mich.

»Warum ist sie nicht wie andere Mütter?«, fragte ich Nola manchmal. »Warum schreit sie und schimpft mit dir? Das ist nicht nett!«

Nola sagte nur wenig, aber ich fragte trotzdem weiter. »Warum riecht sie so schlecht? Muss ich mit ihr zum Mittagessen? Sie raucht Zigaretten, trinkt Kaffee und redet immerzu über Sachen, die ich nicht verstehe.«

Nola hörte zu und nickte. Sie ließ mich alles loswerden.

»Sie schaut nicht zu, wenn ich spiele, wie du und Gigi. Mag sie mich nicht?«

Wenn Nola den Eindruck hatte, dass ich genug Dampf abgelassen hatte, sagte sie immer leise: »Sie ist krank, Robby. Es ist nicht deine Schuld, dass du hier leben musst. Das Problem liegt nicht bei dir.«

»Krank? Was hat sie denn? Warum können die Ärzte sie nicht gesund machen? Was stimmt nicht mit ihr?«

Auch diese Frage beantwortete Nola nie. Aber manchmal kniete sie sich hin, zog mich in ihre Arme und hielt mich fest. »Du bist hier sicher, Robby«, flüsterte sie dann. »Denk dran, dass ich dich lieb habe, und Gott liebt dich auch.«

Ich vergrub mein Gesicht an ihrer Schulter und kuschelte mich in die Sicherheit, die ihre Arme boten. Dabei fragte ich mich: *Warum macht Gott meine Mutter nicht mehr wie Nola?*

# 4 Anders

Als ich in die Vorschule kam, verließ ich Nolas Nest jeden Werktag einige Stunden am Morgen. Dass ich die zwei Blocks weit zur Douglas-Grundschule stolzierte, war eine bedeutende Sache. Ich fühlte mich richtig »groß«.

Die anderen Kinder in meiner Klasse waren freundlich und so naiv wie ich. Jedes Mal, wenn Gigi zu Besuch kam, konnte ich ihr viele lustige Dinge berichten und ihr meine Arbeiten zeigen. Sie schien von den Dingen, die ich lernte, ebenso begeistert zu sein wie ich. Abends gab mir Nola »Scheinhausaufgaben«, damit ich mich wie einer von den Großen fühlen konnte. Doch dann kam die erste Klasse und ein großer Teil meiner Naivität wurde zunichte gemacht.

Mir war nicht klar gewesen, dass ich anders war, weil ich aus dem Kinderheim kam. Aber das änderte sich, als ich sah, wie einige gemeine Jungen aus den höheren Klassen ein anderes Kind aus dem Heim einkreisten und hänselten. Der Junge weinte. Die gemeinen Jungen lachten. Ich starrte zu ihnen hin.

Die Schulhoftyrannen der Grundschule schienen genau zu wissen, was sie sagen mussten, welchen »Knopf« sie drücken mussten, damit wir Heimkinder weinten oder zurückschlugen. Wir waren leicht zu treffen.

Schließlich kam auch ich an die Reihe. Mein wunder Punkt war: »Was stimmt nicht mit dir, Robby? Warum hast du keine Eltern?«

»Ich habe sehr wohl Eltern«, protestierte ich. »Sie können nur gerade nicht für mich sorgen. Aber bald werden wir wieder eine Familie sein.«

»Ja, klar! Du bist dumm oder ein Lügner. Deine Leute wollen dich einfach nur nicht.«

Als das zum ersten Mal passierte, brach ich in Tränen aus. Die Rowdys lachten. Die anderen Kinder schwiegen. Als ich mich an jenem Abend bei Nola beklagte, sagte sie: »Du darfst sie nicht merken lassen, dass dich das stört, Robby. Sag einfach ›Stock und Stein brechen mein Gebein, doch Worte bringen keine Pein‹ und geh dann weg.«

Das klang gut – bis ich es ein paar Mal ausprobierte. Durch das Gelächter der Rowdys fühlte ich mich nur noch schlechter. Mit Stock und Stein wäre ich leichter zurechtgekommen.

Jede Woche verstärkten die Hänseleien der Stadtjungen meinen Schmerz. Doch eines Tages, als ich in der zweiten Klasse war, hatte ich plötzlich genug. Es passierte schnell und überraschte mich beinahe ebenso sehr wie meinen Peiniger. Kaum hatten die höhnischen Worte seinen Mund verlassen, da flogen auch schon meine Fäuste. Es war ein gutes Gefühl, ihn grün und blau zu prügeln.

Zu dieser Zeit waren Prügeleien nichts Neues für mich. Die älteren Jungen im Kinderheim hatten mich gut unterrichtet – schmerzhaft gut. Ich wusste, wo ich zuschlagen musste, ohne verräterische Blutergüsse und Beulen zu hinterlassen; wie ich einfach nur in die Rippen und auf den Schädel boxen musste und dass das die am längsten anhaltenden Schmerzen verursachte.

Meine plötzlich gewalttätigen Reaktionen und meine harte Haltung machten vielen verbalen Übergriffen ein Ende. Aber es gab trotzdem immer wieder ein Kind, das mich zum Explodieren brachte, womit ich mir einen Termin beim Direktor einhandelte. Wenn ich in sein Büro kam, fragte er mich immer mit gerunzelter Stirn: »Was ist nur los mit dir, Junge?«

*Was mit mir los ist? Was ist mit Ihnen los, Herr Direktor? Es liegt nicht an mir; der andere hat angefangen! Ich wusste nicht, dass irgendwas mit mir los ist, bis ich hierherkam!*

Wenn der Mann diese Frage stellte, wollte ich ihn am liebsten schlagen. Ich hatte keine Antwort. Ich zog mich in eine Höhle verdrießlicher Resignation zurück und wartete auf die Strafe, die folgte. Falls er ein Zeichen meines Bedauerns sehen wollte, wartete er vergeblich.

Ein Sozialarbeiter im Kinderheim begann, jede Woche Gespräche mit mir zu führen. Er wollte mir helfen, über das Gefühl hinwegzukommen, in der Schule ausgeschlossen zu sein. Doch egal, wie oft er und Nola mir sagten, dass es nicht an mir lag, ich konnte es nicht glauben.

*Mir passieren immer schlimme Sachen und ich weiß nicht warum,* dachte ich. *Keiner will mich – nicht einmal die Kinder aus der Stadt. Egal, was Nola sagt, ich muss schlecht sein! Ich wünschte, jemand würde mir sagen, was ich falsch gemacht habe. Warum hat Mutter mich weggeschickt? Warum bin ich so allein?*

Sicher, ich lebte in einer Gruppe von 60 Kindern. Aber innerlich war ich immer noch allein – entsetzlich allein. Kein Vater brachte mir »männliche Aktivitäten« bei. Kein großer Bruder schützte mich vor den Teenagern, die uns Jüngeren mit den Fingerknöcheln auf den Kopf trommelten. Keine Mutter wollte meine Schmerzen wegküssen und mich abends ins Bett bringen.

*Es muss meine Schuld sein.* Irgendetwas stimmte offenbar mit mir nicht. *Es muss wohl zu schwer sein, mit mir zu leben.* Die Schwierigkeiten, in die ich geriet, bestätigten diese Gefühle. *Ich muss das schwarze Schaf in unserer Familie sein.*

Ich war nicht das einzige Kind im Heim, das sich selbst so empfand. Ich beobachtete die anderen und erkannte langsam, dass jeder von uns gern glauben wollte, die besten Eltern der Welt zu haben. Abgesehen von den Kindern, die schwer misshandelt worden waren, weigerten sich alle Kinder, die ich kannte, zuzugeben, dass ihre Eltern das Problem waren.

Für uns war es leichter, wenn alles unsere Schuld war. Wenn das Problem bei uns lag, konnten wir uns anstrengen, gut zu sein und uns zu ändern. Dann würden unsere Eltern uns wieder nach Hause holen wollen.

Die Sozialarbeiter versuchten uns behutsam an den Gedanken zu gewöhnen, dass unsere Eltern das Problem waren. Doch wenn das stimmte, konnte es sehr lange dauern, bis es ihnen besser ging und wir nach Hause kommen würden. Wenn unseren Eltern nicht geholfen werden konnte, würden wir das Heim nie verlassen.

Es war nicht so, als wäre die Situation im Kinderheim so schlimm gewesen, dass wir es hassten. Die meisten von uns wurden dort besser versorgt als von den eigenen Eltern. Aber selbst im Alter von sieben Jahren konnte ich sehen, dass Kinder die Armut vorzogen, wenn sie geliebt wurden, zerlumpte Kleidung, wenn man sich um sie kümmerte, und Obdachlosigkeit, wenn jemand sie wollte. Wir waren bereit, viel zu erleiden, wenn wir nur zu unseren eigenen Familien gehören durften.

Ich sah es bei Kindern im Heim, die aus einer elfköpfigen Familie kamen, deren Vater nur Teilzeitjobs hatte und die in einer Behelfsunterkunft in der Nähe der Mülldeponie wohnten. Die Kinder hatten Hunger, trugen schmutzige Kleidung und sahen aus, als hätten sie nie gebadet. Die Erwachsenen nannten den Vater einen Penner. Körperlich ging es ihnen im Kinderheim besser, aber zumindest die ersten Jahre lang war es furchtbar für sie, nicht in der armseligen Hütte ihrer Familie leben zu können.

Ich sah es bei einem Mädchen, das ins Heim kam, nachdem die Mutter an Krebs gestorben war. Der Vater konnte den Tod seiner Frau nicht verkraften und kam mit seinem einzigen Kind nicht zurecht. Das Kind verlor nicht nur die Mutter, sondern auch den Vater, den es brauchte, damit er ihm durch die Trauer hindurchhalf. Trotz der Zurückweisung durch den Vater hoffte das Mädchen immer noch, zu ihm und an den Ort, den es als Zuhause ansah, zurückkehren zu können.

Ich sah es bei einem Jungen im Heim, dessen Gehirn offenbar nicht so schnell arbeitete wie das der anderen. Sein Vater prügelte ihn regelmäßig, weil er »dumm« war, während seine Mutter ihn ignorierte und sich auf ihre »normalen« Kinder konzentrierte. Jahrelang wollte dieser Junge nach Hause und hoffte verzweifelt, dass sich die Lage ändern und seine Familie ihn akzeptieren würde.

Wir alle wollten es glauben. Wir alle wollten denken, dass wir bald unseren Traum leben konnten, in ein Zuhause zu gehen, wo wir gewollt und geliebt waren.

Die älteren Kinder schienen diesen Traum schließlich aufzugeben und sich stumm in ihr Schicksal zu fügen. Doch für uns Jüngere war es schwieriger. Jeder von uns in der Kleine-Jungen-Gruppe glaubte, dass der dunkle Schatten der Einsamkeit verschwinden würde, wenn wir nur irgendwie wieder nach Hause kommen könnten. Dieser Schatten brachte mich nicht mehr dazu, laut loszuweinen. Aber er verfolgte mich immer noch. Im Bett, wenn das Licht aus war, ließ ich den Tränen oft stumm freien Lauf.

Wenn das passierte, sagte ich mir, dass irgendwie, irgendwann, auf irgendeine geheimnisvolle Weise alles besser und ich gerettet werden würde. Diese Hoffnung war das Einzige, das verhinderte, dass mich die Verzweiflung in ihre dunkle Grube zog.

Das – und Gigi. Sie war ein Segen, den viele andere Kinder im Heim nicht hatten. Ich freute mich auf ihre Besuche, die mir immer das Herz wärmten.

Zu Weihnachten und gelegentlich zum Erntedankfest durfte ich zu Gigi nach Hause. Bei einem dieser Besuche lernte ich ihre Verwandten aus Rockford, Illinois, kennen. Fran war die Tochter von Gigis ältestem Bruder. Sie und ihre Söhne Paul und Art waren nett und luden mich zu sich ein.

Als ich sie zum ersten Mal traf, war ich so glücklich, dass meine Gedanken sich überschlugen. *Vielleicht kann ich bei ihnen wohnen!*

Kaum war der Gedanke in meinem Gehirn aufgetaucht, da platzte ich auch schon heraus: »Darf ich vielleicht bei euch wohnen? Ich bin gut in der Schule und kann auch Hausarbeiten erledigen. Ich werde eine große Hilfe sein, wenn ihr mich zu euch kommen lasst.«

Gigi war verwundert, doch Fran reagierte verständnisvoll. »Es tut mir sehr Leid, Robby. Aber ich bin fast 70 alt – zu alt, um für dich zu sorgen. Art ist alleinstehend und beruflich viel unterwegs. Paul hat bereits vier Töchter. So gerne wir auch helfen möchten, wir können dich auf keinen Fall zu uns nehmen.«

Ich konnte spüren, dass sie und ihre Familie mich mochten. Aber es kam mir vor, als wäre gerade wieder einmal eine Tür vor meiner Nase zugeschlagen.

Keiner schien zu verstehen, dass mich eine Frage quälte: *Warum? Warum ist kein Familienmitglied bereit, mich zu sich zu holen und aufzuziehen?*

Ich kämpfte darum, die Hoffnung lebendig zu erhalten. Aber im Winter in der zweiten Klasse verlor ich diesen Kampf. Es war im Februar 1962. Ich war sieben Jahre alt.

Das Farmland von Zentralillinois lag in jener Nacht kahl und öde da. Maisstängel und Sojapflanzen waren auf den Feldern untergepflügt worden. Dreckiger Schnee bedeckte das tote Gras; die Bäume, von denen alle Blätter abgefallen waren, knarrten im schneidenden Wind.

Nola hatte uns ins Bett gebracht und uns mit unseren Gedanken allein gelassen. Unheimliche Schatten vom Nachtlicht der Toilette und der roten *Ausgang*-Leuchtschrift glitten über die Wände des Schlafsaals. In meinen vier Jahren im Kinderheim hatten solche schaurigen Nächte viele schlechte Träume geschürt.

Als ich so im Bett lag, musste ich mir endlich die Wahrheit eingestehen: Mein Vater würde nicht gesund werden. Meine Mutter würde nie wie andere Mütter sein. Ich würde niemals bei Gigi oder ihren Verwandten leben können. Niemand würde mich retten.

Die Realität erdrückte mein Herz. Schluchzen drang von einem wunden Punkt hervor, den ich ausgeblendet geglaubt hatte. Ich hatte solch gequältes Weinen bei anderen Jungen gehört, wenn sie die Hoffnung verloren, aber irgendwie war es mir gelungen, den Sturz in diese Verzweiflung zu umgehen.

Nicht in jener Nacht. Jetzt war ich an der Reihe, mit einem Schluchzen zu weinen, das zu herzzerreißend für Worte war.

»Halt die Klappe!«, fuhren die Jungen mich an, die den Schlafsaal mit mir teilten. Meine frei liegenden Emotionen bedrohten die

Schutzwälle, die sie um ihre eigenen verwundeten, ängstlichen Herzen gebaut hatten.

Nola kam und nahm mich in die Arme. Aber sie konnte nicht lange bleiben. Bald musste sie sich um ein jüngeres Kind kümmern.

Ich weinte, bis keine Tränen mehr übrig waren. Erschöpft und erstickt von Trauer dachte ich in jener Nacht noch lange nach.

*Niemand wird mich retten. Niemand wird mich jemals retten.*

*Ich bin allein und ich weiß nicht warum. Was habe ich falsch gemacht? Ich war erst drei Jahre alt, als sie mich hiergelassen hat. Was hatte ich denn überhaupt machen können, womit ich das hier verdient habe?*

*Ich verstehe das alles nicht und ich kann nicht flüchten. Ich sitze für immer hier fest – ich bin hier, ob es mir gefällt oder nicht.*

In jener kalten Winternacht verhärtete ich mein Herz.

*Nichts und niemand wird mir je wieder so wehtun. Die großen Jungen können mich prügeln, bis ich vor Schmerzen weine, aber niemand wird mich je wieder so aus dem Herzen heraus zum Weinen bringen. Niemand! Ich werde stark sein – egal, was passiert!*

Es war nur der Schwur eines kleinen Jungen. Aber es war alles, womit ich mich vor dem handfesten Albtraum schützen konnte, der schon hinter der nächsten Ecke lauerte.

# 5 Entführt

19. Januar 1963, 20.15 Uhr. Den Aufzeichnungen des Sozialarbeiters zufolge tauchte Mutter unerwartet im Kinderheim auf und verlangte, mich zu sehen. Sie würde mich mitnehmen, sagte sie zu Nola. Da Mutter das Sorgerecht hatte, konnte keiner sie aufhalten.

»Mrs. Mitchell, für unsere Achtjährigen ist jetzt Schlafenszeit – und es ist heute Abend gefährlich kalt«, sagte Nola ernst. »Wann können wir Robby zurückerwarten?«

Mutter lachte, fluchte über Nola und zerrte mich davon.

Ängstlich und verwirrt schaute ich Hilfe suchend zu Nola. Sie ähnelte einer wütenden, bebenden Wölfin, die an ihrer Kette zerrt.

Mutter war außer sich, während wir auf die Stadt zuliefen. Sie schimpfte und fluchte leidenschaftlicher als je zuvor, grinste aber, als würde sie irgendein Spiel spielen. Sie riss mich oft weiter, weil ich nicht so schnell lief wie sie. Mir war kalt, aber ich wagte nicht, mich zu beschweren.

Wie gewöhnlich schwadronierte sie über meine Großmütter, das Kinderheim, die Bibel, die Schwarzen und Einwanderer. Doch dann sagte sie etwas Neues: »Ich werde es ihnen zeigen, Robby. Ich werde es ihnen allen zeigen. Sie werden sehen, dass ich eine gute Mutter sein kann. Bald wird unsere Familie wieder zusammen sein.«

*Zuhause? Gehe ich endlich nach Hause?* Ich war klug genug, diese Frage nicht laut zu stellen. Wie ein ängstliches Hündchen beobachtete ich und wartete ab.

Wir gingen an jenem Abend nicht ins Kinderheim zurück. Stattdessen schlich sich Mutter mit mir in das kleine Bahnhofsgebäude von Princeton, wo wir auf den kalten Holzbänken schliefen.

Am nächsten Morgen nahmen wir den ersten Zug nach Chicago. Als ich ihr sagte, dass ich keine Kleidung zum Wechseln hatte, sagte sie: »Mach dir keine Sorgen, Robby. Ich habe für alles gesorgt.«

Als wir in Chicago ankamen, gingen wir geradewegs zu dem weltberühmten *Palmer House Hotel*. Der Sprung von den gusseisernen Kinderheimbetten zu funkelnden Leuchtern, geräumigen Zimmern und elegant gekleideten Hotelpagen kam mir vor wie ein Traum. Es war eine schönere Welt, als ich sie mir je hätte vorstellen können.

Nachdem wir uns in einem Zimmer niedergelassen hatten, zog Mutter ein Bündel Geldscheine aus ihrer ungewöhnlich großen Brieftasche. »Endlich habe ich bekommen, was sie mir geschuldet haben«, sagte sie und stopfte die Banknoten in eine Kommodenschublade. »Mein Vater und seine Schwester sind ums Leben gekommen, als ihr Wagen von einem Zug erfasst wurde. Ich habe 10 000 Dollar aus seiner Lebensversicherung bekommen. Ist das nicht toll?«

Ich wusste nicht, was ich darauf antworten sollte.

»Diese Schublade ist deine«, verkündete sie stolz. »Schau mal, was ich dir gekauft habe.«

*Comics!* Die Schublade war voll davon. Mutter hatte mir viele Male erzählt, dass Comics schlecht waren; jetzt lachte sie, als sie mein verstörtes Gesicht sah. Später in der Woche hielt sie mir wieder einen Vortrag darüber, wie schlecht Comics waren – und ging dann los und kaufte mir noch ein Dutzend davon.

Einige Wochen lang war das Leben ein wirklich gewordener Traum. Wir bestellten Essen beim Zimmerservice. Wir gingen in schicken Kaufhäusern einkaufen. Wir schauten einen Kinofilm nach dem anderen.

Die Hasstiraden allerdings setzten sich fort. Mutter wetterte darüber, dass Großmutter Pauline, die Mutter meines Vaters, uns diese Art Lebensstil vorenthalten hatte. Ich wusste nicht warum, aber es schien, dass all unsere Probleme von meinen Großmüttern verursacht worden waren. Trotzdem war ich mir sicher, dass Gigi nicht der Ursprung meiner Probleme war.

Dann, ohne Vorwarnung, warf Mutter unsere Sachen in eine Tasche und riss mich aus meiner *Palmer-House*-Traumwelt.

Ich wurde in eine winzige, schmutzige Wohnung gezerrt. Sie lag auf der Rückseite eines mehrgeschossigen Hauses, hatte düstere Flure und ebenso zwielichtige Bewohner. Die Schienen der Hochbahn führten an der rückwärtigen Mauer vorbei, nicht weit von der Bryn-Mawr-Haltestelle entfernt. Die Wohnungen an der Rückseite, auf gleicher Höhe wie die Bahnschienen, waren die am wenigsten begehrten und daher die billigsten. Das ganze Haus bebte, wenn die Züge Tag und Nacht vorbeidröhnten und -klapperten.

Weil ich mir sicher war, dass das uralte Gebäude bald zusammenfallen würde, schlief ich schlecht. Mutter schlief betrunken.

Die Wohnung hatte ein kleines Badezimmer und einen Wohnbereich. In eine Wand war eine winzige Küchenecke mit einem Kühlschrank, einer Spüle und einem Herd eingebaut. Das Bett, in dem Mutter und ich schliefen, ließ sich aus einer anderen Wand ausklappen. Wir hatten einen Tisch und ein Sofa, aber keinen Fernseher und kein Radio.

Mutters Vorstellung von den Mahlzeiten ließ mich wünschen, ich wäre wieder im Kinderheim. Der Reiz, zum Frühstück und manchmal zum Mittagessen Donuts zu essen, ließ rasch nach. Ihre Essensvorbereitungen bestanden darin, ein Fertiggericht in Alufolie völlig verkochen zu lassen und dann das angeschwärzte Essen auf den Tisch zu schleudern.

Wenn ich zögerte zu essen, schrie sie mich an, ich würde ihre Kochkünste bemängeln, und behauptete, das Essen wäre völlig in Ordnung. Der Hunger trieb mich dazu, meine Gabel zur Hand zu nehmen und verbrannte grüne Bohnen, knochentrockenen Kartoffelbrei und harten Hackbraten irgendwie zu kauen und zu schlucken – und alles mit lauwarmem Leitungswasser herunterzuspülen.

Oft schlief Mutter mitten am Tag ein und wachte dann stundenlang nicht mehr auf, gewöhnlich, weil sie getrunken hatte. Wenn das passierte, bekam ich kein Abendessen. Ich erinnere mich, dass ich mehrmals versuchte, sie wach zu rütteln, aber sie rührte sich nicht. Das Leben war dunkel, laut, absurd und einsam. Meine Unterhaltung bestand aus Comics, Fantasiespielen und der Beobachtung von Spinnen und Kakerlaken, die über Wände und Böden krochen.

Es war nicht besonders lustig, wenn Mutter schlief; es war noch weniger unterhaltsam, wenn sie wach war. Meistens hielt sie dann Vorträge. Ich hörte nur ihre Stimme, keine Worte. Ihre Ausführungen wurden meist mit einem Schlag hasserfüllt und gemein, gespickt mit Flüchen und herumgeworfenen Töpfen und Pfannen. Ich war überrascht, dass nichts, was sie warf, zerbrach.

Ganz oben auf ihrer Hassliste stand im Augenblick der Staat Illinois. Sie war der Ansicht, dass die Regierung ihr nicht genug Unterstützung oder Sozialhilfe gab. Eines Abends, nach einer Tirade über dieses Thema, stellte ich eine Frage über Geld – und meinen Vater. »Wann wird es Papa wieder gut genug gehen, damit er arbeiten und für uns sorgen kann?«

Bisher hatte mir niemand richtig erklärt, warum mein Vater »zu krank war, um mich großzuziehen«. Das Äußerste, was jemand einmal gesagt hatte, war, dass er »sich das Gehirn verletzt« hatte und in einem Krankenhaus war, das für mich zu weit weg war, um ihn zu besuchen.

Meine Frage schien meine Mutter zuerst zu verblüffen; sie wurde schlaff wie ein platter Reifen. Doch dann kehrte Leben in sie zurück und die Traurigkeit auf ihrem Gesicht verwandelte sich in Zorn. Bebend vor Wut schrie sie: »Dein Vater ist ein Waschlappen und Versager! Er hat uns verlassen und versucht, sich mit einer Knarre das Hirn wegzublasen. In letzter Minute hat er es sich wohl anders überlegt, denn nicht einmal das hat er richtig hinbekommen. Er ist hirngeschädigt und wird nie wieder gesund werden.«

Diese Offenbarung drang mir langsam ins Bewusstsein, während sie weitersprach. »Deswegen hat er uns nie angerufen oder geschrieben, Robby. Deswegen! Er kann es nicht. Wir werden erst im Himmel wieder eine Familie sein.«

Sie goss sich ein weiteres Glas billigen Wein ein. Ich fragte mich, ob sie plante, uns umzubringen, damit wir alle in den Himmel kommen und zusammen sein konnten.

Das also war mit meinem Vater passiert. *Er hat sich in den Kopf geschossen und versucht, sich umzubringen?* Und er würde nie wieder gesund werden. Eine vertraute Tür aus schwerem Stahl schien vor meiner Hoffnung, wieder eine Familie zu werden, zuzuschlagen.

Doch das Leben unter Mutters »Fürsorge« ging weiter. Ich fühlte mich entführt, selbst wenn die Tatsache, dass sie das Sorgerecht hatte, sie vor einer derartigen Anklage schützte. Dass sie mich mitgenommen hatte, schien für sie eine Art Machtspiel zu sein. »Ich schätze, ich habe es ihnen gezeigt«, spie sie hervor, als sie meine Kinderheimkleidung in einem Fass in der Seitengasse verbrannte. »Du bist mein Kind, und daran sollten sie besser denken!«

Ich wünschte, sie würde es vergessen. Ich wollte zu Gigi und Nola. Ich fragte mich, warum sie mich nicht retteten.

Später erfuhr ich, dass Gigi und das Kinderheimpersonal in Panik waren. Sie hatten keine Ahnung, wo wir waren und ob ich in Sicherheit und überhaupt noch am Leben war.

Mehrere Wochen nach meiner Entführung rief Mutter Gigi von einer Telefonzelle aus an. Meine Großmutter bat wohl darum, mit mir zu sprechen; Mutter hielt das Telefon, sodass ich ein paar Worte sagen konnte. Dann zog sie den Hörer weg, brüllte etwas wie: »Werd's euch allen zeigen«, und legte auf.

Beinahe zwei Monate lang folterte Mutter meine arme Großmutter. Sie sagte zum Beispiel, wenn Gigi an einem bestimmten Abend um 20 Uhr zu Hause wäre, dann dürfte ich anrufen. Manchmal gingen wir zu einer Telefonzelle und riefen an, doch wenn Mutter miese Laune hatte, ließ sie es ausfallen. Wenn wir tatsächlich anriefen, riss sie mir nach ein oder zwei Minuten das Telefon aus der Hand und zischte: »Das reicht. Tschüss.« Wenn Gigi mir sagte, wie sehr sich alle Sorgen machten, wusste ich nicht, was ich darauf erwidern sollte.

Eines Abends, nachdem sie es nur wenige Stunden zuvor angekündigt hatte, erklärte Mutter sich einverstanden, dass ich bei Gigi Abendbrot essen durfte. Mutter wollte nicht mit hinauf in die Wohnung kommen oder mich übernachten lassen; sie fürchtete wohl, Gigi würde mich zurück ins Kinderheim bringen.

Es war ein Festmahl: Bostoner Schmorbraten, eines meiner Lieblingsgerichte, mit einem Haufen Beilagen. Es war genug Essen für vier Personen, aber meine Großmutter rührte nichts an.

Selbst als ich noch dabei war, das Essen herunterzuschlingen, fiel mir auf, dass Gigi sich Sorgen um mich machte. Während einer kurzen Pause sagte ich: »Oma, du solltest wirklich ein bisschen was essen. Es schmeckt toll!«

»Ich hab einfach keinen Hunger, Robby«, sagte sie mit einem niedergeschlagenen Seufzen. Ich wusste, dass sie nur dafür sorgen wollte, dass reichlich Essen für mich da war.

Es kam mir nicht in den Sinn, diesen Besuch als Gelegenheit zur Flucht vor Mutter zu nutzen. Ich hatte beschlossen, das Leben – egal wie miserabel – so zu akzeptieren, wie es war. Mir war nicht klar, dass vielleicht jemand aus dem Kinderheim kommen und mich abholen könnte, wenn ich verriet, wo wir waren. Gigi rief niemanden zu Hilfe; vielleicht hatte sie Angst vor meiner Mutter.

Gigi stellte an jenem Abend allerdings viele Fragen, wo und wie wir lebten. Ich konnte ihr nur sagen, dass unsere schäbige Wohnung einige Blocks von einem Kino entfernt an der Bryn-Mawr-Hochbahnhaltestelle auf der Seeseite war.

Dadurch hatte sie wohl genügend Hinweise erhalten, um die Behörden zu uns zu führen. Einige Tage später klopfte es laut und nachdrücklich an unsere Wohnungstür. Ich wusste nicht, was ich machen sollte; es war das erste Mal, dass irgendjemand klopfte.

»Hier ist die Polizei!«, bellte eine Stimme, die klang, als gehörte sie einem Riesen. »Wir haben einen Haftbefehl. Machen Sie die Tür auf!«

Ich schüttelte und schüttelte meine betrunkene Mutter, um sie aufzuwecken. Endlich stand sie von der Couch auf, fragte, wer da sei, und öffnete die Tür. Der Polizist, der ihr Handschellen anlegte, sah riesig aus.

Als wir das schreckliche Gebäude verließen, dachte ich zuerst, der Polizist würde mich ebenfalls verhaften. *Was habe ich denn jetzt wieder gemacht?*, überlegte ich. *Wohin bringt er mich? Vielleicht bringt er mich zurück ins Heim oder zu Gigi.*

Ich war schockiert, als der Beamte mich vom Boden hochhob und auf eine Bank hinten im »Gefängniswagen« setzte. Es gab eine Sitzbank auf jeder Seite und hinten ein vergittertes Fenster. Wir konnten nicht nur hinausschauen, sondern die Autofahrer hinter uns konnten auch hineinschauen. Ich hätte am liebsten geschrieen: »Ich bin kein Verbrecher!« Aber es hätte nichts genützt. Wieder einmal war ich gedemütigt und machtlos.

Als Mutter und ich auf dem Revier ankamen, wurden wir getrennt. Ich wusste nicht, wohin Mutter ging, aber ich nahm an, dass man mich in Gigis Wohnung oder zurück ins Kinderheim bringen würde. Doch ein Polizist sagte mir, dass ich die Nacht im *Audy-Heim* verbringen sollte.

Dies lag in der Nähe des Geschäftsviertels in der Innenstadt von Chicago und hatte einen Bereich für Kinder, die darauf warteten, dass eine Gerichtsentscheidung über ihr Schicksal getroffen wurde. Für mich sah es wie ein Gefängnis aus.

Der Mann, der meine Anmeldung erledigte, saß an einem Schreibtisch. Hinter ihm war ein kurzer Flur, der zu vier Zellen führte, von denen zwei mit schreienden, fluchenden Teenagern besetzt waren. Sie verfluchten die Welt und den Mann am Empfangstresen, der gelegentlich zurückpolterte.

Seine Aufgabe war es, alles aufzulisten, was ich bei mir hatte. »Was hast du an?«, knurrte er.

»Schuhe, Socken, Hosen, Unterwäsche, Gürtel, Hemd, Jackett.«

Er starrte mich grimmig an und sagte: »Es ist Februar in Chicago, Kind. Hast du keine Jacke?«

»Ich hab ja eine Jacke an«, erwiderte ich und zog mein Jackett enger um mich.

»Ja, was denn nun? Eine Jacke oder ein Jackett?«

Ich wusste es nicht. Ich suchte in seinem teilnahmslosen Gesicht nach einem Anhaltspunkt, fand aber keinen. Meine Unterlippe bebte, als ich herausplatzte: »Es ist eine Jacke.«

Der Mann sprang von seinem Stuhl auf und fluchte über meinen Ton, den er offenbar für aufsässig hielt. Er packte mich am Arm und schleifte mich zu den Zellen. »Ich werde dir zeigen, was mit Jungen geschieht, die mich nicht respektieren!«, brüllte er. Er hob mich hoch und drückte mein Gesicht gegen die Gitterstäbe einer Zellentür. Ich sah ein fleckiges, verdrecktes Waschbecken und einen Eimer, der als Toilette benutzt worden war. Der Gestank war schlimmer als der Geruch von Jauche, der im Frühling über den Bauernhöfen von Princeton hing.

»Möchtest du die Nacht hier verbringen?«, bellte der Mann.

»Nein, Sir!«

Er zerrte mich zurück zum Empfangstresen und fragte noch einmal: »Also, ist es nun eine Jacke oder ein Jackett?«

»Ich weiß es nicht, Sir«, piepste ich. »Ich bin doch noch ein Kind. Ich weiß es nicht!«

»Es ist eine Jacke, du dummer Kerl.«

Nachdem er mir befohlen hatte, die Sachen auszuziehen, gab er mir etwas, das wie Häftlingskleidung aussah. Er sagte mir, dass ich nach oben in die Abteilung gehen sollte, wo ich die Nacht verbringen würde.

Als ich die Tür oben an der Treppe erreichte, war diese jedoch verschlossen. Ich klopfte. Keine Antwort. Ich klopfte noch einmal. Keine Antwort.

Ich hämmerte, bis schließlich ein Junge anfing, mich durch die Tür hindurch zu beschimpfen. »Was willst du?«, brüllte er.

»Ich soll hier übernachten.«

»Ich kenne dich nicht.«

»Ich will mit einem Erwachsenen reden.«

»Warum sollte ich dich lassen?«

»Mach die Tür auf«, verlangte ich.

»Ich muss die Tür nicht öffnen«, sagte der Junge höhnisch. »Ich bin dir keine Rechenschaft schuldig.«

»Hol einfach einen Erwachsenen, damit ich ins Zimmer kann und keinen Ärger bekomme.«

»Es ist mir egal, ob du Ärger bekommst. Warum sollte ich mich für dich interessieren?«

»Mach die Tür auf oder hol einen Erwachsenen!«, sagte ich und versuchte, meine Wut im Griff zu behalten.

»Warum sollte ich dich reinlassen?«

»Weil ich hierherkommen sollte!«

»Tja, vielleicht lasse ich dich rein«, sagte er, »vielleicht aber auch nicht.«

Frustriert packte ich die Türklinke mit festem Griff. Die Tür gab nicht nach. Ich war mir sicher, dass der gemeine Kerl von unten jede Minute hochkommen würde, um mich in die verdreckte Zelle zu werfen, weil ich seine Anweisung nicht befolgt hatte.

Die Beschimpfungen gingen noch einige Minuten weiter; dann sagte der Junge auf der anderen Seite der Tür, dass er mich hereinlassen würde, wenn er mich einmal angesehen hätte.

»Schau durchs Schlüsselloch, damit ich dich sehen kann.«

Das tat ich. Er spuckte – direkt durchs Schlüsselloch – und traf mich ins Auge. Das war's! Ich schrie, trat und trommelte an die Tür. Die gleiche Wut, die ich spürte, wenn ich von den älteren Jungen im Kinderheim verprügelt wurde, brach in mir los.

Ich war bereit, es mit der ganzen Welt aufzunehmen. Den Nächsten, der es wagte, mich zu piesacken, würde ich zu Boden schlagen, besonders wenn es mein Peiniger war, der mir ins Auge gespuckt hatte.

Schließlich öffnete ein Mann die Tür und fand einen zornschnaubenden Teufel vor, der ihn anstarrte. Ohne Überraschung oder sonstige Gefühle ordnete er ruhig an: »Folge mir. Ich zeige dir, wo du schläfst.«

Er brachte mich in einen Schlafraum und sagte, ich solle mich auf eines der stabilen Betten setzen. »Das ist deins«, sagte er. »Ich weiß, dass du wütend bist, aber ich bin nicht hier, um das zu klären. Ich bin hier, um mich um dieses Stockwerk zu kümmern und euch Kinder davon abzuhalten, einander wehzutun. In einer knappen halben Stunde gibt es Abendessen. Bitte bleib hier, bis ich dich holen komme. Ich empfehle dir dringend, dich ein bisschen zu beruhigen.«

Sein ruhiger Ton half mir, meine Wut bis zum Abendessen etwas herunterzufahren. Bald saß ich in einer Kantine mit kahlen, unpersönlichen grauen Wänden. Hinter Maschendraht befand sich ein Fernseher, zu hoch, um heranzukommen.

»Warum nur Löffel?«, fragte ich einen Mitinsassen.

»Sei doch nicht so dämlich«, schnaubte er. »Gabeln und Messer können als Waffen verwendet werden!«

Später an jenem Abend ordnete ein Wärter an, ich solle duschen gehen. Einer der Jungen flüsterte: »Pass auf deinen Hintern auf.«

In den Duschen gab es keine Privatsphäre. Zwei Teenager gingen mit mir hinein. Sie erkannten wohl den Zorn auf meinem Gesicht, denn sie wichen zurück und hielten Abstand.

Weil ich Angst hatte, dass mich jemand anspringen und zusammenschlagen könnte, saß ich im Bett, bis ich sicher war, dass in allen anderen Betten ein schlafender Körper lag. Dann stand ich auf und ging zu dem vergitterten Fenster. Ich schlang die Arme um meinen Brustkorb, steckte die Hände unter die Achselhöhlen, umarmte mich selbst fest und wiegte mich leicht von links nach rechts, wie ich es schon so oft getan hatte. Ich starrte an den Mauern und dem Stacheldraht vorbei, über die bewaffneten Wachen hinaus, schaute zum Himmel hinauf und fragte mich nach dem Warum. Warum dieses Leben? Warum wollte mich keiner retten? Gab es einen Ort für Kinder wie mich und wie konnte ich je dorthin gelangen?

*Das ist ein Gefängnis,* dachte ich. *Ich bin acht Jahre alt und im Gefängnis. Was habe ich gemacht, dass ich an einem solchen Ort gelandet bin? Was habe ich getan?*

Irgendein Erwachsener hatte mir gesagt, dass ich nur über Nacht hier sein und dann wieder ins Kinderheim gehen sollte. Ich hoffte, dass es tatsächlich so sein würde. Wenigstens hatte das Kinderheim keine Gitter vor den Fenstern, keine Zäune und keine Wachen, und auch meine verrückte Mutter hielt sich dort nicht auf.

In jener Nacht dachte ich viel über Mutter nach. Sie behandelte andere Menschen schrecklich. Sie gab allen die Schuld für ihre Probleme. Ich war ihr egal. Es war nur eine Frage der Zeit, bis sie mir die Schuld für ihre Schwierigkeiten anlasten würde. Sie war genau wie die älteren Kinder im Heim, die ohne Grund auf die jüngeren losgingen und ihre Probleme auf jemand anderen abluden.

Unter dem Scheinwerfer einer Wachbaracke in dieser Jugendstrafanstalt schwor ich mir etwas: Nie wieder würde irgendjemand seine oder ihre Probleme zu meinen machen. Nicht einmal Mutter.

Endlich, nachdem ich nochmals geprüft hatte, ob meine Feinde schliefen, schlüpfte ich leise ins Bett und dämmerte ein.

Am nächsten Morgen nach dem Frühstück sagte mir ein Wärter, dass mein Sozialarbeiter gekommen war, um mich abzuholen. Ich ging in den Gerichtssaal, aber ich glaubte nicht, dass John dort war, bis ich sein weißes Hemd und sein dunkles Haar sah. Ins Heim zurückzukehren war nicht das Gleiche wie nach Hause zu gehen, aber es war mit Sicherheit besser als die letzten paar Monate.

Ich war froh, John zu sehen, aber er schien noch glücklicher zu sein als ich. Er versuchte, nicht zu emotional zu werden, aber die Sanftheit in seinen Augen und seiner Stimme sagte mir, wie er empfand.

Als wir die Anstalt hinter uns ließen, fragte ich mich, ob Nolas Gott ebenso empfand. Hatte er mich im *Audy-Heim* gesehen oder in diesem Rattenloch von Wohnung? Und wenn ich Gott wirklich am Herzen lag, warum war mein Leben dann so elend?

# 6 Die Ärzte

Als ich von meinen paar Monaten bei Mutter zurückkam, hoffte ich, dass einige Jungs sich freuen würden, mich wiederzusehen. Ich wollte hören: »Wo bist du gewesen? Was ist passiert? Was hast du gemacht?«

Ich erlebte nichts dergleichen. Stattdessen bekam ich ein trauriges »Hey, du bist wieder da« zu hören.

In den Augen der Heimkinder stellte meine Rückkehr ein Versagen dar. Sie wussten nicht, ob es meine Schuld war oder ob die Probleme zu Hause sich nicht gelöst hatten. Es kümmerte sie nicht einmal. Egal, was der Grund war, sie nahmen an, meine Familie hätte mich wieder einmal abgeschoben.

*Vergesst es,* dachte ich bitter. *Wenn ihr es dann doch wissen wollt, werde ich es euch nicht erzählen.*

Nola war besorgt. Sie hatte ihren kleinen anhänglichen Welpen verloren. Jetzt hatte sie es mit einem misstrauischen Köter zu tun, der zu oft gefroren und gehungert hatte und verprügelt worden war. Ich war mürrisch und zog mich mehr oder weniger zurück.

Ich machte mir auch einige Gedanken über fortgeschickte Kinder. Ich bemerkte, dass es im Kinderheim sehr viel mehr Jungen als Mädchen gab, und so folgerte ich, dass Mädchen niedlicher und leichter zu erziehen waren als Jungen und dass es deshalb wohl leichter war, Jungen wegzuwerfen.

Nola versuchte immer wieder, mich zurück in die normalen Abläufe zu holen, aber es gelang ihr nicht. Ich funktionierte nur äußerlich, und auch das nur, wenn nicht ein anderes Kind mich am falschen Punkt traf und meinen lodernden Zorn weckte.

Nach einigen Wochen nahm John mich eines Tages aus der Schule. »Du hast ein paar heftige Monate hinter dir«, sagte er. »Wir machen uns Sorgen um dich, deswegen nehmen wir den Frühzug, damit du zu einigen besonderen Ärzten in Chicago gehen kannst. Sie wollen sicherstellen, dass mit dir alles in Ordnung ist. Wir werden den ganzen Tag dort sein. Ich werde nicht bei dir sein, aber ich bin die ganze Zeit im Gebäude und wir essen zusammen Mittag. Ich versprech's. Dann triffst du dich noch einmal mit den Ärzten und wir fahren zusammen mit dem Abendzug zurück.«

Und so geschah es auch. An jenem Abend fuhren wir mit dem *California Zephyr* zurück nach Princeton. Nach stundenlangen Tests und Gesprächen mit Ärzten in einem Krankenhaus war ich es leid zu sitzen. John verstand das, also ließ er mir eine halbe Stunde, um den Zug zu erkunden, und spendierte mir eine kleine Belohnung – eine Limo aus dem Speisewagen.

Dann ließen er und ich uns in dem beinahe leeren doppelstöckigen Aussichtswagen nieder. Ich wusste, dass er mit mir reden wollte. Diese Sozialarbeiter wollten immer etwas »besprechen«.

Während der Zug über die Schienen ratterte, fragte mich John nach meinem Tag. Ich dachte mir, je schneller ich antwortete, desto schneller könnte ich wieder aufstehen.

»Na ja, zuerst, am Morgen, haben sie mich in ein Zimmer mit Tischen und Spielzeug gebracht. Einer der Ärzte hat mir ein paar kleine Bausteine gegeben und gesagt, dass ich ein Haus, eine Scheune und ein Auto bauen soll. Dann hat er mir einen Bleistift gegeben und gemeint, dass ich eine Familie und ein Zuhause zeichnen und es dann mit Buntstiften ausmalen soll. Ich habe okay gesagt, wollte aber wissen warum. Der Arzt hat gesagt, dass er meine kockitiefen Fähigkeiten, räumiges Vermögen und Motorflexe testen will.« Ich zuckte die Schultern.

»Meinst du kognitive Fähigkeiten, räumliches Denkvermögen und motorische Reflexe?«, fragte John mit einem Lächeln.

»Ja! Solches Zeug! Sie haben nicht gesagt, zeichne eine Mutter und einen Vater, Kinder und ein Haus. Sie haben nur gesagt, eine Familie und ein Zuhause. Das war komisch!«

John nickte, sagte aber nichts.

»Dann haben sie gesagt, dass ich mich umdrehen soll, während sie einen Haufen Karten aufgedeckt hinlegen. Als der Arzt ›Los‹ gesagt hat, habe ich mich rumgedreht und so viele Paare gesucht, wie ich konnte, bis er ›Stopp‹ gesagt hat.«

John nickte.

»Im ersten Spiel hab ich alle gefunden und gewonnen!«

»Gut gemacht, Robby!«

»Ja, aber die nächsten Spiele waren schwerer, und ich hab nicht alle geschafft.«

»Das ist okay, Robby. Sie haben nicht erwartet, dass du alles schaffst.«

»Wieso haben die Sachen auf einen Block geschrieben, als wir Mittag gegessen haben?«, fragte ich.

»Sie haben etwas über deine Tischmanieren vermerkt – wie du mit Messer, Gabel und Löffel umgehst. Wie du dich in einem formlosen Rahmen mit Erwachsenen verhältst.«

»Warum?«

Mit großen Worten erklärte John, dass viele Kinder, nachdem sie eine Kindheit wie meine hatten und besonders, nachdem meine Mutter mich so lange vor anderen versteckt gehalten hatte, irgendwie verkorkst wären. Es könnte sein, dass sie sehr wütend über Erwachsene werden oder sich zurückentwickeln und anfangen, sich wie Babys zu verhalten – oder zumindest wie kleinere Kinder.

John schwieg, während ich über das nachdachte, was er mir gerade gesagt hatte. »Ich entwickle mich nicht zurück«, beschloss ich laut.

Er nickte und lächelte ein bisschen.

Ich war froh, dass er nicht fragte, ob ich wütend war. Wenn er gefragt hätte, hätte er etwas zu hören bekommen. »War ich okay beim Mittagessen?«, fragte ich.

»Du hast es richtig gut gemacht, Robby«, versicherte er mir. »Jetzt erzähl mir von deinem Nachmittag mit den Psychiatern.«

Das wollte ich nicht; ich hatte den ganzen Abend nichts anderes gemacht als zu reden. Wollte er es nicht von den Ärzten hören? Konnten wir nicht einfach die Zugfahrt genießen? Aber nach Jahren monatlicher und jetzt wöchentlicher Treffen mit meinem Sozialarbeiter wusste ich, dass John fragen würde, bis ich antwortete. Also glitt ich zurück auf meinen Sitz und erzählte weiter.

»Der Psychiater war ganz in Ordnung. Er war größer als die anderen Ärzte. Erst hat er gesagt, dass sie mir nicht helfen können, wenn ich nicht ehrlich bin. Er wollte, dass ich sage, was ich denke, selbst wenn es weh tut oder schlecht klingt, wenn man es laut sagt. Er hat gesagt, wenn sie verstehen können, wie ich die Sachen empfinde, können sie mir helfen.«

»Was hast du ihm gesagt, Robby?«

»Ich habe ihm gesagt, dass ich es versuchen würde.«

John schien zufrieden, also redete ich weiter. »Der Arzt wollte, dass ich ihm von meinem Vater erzähle – woran ich mich erinnere, was ich weiß, was ich fühle. Das war schwer. Ich erinnere mich überhaupt nicht an ihn. Ich habe aber ein Foto von ihm. Er hatte kurze dunkle Haare und eine Brille. Er hatte ein weißes Hemd an, eine dunkle Krawatte, einen schönen Anzug und er hat breit gelächelt.«

»Was hast du dem Arzt gesagt, als er dich gefragt hat, was du in Bezug auf deinen Vater empfindest?«, fragte John.

»Ich weiß nicht, was ich für meinen Vater empfinde, weil ich mich nicht an ihn erinnere oder ihn kenne. Ich habe ihm gesagt, dass ich mir wünschte, ich hätte einen richtigen Vater, der mit mir spielt, mich auf den Schultern trägt und mit mir Fußball spielt. Ich wünschte, ich hätte einen Vater, auf den ich stolz sein kann, der mir Sicherheit gibt. Und ich würde vielleicht meinen Vater gern im Krankenhaus besuchen, aber vielleicht auch nicht. Ich glaube, ich verstehe, warum er es leid war, mit meiner Mutter zusammenzuleben, aber ...«

Ich zögerte.

John wartete eine lange Minute, dann fragte er: »Aber was, Robby?«

Ich kämpfte mit mir. Ich hatte das noch nie laut zu jemandem gesagt.

»Bitte, Robby. Du weißt, dass du mir wichtig bist. Was ›aber‹?«

Leise, beinahe flüsternd, stellte ich endlich die Frage, auf die ich ein Ja als Antwort fürchtete. »Aber John, wie konnte er mich verlassen? War er mich leid?«

John schüttelte den Kopf. Er beugte sich vor und schaute mir tief in die Augen. »Es ging nicht um dich, Robby. Er war dich nicht leid, und du hast nichts falsch gemacht. Die Entscheidungen deiner Eltern hatten nichts mit dir zu tun. Leider musstest du unter den Dingen leiden, die sie getan haben.«

Ich hatte das schon viele Male zuvor von ihm gehört. Noch immer gelang es mir nicht, es zu glauben.

Wir saßen schweigend da, während wir sahen, wie die Felder vorbeizogen. Ich hoffte, dass John mit seinen Fragen fertig war, aber ich hätte es besser wissen sollen.

»Also was haben die Ärzte noch gefragt, Robby?«

»Sie wollten, dass ich ihnen von meiner Mutter erzähle. Ich dachte, die ganze Welt wüsste über sie Bescheid. Sie ist verrückt.«

»Haben die Ärzte gefragt, wie du deswegen empfindest?«

»Ja. Ich sagte ihnen, dass ich Gigi gefragt habe, ob meine Mutter meinen Vater liebt. Gigi sagte, dass sie es annahm, aber sie wäre sich nicht sicher, ob Joyce wirklich irgendjemanden außer sich selbst liebt.«

John wartete wieder; dann fragte er: »Fühlst du auch so über deine Mutter, Robby?«

»Ja. Ich weiß nicht, wen sie liebt, aber ich bin es nicht. Und, na ja, das klingt schlimm, aber ich würde gern von ihren Besuchen verschont bleiben, bis es ihr irgendwie besser geht.«

John nickte. »Keine Sorge, Robby. Deine Mutter ist in der Elgin-State-Klinik. Das ist eine psychiatrische Klinik, und sie wird wahrscheinlich eine Weile dort bleiben.« Er machte eine Pause. »Noch irgendwas, über das du reden willst, bevor wir Schluss machen?«

»Kannst du mir sagen, was sie wegen mir beschlossen haben – die Ärzte heute? Werde ich auch verrückt?«

John dachte einen Augenblick nach und sagte dann: »Du bist nicht verrückt, Robby. Du bist ein normaler kleiner Junge. Aber du hast eine echt schwere Zeit hinter dir. Wir werden in ein paar Wochen ihren schriftlichen Bericht bekommen und dann darüber reden. Aber sie sagten, dass es dir besser geht, als sie es erwartet hätten. Irgendwie hast du es geschafft, über deine Gefühle nachzudenken, und das hat dir geholfen. Es ist ziemlich erstaunlich, dass du das in deinem Alter geschafft hast.«

Und dann kamen die Worte, die in meinem Herzen hängen blieben: »Sie möchten, dass wir dich so bald wie möglich in einem normalen Zuhause unterbringen.«

Während der Zug weiter über die Schienen ratterte, hallte dieser Satz immer wieder in meinem Kopf wider: *ein normales Zuhause.*

Das klang gut, sogar mehr als nur gut. Aber nach allem, was passiert war… *war das überhaupt möglich?*

# 7 Gigis Geschenk

Einige Monate nach meinem Besuch bei den Ärzten in Chicago fragte Nola: »Wie würde es dir gefallen, das Wochenende bei Gigi in Chicago zu verbringen, Robby? Sie will mit dir über etwas Wichtiges reden.«

»Wow! Darf ich das wirklich?«

»Klar. Du fährst am Freitag hin, genießt deinen Aufenthalt, und nächste Woche reden wir dann über das, was ihr besprochen habt.«

*Heißt das, dass Gigi mich zu sich nimmt?* Ich konnte es kaum abwarten, das herauszufinden.

Als der Freitag endlich da war, setzte mich John in der Wohnung meiner Großmutter ab. Der Geruch von Brathähnchen ließ mir das Wasser im Mund zusammenlaufen. Ich liebte alles, was Gigi kochte, aber Bostoner Schmorbraten, knuspriges Brathähnchen aus dem Backofen, gefüllte Koteletts und Hühnchen mit Reis und Pilzen waren meine Lieblingsgerichte. »Ich sehe dich gern essen, Robby«, sagte Gigi mir immer. »Es macht mich glücklich.«

*Mich* machte es noch glücklicher. Dieses Mal aß ich doppelt so viel wie sie.

Wir hoben uns die Nachspeise immer bis später auf. Normalerweise spielten wir Domino oder Karten, wenn Gigi den Tisch abgeräumt hatte. Sie ließ mich gewinnen, machte es mir aber nie einfach. Oder ich versteckte mich hinter dem Vorhang zwischen der Küche und dem Wohnzimmer und knurrte wie ein Monster, und dann kicherte ich, wenn sie aufschrie und so tat, als würde sie in Ohnmacht fallen. Wir hätten auch Fangen oder Verstecken spielen können, aber die Wohnung war so mit Möbeln voll gestellt, dass man kaum Platz hatte, um sich zu bewegen.

An jenem Abend allerdings sah Gigi ernst aus. »Lassen wir doch das Geschirr bis später stehen und setzen uns erst einmal aufs Sofa. Ich möchte mit dir reden.«

Ich konnte kaum ein Grinsen unterdrücken. Ich wusste bereits, was sie mir sagen würde: Ich konnte kommen und bei ihr wohnen.

Sie ließ sich neben mir auf der Couch nieder. »Robby«, begann sie, »ich habe versucht, dich zu beschützen. Aber jetzt, nach allem, was du durchgemacht hast, glaube ich, dass es an der Zeit ist, dass ich dir einige Dinge sage.«

Ich drehte mich auf dem Sofa hin und her und versuchte, es mir bequem zu machen. Es schien, als würde dies eine lange Geschichte werden.

»Deine Großmutter Pauline konnte deine Mutter nicht leiden«, begann Gigi. »Sie dachte, dein Vater hätte eine Frau heiraten sollen, deren Familie gesellschaftlich und finanziell mehr wie ihre eigene gestellt war – mit ihren Worten: ›mehr von unserer Art‹.«

Gigis ernster Gesichtsausdruck verschwand und sie kicherte. Mit einem albernen Akzent sagte sie, was ich sie schon viele Male hatte sagen hören: »Aber du und ich wissen: Bei Klasse geht es nicht um Geld, sondern um Charakter!«

»Als Pauline die Hochzeit nicht verhindern konnte«, fuhr Gigi fort, »versuchte sie alles, was sie konnte, um die Planung zu übernehmen und Regie zu führen.« In einer Imitation von Paulines ausgeprägtem Südstaatenakzent verkündete sie: »Aber Joyce, Liebes, ich möchte nur das Beste für dich und Robert.«

Jetzt war es an mir zu kichern.

Sie schüttelte den Kopf und ihr Ton wurde sarkastisch. »Aufgrund ihrer großen Herzensgüte schrieb Pauline dann deinem Vater und deiner Mutter vor, wie jede noch so kleine Einzelheit der Hochzeit sein sollte. Deine Mutter hatte nicht die Absicht, das kampflos hinzunehmen. Es war, als wäre bei diesen beiden eigenwilligen Frauen der Krieg zwischen Nord- und Südstaaten noch in vollem Gange.«

Sie verdrehte die Augen. »Als deine Eltern auf Hochzeitsreise waren, engagierte deine Großmutter Möbelpacker, die alle Möbel aus der Wohnung holen und einlagern sollten. Dann ließ Pauline einen Haufen teure Möbel hineinstellen, die sie gekauft hatte.«

»Wow! Mutter muss sich ziemlich gefreut haben, als sie zurückkam«, sagte ich.

»Gefreut? O nein, Kind! Sie und dein Vater waren außer sich vor Wut, dass Pauline so teure Möbel gekauft und ihre eigenen weggebracht und stattdessen die neuen in die Wohnung gestellt hatte, ohne es mit ihnen abzusprechen oder um Erlaubnis zu fragen. Deine Mutter war wie eine fauchende Katze, und dein Vater stand wieder einmal zwischen seiner Frau und seiner Mutter.«

*Pauline muss so verrückt sein wie meine Mutter*, dachte ich. *Ich frage mich, ob unsere ganze Familie durchgeknallt ist.*

Gigi erklärte, dass Mutter, nachdem sie mich im Heim gelassen hatte, angefangen hatte, einen Teil der Möbel in Pfandleihhäusern zu verkaufen. »Ich habe sie dazu überredet, ein paar von den Möbeln und Geschenken hier bei mir zu lassen, damit ich sie aufbewahre. Ich habe ihr meine eigenen Möbel für ihre Wohnung gegeben und 1000 Dollar, damit sie ihre Rechnungen bezahlen konnte, bis sie eine Arbeitsstelle hatte und wieder auf die Füße kam.«

»Darum hast du also so viele Möbel hier drin?«, fragte ich. »Ich habe mich immer gefragt, warum deine Wohnung so voller Zeug steht.«

Gigi schwieg kurz, holte tief Luft und die Ernsthaftigkeit kehrte zurück. Sie nahm meine Hand und schaute mir tief in die Augen.

*Das ist es*, dachte ich. *Sie wird mir sagen, dass sie einen Teil von dem Zeug verkaufen und mich bei sich behalten kann.* Ich setzte mich noch gerader hin und wartete auf die guten Nachrichten.

»Robby, ich habe vor, so lange zu leben, dass ich noch mitbekomme, wie du deinen Collegeabschluss machst und heiratest.«

*Was?*

»All diese wunderschönen Mahagonimöbel wie auch das Porzellan, das Kristall und das Silber gehören dir, wenn ich sterbe, oder schon früher, wenn du willst. Ich habe es für dich aufgehoben! Ich bin froh, dass ich es getan habe, denn deine Mutter hätte alles verkauft und das ganze Geld ausgegeben. Es ist dein Erbe. Wenn du und deine Frau es einmal nicht wollen, könnt ihr es verkaufen und euch kaufen, was ihr wollt. Das wird euch einen guten Start ins Leben ermöglichen.«

Gigi zitterte. Der Gedanke, dass ich ans College ging, ein Mann wurde, heiratete – das machte ihr wohl weiche Knie, nahm ich an.

Aber ich war so enttäuscht, dass ich nicht sprechen konnte. Ich konnte nicht glauben, dass das die große Überraschung war.

Weil ich nicht wusste, was ich sonst tun sollte, beugte ich mich vor und umarmte meine Großmutter. Sie weinte, während ich dachte: *Wieder abgeschossen. Und dieser Möbelkram! Nur eine weitere bizarre Geschichte in meinem ohnehin bizarren Leben.*

Schließlich lehnte sich Gigi zurück und wischte sich die Tränen ab. »Genug von diesen Sachen«, verkündete sie. »Essen wir Eis!«

Das taten wir – Vanilleeis mit heißer Karamellsoße.

Als ich am Abend im Bett lag, war mein Magen voll. Aber ich fühlte mich so leer wie eh und je.

# 8 Die Entscheidung

Am nächsten Morgen nach dem Frühstück spürte ich immer noch die Enttäuschung, als ich auf einem kleinen Schwarz-Weiß-Fernseher hinter Gigis Schlafzimmertür die Samstagmorgen-Trickfilme schaute.

Sie bevorzugte das Radio. Eine Sendung, die ihr besonders gefiel, war ein Hörspiel von der *Pacific Garden Mission*. Die Geschichten drehten sich immer um einen heruntergekommenen obdachlosen Menschen oder Betrunkenen, der den absoluten Tiefpunkt erreicht hatte – und dann aufschaute, Gott fand und sein Leben völlig änderte. Ich war nicht so für die Sache mit Gott zu haben, wohl aber Gigi. Wenn ich zuhörte, dann wegen der hoffnungsvollen Botschaft: Egal wie schlimm das Leben wurde, es konnte sich immer noch wenden und besser werden. Mir gefiel dieser Gedanke, selbst wenn er nicht auf mich zuzutreffen schien.

Der Samstag war Gigis freier Tag, doch wir fuhren trotzdem mit der Hochbahn in die Innenstadt zu ihrer Arbeitsstelle – *Marshall Field's*. Sie wollte mit mir bei ihren Freundinnen angeben.

Ich hätte den ganzen Tag lang die riesige Modelleisenbahn des Kaufhauses anschauen können, ein Netzwerk von Fahrzeugen, Gebäuden und Bergen, dessen Betrieb einen Mann ganztägig beschäftigte. Aber Gigis Plan war es, dass ihre Freundinnen mir sagten, wie groß ich geworden war, dass wir ein neues Hemd für mich kauften und zum Nachtisch in den *Walnut Room* gingen.

Der *Walnut Room* war riesig, getäfelt mit prächtigem Walnussholz und mit einer Decke, die sehr hoch oben über uns schwebte. Kleine Tische, gedeckt mit weißem Leinen und Servietten, unterstrichen das Funkeln von Kristallkelchen und Silberbesteck. Die Kellner in ihrer schwarz-weißen Uniform erinnerten mich an Pinguine.

Die *Frango*-Schokolade mit einem Hauch Minze war wunderbar. Nachdem ich mich wie üblich vollgestopft hatte, lehnte ich mich zurück und wartete. Gigi schien sich innerlich für ein weiteres Gespräch zu sammeln. Ich hoffte, dass es besser ausgehen würde als die Möbelgeschichte.

»Robby«, begann sie, »wie du weißt, haben dein Sozialarbeiter, Nola und die Ärzte viel mit mir über deine Zukunft geredet und darüber, was am besten ist.«

Ich setzte mich auf. Die Erinnerung an eine alte Hoffnung spähte aus ihrem Versteck hervor.

*Jetzt kommt's*, dachte ich. *Sie bittet mich doch noch, zu ihr zu ziehen!*

»Als deine Mutter dich so lange ohne Erlaubnis weggeholt hat, ist der Direktor des Kinderheims zum Richter gegangen und hat ihr das Sorgerecht entziehen lassen. Tante Alice, die Schwester deines Vaters, ist mit einem Anwalt verheiratet. Er hat mir und der Familie deines Vaters gesagt, dass jeder von uns dein Vormund werden kann. Also hat Arnold, einer der Brüder von deinem Großvater Mitchell, sich bereit erklärt, das für dich zu tun. Vielleicht weißt du das nicht, aber der Vater deines Vaters – Großvater Mitchell – starb drei Monate, nachdem dein Vater … nach seinem Unfall.«

*Was? Wovon redet sie?*

*Ich bleibe nicht bei ihr? Ich komme zu einem alten Kerl, den ich nicht kenne?*

*Und es war kein Unfall! Er hat es mit Absicht gemacht. Warum reden die Erwachsenen nicht Klartext mit mir?*

Gigi waren die Verwirrung und Wut in meinem Gesicht nicht entgangen. »Er ist ein netter Mann, Robby«, sagte sie rasch. »Er wohnt in Atlanta, Georgia, und hat dort das Mitchell-Motors-Autohaus für Oldsmobile und Rolls-Royce. Er hat sich einverstanden erklärt, dein Vormund zu sein. So hast du jemanden aus der Familie, der entscheidet, was mit dir geschieht, statt des Staates oder deiner Mutter.«

»Aber Gigi«, platzte ich heraus, »warum kann ich nicht bei dir leben?«

Ihre Stimme war überraschend emotionslos. »Ganz offensichtlich besteht keine Hoffnung, dass es deiner Mutter je wieder gut genug geht, um dich großzuziehen. Ich bete jeden Tag, dass sie gesund genug wird, um aus dem Sanatorium entlassen zu werden und in ein betreutes Wohnen ziehen zu können. Vielleicht – aber auch nur vielleicht – ist sie dann in der Lage, einer Arbeit nachzugehen und sich selbst zu versorgen. Aber wir glauben nicht, dass sie je in der Lage sein wird, für dich zu sorgen.«

Ich nickte, sagte aber nichts.

»Dein Vater wird die psychiatrische Klinik, das Allen-Krankenhaus in Georgia, nie wieder verlassen können. Er kann laufen, erinnert sich aber nicht an viel, kann sich nicht selbst anziehen, und wenn er spricht, kann man es nicht verstehen. Es gefällt ihm, wenn Onkel Arnold und deine Tante Alice ihn besuchen, aber er wird wütend, wenn seine eigene Mutter, deine Großmutter Pauline, kommt. Genau genommen ist er so ausgerastet, dass ich erfahren habe, dass sie ihn gar nicht mehr besucht.«

*Warum das ganze Gerede über meine Verwandten in Georgia? Ich kenne sie nicht einmal. Sie haben sich nie zuvor für mich interessiert. Warum jetzt? Was versucht Gigi mir zu sagen?*

»Robby, ich liebe dich von ganzem Herzen«, fuhr sie fort. »Aber ich muss praktisch denken. Weißt du, ich werde nächstes Jahr 70. Das ist zu alt, um ein so lebhaftes Kind wie dich großzuziehen. Du brauchst zum Aufwachsen einen Ort, der besser für einen Jungen geeignet ist als bei dieser alten Dame.«

Sie zwinkerte, also zwang ich mich zu lachen, damit sie sich besser fühlte. Der »Pinguin« der Teestube füllte Gigis Tasse auf, während sie ihre Handtasche öffnete und einen Umschlag herauszog.

»Was werdet ihr also mit mir machen?«, fragte ich.

»Ich möchte dir einen Teil aus dem Brief von den Ärzten aus Chicago vorlesen. John hat ihn mir gegeben: ›Wie Robby im Licht seiner Familienverhältnisse einem schweren Schaden entgangen ist, das ist schwer zu beantworten. Er betrachtet sich als jemand, der abgeschoben worden ist. Er möchte glauben, dass es nicht seine Schuld ist, aber er muss die Einrichtung verlassen können, bevor er seine Fähigkeit verliert, zu einem sozial und intellektuell angepassten Jugendlichen aufzublühen.‹«

*Noch mehr Kauderwelsch.*

Ich wiederholte meine Frage, aber dieses Mal war mein Ton eisig. »Was werdet ihr also mit mir machen?«

Gigi faltete den Brief zusammen und erklärte die drei Möglichkeiten, die ich hatte. »Du kannst noch neun Jahre im Kinderheim bleiben, bis du deinen Abschluss an der Highschool machst. Du kannst Pflegefamilien besuchen, um zu sehen, ob du eine davon magst. Oder vielleicht kannst du bei einem von den Mitchell-Verwandten in Atlanta leben.«

Sie wartete auf meine Antwort.

*Auf keinen Fall gehe ich in eine Pflegefamilie*, dachte ich. Meine Sozialarbeiter hatten schon früher davon geredet und ich hatte nein gesagt.

Vielleicht gab es gute Pflegefamilien, sagte ich mir, aber woran würde ich solch eine Familie erkennen? Ein Kind, das eine gute

Familie fand, kam nie ins Heim zurück, also hörte ich nie davon. Die Kinder, die ich kannte, hatten alle bloß schlechte Erfahrungen gemacht.

Sie warnten davor, dass, wenn die Pflegeeltern eigene Kinder hatten, mindestens eines dieser Kinder gegen den »Eindringling« war. Ihr Rat: Geh in keine Familie mit jüngeren Kindern. Versuch es bei einer, wo du das jüngste Kind bist.

Einige Jungen, die ich kannte, hatten bereits in fünf Pflegefamilien gelebt, bevor sie zehn Jahre alt waren. Statt sich geliebt zu fühlen, kamen sie sich vor wie streunende Hunde und versuchten, ihre »Besitzer« zufriedenzustellen. Es war natürlich keine Hilfe, dass die Sozialarbeiter immer wieder warnten, dass Pflegekinder zurück ins Heim geschickt werden konnten, wenn sie sich nicht benahmen.

Als ich einmal ein älteres Mädchen namens Peggy gefragt hatte, was sie darüber dachte, hatte sie gesagt: »Geh nicht.« Sie hatte eine Geschichte über ein junges Mädchen namens Anne Shirley – *Anne auf Green Gables* – gelesen, das zu einer Pflegefamilie geschickt worden war. Die Leute hatten einen Jungen gewollt, der auf der Farm arbeiten konnte. Als Anne ankam, drohte die Frau, sie zurückzuschicken. Anne hatte in etwa gesagt: »Ich werde versuchen, alles zu tun und zu sein, was Sie wollen, wenn Sie mich nur behalten.«

Peggy hatte den Kopf geschüttelt. »Tja, du kannst drauf wetten, dass ich das nicht machen werde, Robby. Wir sind keine Zirkusaffen, die ein paar Pflegeeltern zufriedenstellen sollen. Lieber bleibe ich im Kinderheim, als noch einmal weggeworfen zu werden.«

Das verstand ich. Kinder wie wir sehnten uns nach einem Zuhause mit Erwachsenen. Wir wünschten uns verzweifelt Liebe, Fürsorge, Sicherheit. Aber eine Pflegeunterbringung brachte uns zu Leuten, die uns gegenüber nicht unbedingt eine langfristige Verpflichtung hatten. Wichtige Erwachsene hatten uns bereits im Stich gelassen; wie konnten wir etwas Besseres von Fremden erwarten?

Widerstrebend beschloss ich, es mit meinen Verwandten in Atlanta zu versuchen. Wenn das nicht funktionierte, würde ich einfach im Kinderheim bleiben. Das war nicht der Ort, an dem ich sein wollte. Aber nach fünf Jahren dort war es das einzige Zuhause, das ich kannte.

Gigi nippte an ihrem Tee und wartete.

»Ich möchte in einem Haus mit einer Familie leben«, sagte ich endlich. »Ich möchte nicht im Kinderheim bleiben oder in eine

Pflegefamilie gehen. Ich möchte mich nicht zu einer Pflegefamilie zugehörig fühlen und dann herausfinden, dass ich aus irgendeinem Grund zurück ins Kinderheim geschickt werde.«

Gigi schien erleichtert zu sein. »Ich möchte, dass du das tust, was du für das Beste hältst, Robby«, sagte sie leise. »Aber ich muss gestehen, dass ich Angst hätte, deine Pflegeeltern würden mir vielleicht nicht erlauben, dich zu besuchen. Das würde mich umbringen.«

»Kann ich es mit Atlanta probieren, Gigi? Vielleicht, wenn sie mich kennenlernen, werden sie mich zu sich nehmen. Sie gehören zur Familie, also könnte ich dich immer noch besuchen kommen, oder?«

Gigi zögerte. »Ich glaube schon, Robby. Aber ich könnte dich vielleicht nur ein oder zwei Mal im Jahr sehen.« Sie holte tief Luft und fuhr fort: »Ich verstehe, warum du nicht in eine Pflegefamilie willst und dass du nicht im Kinderheim bleiben willst, bis du deinen Schulabschluss machst. Ich glaube, es ist eine gute Idee, wenn du deine Familie in Atlanta kennenlernst. Ich werde dem Kinderheim sagen, dass das für mich in Ordnung geht.«

Sie lächelte und stand auf. »Gehen wir die Eisenbahn anschauen!«

Es hatte mir immer Spaß gemacht zuzuschauen, wie der Zugführer die Spielzeugzüge rundherum im Kreis fahren ließ. Irgendwie schien das heute besonders passend zu sein. Ich hatte keine Ahnung, auf welchem Gleis sich mein Leben befand, und konnte nicht wissen, ob ich je überhaupt irgendwo hingelangen würde.

# 9 Atlanta

Es war an der Zeit, mit meinem Sozialarbeiter über die Zukunft zu sprechen. Aber inzwischen hatte John das Kinderheim verlassen. Ich war nicht wütend über seinen Weggang. Aus meiner Sicht war er einfach ein weiterer Erwachsener, der mich im Stich gelassen hatte, und ich sah meinem nächsten Beratungsgespräch ohne Begeisterung entgegen.

Der Sozialarbeiter, an dessen Namen und Gesicht ich mich nicht erinnern kann, trug ein steif gestärktes Hemd und eine einfarbige Krawatte. Wir Kinder nannten solche Kerle »Weißhemden«. Die meisten von ihnen wirkten so steif wie ihre Kleidung.

»Ich bin enttäuscht, dass du dich gegen eine Pflegefamilie entschieden hast, Robby«, sagte er zu mir. »Ich verstehe deine Überlegungen, aber ich glaube, du liegst falsch. Weißt du, wir haben viele Kinder gut unterbringen können.«

Ich hörte zu, aber ich hatte mich bereits entschieden.

»Ich schätze, es ist uns nicht besonders gut gelungen, euch Kindern zu zeigen, wie gut diese Familien sind. Ihr seht nur Kinder, die aus Familien zurückkommen, wo es nicht funktioniert hat. Wir haben gerade gute Familien, die Platz für ein Kind haben. Wir werden dich nicht zwingen, aber ich glaube immer noch, dass du es wenigstens einmal versuchen solltest.«

»Danke, aber nein danke«, sagte ich und meine Stimme triefte vor Sarkasmus. »Nicht interessiert.«

»Nun, dann bin ich froh, dass du bereit bist, deine Familie in Atlanta in Betracht zu ziehen«, sagte er mit einem Lächeln.

»Warum?«, fragte ich kämpferisch.

»Das heißt, du hast diese Möglichkeit nicht ausgeschlossen.«

»Ich weiß nicht, warum Sie und Gigi froh darüber sind. Diese Leute wollen mich nicht. Sie sind Fremde. Ich bin jetzt fünf Jahre hier und nicht einer von ihnen ist je gekommen, um mich zu besuchen.«

»Ich weiß, wie du dich deswegen fühlen musst«, erwiderte er. »Aber wir möchten wirklich, dass du ein normales Zuhause bekommst. Wir möchten dich nicht hier behalten, bis du deinen Schulabschluss machst.«

Ich starrte ihn feindselig an. »Jetzt wollt ihr mich auch nicht mehr?«

Peinlich berührt fing er an zu stottern und zu stammeln. Bevor er seine Gedanken ordnen konnte, platzte ich vor Lachen los.

Ich hatte ihn eiskalt erwischt. Wie die meisten Kinder im Heim versuchte ich, Situationen zu kontrollieren, indem ich Autoritätspersonen aus dem Gleichgewicht brachte. Manche Kinder erreichten dies mit schlechtem Benehmen oder explosiver Wut. Ich zog es vor, den Erwachsenen die Worte im Mund herumzudrehen und eine Reaktion auszulösen, die mir gefiel.

Als ich endlich aufhörte zu lachen und wieder zu Atem gekommen war, sagte ich: »Sie hätten Ihren Gesichtsausdruck sehen müssen! Das war *so* lustig!«

Er zwang sich ein halbes Grinsen ab.

*Diese Sozialarbeiter müssen wirklich lernen, ihre Krawatten aufzubinden und ein bisschen lockerer zu werden.*

»Okay, Robby, können wir weitermachen?«

Immer noch kichernd nickte ich.

»Die Tatsache, dass du Atlanta in Betracht ziehst, ist ein gutes Zeichen. Es bedeutet, dass es dir seelisch noch gut geht, also ...«

Den Rest von dem, was er sagte, hörte ich nicht.

*Es geht mir nicht gut!*, schrie ich innerlich. *Es ist ganz unmöglich, dass es mir gut geht.*

War ihm nicht klar, dass die einzige Möglichkeit, die ich wollte, die war, über die niemand sprach? Seit meinem dritten Lebensjahr hatte ich von dem Tag geträumt, an dem Gigi mir sagte, dass ich bei ihr leben könne.

*Ihre Wohnung ist groß genug für zwei*, dachte ich. *Verflixt noch mal, ich kenne sechsköpfige Familien, die in kleineren Wohnungen leben als Gigi. Ich versteh das nicht! Es leuchtet mir nicht ein, dass sie mich nicht zu sich nehmen will. Mutter ist weggesperrt und aus dem Weg; woran hängt es also?*

Ich kämpfte auch die nächsten Monate noch darum, das zu verstehen, während das Kinderheim meinen Sommerbesuch bei der Familie in Atlanta vorbereitete.

*Sagen sie Gigi, dass ich verrückt werde wie meine Mutter? Glaubt sie, dass ich so durchknalle wie Pauline oder mein Vater? Oder glaubt sie, dass ich ein scheußlicher Teenager werde, der ihr nur Ärger macht? Ich weiß, dass sie mich liebt, wo liegt also das Problem?*

Ich fand keine Antwort. Vielleicht war es auch egal. Die Erwachsenen hatten alles in den Händen; ich konnte gar nichts ändern.

Wie eine Trommel mit regelmäßigem, aber nervtötendem Schlag ging mein Leben weiter wie die letzten sechs Jahre zuvor – aufstehen, anziehen, frühstücken, zur Schule gehen, die Sticheleien ertragen, sich von den Rowdys fernhalten, nach Hause kommen, etwas essen, ein bisschen Dampf auf dem Sportplatz ablassen, zu Abend essen, Hausaufgaben machen, die Bibelgeschichte anhören, ins Bett gehen und nachdenken.

Es war eine Menge Nachdenken nötig, bevor ich auf eine mögliche Lösung stieß. Ich kam dahinter, dass es am Geld liegen musste. Gigi hatte nicht genug Geld, um für uns beide zu sorgen. Geld war das, was nötig war! Ich schwor mir, einen Weg zu finden, um an Geld zu kommen.

Am Ende der vierten Klasse flog ich mit Gigi nach Atlanta. Es war aufregend, in einem Flugzeug zu sitzen. 1964 kannte ich keine anderen Neunjährigen, die schon einmal geflogen waren.

Es war geplant, dass ich zwei Wochen der Sommerferien bei meinen Verwandten verbringen sollte, damit wir einander kennenlernen konnten. Nach einigen Tagen reiste Gigi ab. Ich war allein mit Tante Alice, der Schwester meines Vaters, ihrem Mann Mack und ihren drei Kindern, einem Mädchen und zwei Jungen. Der Älteste, Mack junior, war nur zwei Monate jünger als ich. Großmutter Pauline Mitchell lebte auch bei ihnen.

Wenn Geld das Problem war, war ich an den richtigen Ort gekommen. Diese Leute hatten einen Haufen davon! Ihr dreigeschossiges Haus im Stadtteil Buckhead mit den riesigen Zimmern, Tonnen von Möbeln, einer Bibliothek, Kronleuchtern, fünf Schlafzimmern, drei kompletten Badezimmern und zwei zusätzlichen Toiletten überwältigte mich. Sie hatten drei Badewannen und fünf Toiletten für sechs Leute! Davon war die Kleine-Jungen-Abteilung des Kinderheims, wo zwei Badewannen und zwei Toiletten für 16 von uns reichen mussten, weit entfernt.

Lucille, die vollzeitlich angestellte Köchin, lebte auch mit im Haus. Sie war ruhig, mittelgroß und hatte schwarze Haut. Wir hatten niemanden mit schwarzer Haut in Princeton, einer schwedischen Bauerngemeinde. Ich hatte einige von den Farbigen, die meine Mutter »diese Leute« nannte, in Chicago gesehen, aber ich kannte keine persönlich. Lucille, die schon über 40 Jahre für die Mitchells arbeitete – sie war schon vor der Geburt von Tante Alice dort gewesen – schien zur Familie zu gehören. Selbst ihre Wohnung über der Garage hatte ein komplettes Badezimmer.

*Sie haben sicher genug Platz für mich hier,* dachte ich. *Wenn wir gut miteinander auskommen, werden sie keinen Grund haben, mich nicht bei ihnen aufzunehmen.*

Meine Cousins und Cousine und ich nahmen den von Magnolien umsäumten Hof als unseren Spielplatz draußen in Besitz, aber noch besser war das Familienzimmer im Keller. Ein großer Billardtisch stand mitten im Raum; daneben gab es eine Tischtennisplatte, Sofas, einen Kamin und eine Bar.

Innerhalb weniger Tage hatte ich den Spitznamen »Flitzi« weg. Ich besaß wesentlich mehr Energie als meine Cousins und meine Cousine. Bald wechselten sie sich beim Spielen mit mir ab; sie behaupteten, ich mache sie fertig. »Hey, Schwesterherz, du bist dran«, rief einer der Jungen immer, wenn wir eine Stunde lang Billard, Basketball oder Straßenfußball gespielt hatten.

Wenn sie keine Lust mehr hatten, mich im Haus zu unterhalten, nahmen sie mich mit zum Schwimmen in das riesige Becken im *Capital City Club.* Ich war noch nie zuvor in einem Countryklub gewesen; ich wusste nur, dass dieser wirklich teuer aussah.

Vor meinem ersten Besuch im Klub nahm mich Onkel Mack beiseite. Er war groß und gut aussehend, mit vollem dunklem Haar und einem freundlichen, aber irgendwie distanzierten Lächeln. Er schaute auf mich herunter und sagte: »Wenn du irgendetwas essen oder trinken willst, während du im Klub bist, Robby, sag dem Kellner einfach, dass er es auf meine Rechnung setzen soll.«

*Coole Sache,* dachte ich. Die nächsten zwei Wochen lang aß ich nach Herzenslust.

Die Verwandten in Atlanta fragten mich nur selten nach meinem Leben im Kinderheim. Wenn sie es ansatzweise doch taten, wich ich aus und wechselte das Thema – ich hatte Angst, wenn ich ihnen zu viel erzählte, würden sie mich für seltsam halten und mich nicht wieder einladen. Sie sollten glauben, ich sei normal, und mich bitten, bei ihnen zu bleiben.

Zwei Wochen lang tat ich so, als sei dies das Leben, das ich eigentlich haben sollte. Alles war perfekt – außer Großmutter Mitchell.

Sie verließ nur selten ihr Zimmer in der oberen Etage. Nachdem sie bis Mittag geschlafen hatte, rief sie gewöhnlich Lucille über die Sprechanlage und bestellte Frühstück. Manchmal fuhr sie mit dem Taxi zum Bridgespielen mit Freundinnen oder in die Stadt in den

*City Club.* Meistens saß sie in ihrem Schaukelstuhl und las oder schaute fern.

Wenn ihre Zimmertür offen war, steckte ich in der Klemme. Wie ein Raubvogel schien sie auf das Geräusch zu warten, dass ich die Treppe hinaufrannte. Dann rief sie immer in einem Mitleid heischenden Jammerton: »Robby, mein Lieber, könntest du eine Minute für deine alte Großmutter erübrigen?«

Manchmal sagte ich ihr dann, dass ich schnell wieder nach unten müsse, weil jemand auf mich wartete. Aber aus einem Schuldgefühl heraus wanderte ich gewöhnlich doch widerstrebend in ihr Zimmer.

»Amüsierst du dich gut?«, fragte sie immer. »Setz dich und erzähl mir alles, was du gemacht hast.«

Nachdem ich ein oder zwei Sätze gemurmelt hatte, übernahm sie. »Ich bin so froh, dass du in so einem wunderbaren Heim wohnst mit so vielen wunderbaren kleinen Spielkameraden und fürsorglichen Erzieherinnen«, sagte sie oft.

Ich wollte am liebsten zurückschießen: »Wie kannst du das wissen? Du hast das Heim nie besucht und mich auch nicht einmal danach gefragt!« Stattdessen blieb ich stumm und wappnete mich für das, was ganz sicher als Nächstes kam.

»Deine Mutter – die arme Seele – hat dich beinahe ruiniert, Robby. Aber ich werde dir jetzt helfen. Es ist wichtig, dass du lernst, wie du dich in die gute Gesellschaft einfügst. Dein allgemeines Benehmen und insbesondere deine Tischmanieren müssen sich unbedingt bessern. Zum Beispiel …«

Dann hielt sie mir einen Vortrag über all die Dinge, die ich falsch gemacht hatte.

Doch sie konnte nur für eine gewisse Zeit beim Thema stilvolles Leben und Etikette bleiben. Bald fing sie von Mutter an. »O Robby, ich spreche so ungern schlecht von einem anderen Menschen, aber ich weiß, dass *diese Frau* dir so viele Lügen über mich erzählt hat, dass ich möchte, dass du die Wahrheit weißt. Joyce ist eine kranke, verwirrte Frau. Ich werde nie verstehen, was dein Vater an ihr gefunden hat.«

Tränen stiegen ihr in die Augen, aber ich war nicht gerührt. Für mich war sie eine alte Schnepfe, eine Schauspielerin, die gut geprobte Zeilen rezitierte. Sie trug zu viel weißes, pudriges Make-up und zu viel Lippenstift. Und warum hatte eine alte Frau taillenlanges

Haar, das auf ihrem Kopf immer wie ein kleiner Hut zu einem Dutt aufgesteckt war?

Pauline erinnerte mich an den Wolf im Märchen von Rotkäppchen. Sie tat so, als wäre sie eine liebenswürdige Großmutter, wartete aber immer auf eine Gelegenheit, etwas zu zerstören. Nachdem sie beklagt hatte, welch schlechte Wahl ihr Sohn bei seiner Ehefrau getroffen hatte, schüttelte sie immer den Kopf und sagte: »Ich versuchte taktvoll, Dinge zur Sprache zu bringen, die mir an ihr auffielen. Aber mein lieber, herzensguter Robert wollte nicht auf mich hören. Ich kann nicht verstehen warum. Schließlich war ich nicht herrisch, und ich habe mich auch nicht eingemischt. Ich wollte einfach nur das Beste für meinen geliebten Sohn.«

Wenn ich es nicht mehr ertragen konnte, unterbrach ich ihr Gejammer und sagte: »Würdest du mich bitte entschuldigen, Großmutter? Als ich nach oben ging, habe ich Mack versprochen, dass ich gleich zurückkomme, damit wir spielen können.«

Sie ließ mich immer gehen, aber nie ohne einen Seufzer. Ich stand auf, gab ihr einen Kuss auf ihre faltige, gepuderte Stirn und ging. Ich konnte es kaum erwarten, außer Sichtweite zu kommen, damit ich mir den Geschmack von den Lippen wischen konnte.

Tante Alice schien es leidzutun, wenn ich in so einer Situation hängen blieb. Sie fragte nie danach, aber wenn sie gefragt hätte, hätte ich ihr gesagt, dass nichts, was Pauline sagte, einen Eindruck auf mich machte. Mir schien es, als sei der einzige Unterschied zwischen Pauline und meiner Mutter der, dass Pauline reich war und in einer Villa lebte statt in einer psychiatrischen Klinik. Beide waren krank und voller Hass – Hass aufeinander, auf Einwanderer, auf Menschen mit schwarzer Haut und auf jeden, der ihnen im Weg stand.

Beide schimpften über Dr. Martin Luther King junior und seine Märsche für Gleichberechtigung. Nachdem ich die Leute kennengelernt hatte, die in Atlanta im Haushalt halfen, verstand ich diese Wut nicht. Sie alle hatten schwarze Haut und sie alle waren nett zu mir. Warum sollte irgendjemand sie hassen oder denken, dass sie nicht genauso behandelt werden sollten wie Weiße?

Es war mir auch klar, dass Pauline mich genauso wenig liebte wie meine Mutter. Ich war nur ein weiterer Gegenstand, über den sie sich streiten konnten. Wenn ich nicht geboren worden wäre, würden sie um etwas anderes kämpfen. Der Gewinn war nicht ich, es war die Macht.

Von diesem Besuch in Atlanta flog ich allein nach Hause. »Weißhemd« und Gigi holten mich in Chicago vom Flughafen ab. Auf dem ganzen Weg nach Princeton erzählte ich ihnen von dem wunderbaren Haus, wie viel Spaß ich hatte, wie nett die Familie war und dass ich es kaum erwarten konnte, zu ihnen zurückzugehen. Pauline erwähnte ich nicht; ihr Verhalten erschien mir nicht wichtig genug, um darüber zu reden.

Sobald wir wieder am Kinderheim ankamen, gab mir Gigi einen Abschiedskuss und ging, um mit meinem Therapeuten zu reden, bevor sie den Zug zurück nach Chicago nahm. Ich rannte zu Nola, um ihr von meinem Abenteuer zu erzählen.

»Du wirst es nicht glauben«, sagte ich. »Das Haus ist riesig! Die Kinder waren toll! Wir haben Billard und Fußball und Basketball gespielt und sind im Countryklub schwimmen gegangen und –«

Je mehr ich erzählte, desto breiter wurde Nolas Lächeln. Schließlich schien es ihr ganzes Gesicht zu erobern.

*Lacht sie über mich?*, überlegte ich.

»Worüber lachst du?«, fragte ich.

»Das erinnert mich an *Oliver Twist.*«

»Wer ist Oliver Twist?«, fragte ich. »Ist er ins Heim gekommen, während ich weg war?«

Nola gluckste. »*Oliver Twist* ist eine Geschichte von einem Jungen, der von seiner Familie getrennt wird, in ein Waisenhaus kommt und dann gerettet wird, als sich herausstellt, dass seine Familie sehr wohlhabend ist.«

Das fand ich aufregend. »Kann ich diesen Jungen kennenlernen?«

»O nein, Robby. Oliver ist ein Junge in einer Geschichte. Du wirst in der Highschool von ihm lesen.«

Ich runzelte verwirrt die Stirn.

»Es ist keine wahre Geschichte, Robby. Es ist eine alte, sehr berühmte Geschichte, geschrieben von einem Mann namens Charles Dickens.«

»Glaubst du, dass ich wie der Junge in der Geschichte werde?«

»Tja, so gern, wie du isst, und so zielstrebig, wie du sein kannst, kann ich mir schon sehr gut vorstellen, wie du mit deiner Schüssel antrittst und sagst: ›Mehr Haferbrei, bitte‹.«

Aus ihrem Glucksen wurde ein Lachen. Ich hatte keine Ahnung, worüber sie lachte, aber es war so ansteckend, dass auch ich bald kicherte.

Schließlich kam sie wieder zu Atem. »Ach Robby, das ist nur eine berühmte Szene in dem Buch. Es tut mir leid. Ich konnte einfach nicht anders, als mir dich in dieser Szene vorzustellen.«

Ich verstand es immer noch nicht, aber es zählte nur, dass sie nicht über mich lachte. »Also, glaubst du, dass ich wie Oliver Twist sein und von meiner eigenen reichen Familie gerettet werden könnte wie er?«

Wie sie es schon so oft getan hatte, kniete Nola sich hin. Sie zog mich an sich und umarmte mich. »Das hoffe ich, Robby. Ich hoffe das wirklich sehr, sehr, sehr«, flüsterte sie.

Es klang nach mehr als nur nach einer Hoffnung. Es klang nach einem Gebet.

# 10 Gibt es einen Platz für mich?

Wenn Glaube das Vertrauen auf das ist, was man hofft, hatte ich zum ersten Mal seit Jahren die Hoffnung, dass mein Leben endlich normal werden könnte. Bei meinen reichen Verwandten zu leben, wurde mein Traum. Bei meinem nächsten Besuch musste ich einen großartigen Eindruck auf sie machen.

Die fünfte Klasse schlich vorbei. Endlich waren die Sommerferien da und ich saß im Flugzeug zurück nach Atlanta.

Tante Alice und mein Cousin Mack holten mich vom Flughafen ab. Als wir zu ihrem Haus in Buckhead kamen, schleppte ich meinen Koffer hoch zu meinem Zimmer.

Genau da rief mich Onkel Mack in sein Zimmer und schloss die Tür. »Setz dich, Robby. Ich muss dir etwas sagen.«

Mein Herz begann zu rasen. *Er ist der Herr des Hauses!*, dachte ich. *Er wird mir sagen, dass ich bleiben kann.* Ich zitterte vor Aufregung.

»Letzten Sommer«, begann er, »als ich dir sagte, dass du im Klub bestellen kannst, was du willst, meinte ich nicht, dass du alles bestellen sollst, was auf der Speisekarte steht.«

Ich konnte spüren, dass mein Gesicht rot wie eine Tomate wurde. Onkel Mack lachte leise. »Robby, ich versuche nicht, dir ein schlechtes Gewissen zu machen. Bitte folge einfach dem Beispiel meiner Kinder und iss weniger.«

Ich war niedergeschmettert. Stotternd brachte ich kaum eine Entschuldigung zustande.

Das ganze Jahr hatte ich geplant, mich so wunderbar zu benehmen, dass diese Familie mich anflehen würde, bei ihnen zu wohnen. Jetzt, innerhalb der ersten Stunde, sah es so aus, als hätte ich meine Chance vermasselt!

*Wie konnte ich beim ersten Mal, als ich hier war, nur so dumm sein?*, fragte ich mich. Schlimmer noch, ich wusste nicht, wie viel ich jetzt gefahrlos essen konnte. Also versuchte ich, mich an meinem Cousin Mack zu orientieren. Im Klub aß ich nur so viel wie er – manchmal weniger.

Als der Schreck über dieses erste Gespräch nachließ, schien alles besser zu werden. Meine Cousins und meine Cousine lachten viel, ebenso Onkel Mack. Ich nahm an, dass er mir vergeben hatte und dass alle mich noch mochten. Meine Hoffnung wuchs, als Tante Alice dafür sorgte, dass ich auch Zeit bei Großvater Mitchells Brüdern und deren Familien verbrachte. Ich mochte sie und hatte besonders bei Onkel Arnold und seiner Frau Annis einen Stein im Brett.

Arnold war groß und schlank, er hatte eine römische Nase, ein breites Lächeln und ein herzliches Lachen. Er war Inhaber eines Rolls-Royce- und Oldsmobile-Autohauses und hatte ein tolles Haus mit mehr als einem Hektar Grundstück in der Innenstadt von Atlanta; zudem eine 60-Hektar-Farm auf dem Land. Gegen Ende meiner zweiten Woche verbrachte ich einige Tage auf der Farm und arbeitete, angelte und spielte.

Tante Annis war groß, beschrieb sich selbst als »Landmädel« und hatte grau meliertes Haar. Bei jeder Mahlzeit fragte sie mich: »Wie kannst du nur so viel Essen verdrücken, Kind?« Es schien, als könnte ich nicht anders; im Kinderheim gab es keinen Bratfisch oder Brathühnchen mit selbst gebackenen Brötchen, die vor Butter und Honig trieften. Die Auswahl an Gemüse – Kürbis, Tomaten, Okraschoten, grünes Gemüse, Kuhbohnen – ging weit über Kartoffeln, Mais und »staatliche« grüne Dosenbohnen hinaus, an die ich gewöhnt war. Im Kinderheim gab es auch keine Eiscreme – und hier bekam ich sie in unendlichen Mengen!

Meine Zeit dort raste nur so vorbei. Als ich mich von Onkel Arnold verabschiedete, brachte ich den Mut auf, die Frage zu stellen, die mich am meisten beschäftigte: »Darf ich vielleicht wiederkommen und hier wohnen?«

Sein Lächeln war warmherzig und höflich. »Vielleicht, Robby«, sagte er und strubbelte mir durch die Haare. »Nimm deine Tasche; es ist Zeit, dass wir uns auf den Weg machen. Tante Alice und Onkel Mack warten schon. Sie werden dich zum Flughafen fahren.«

Am Flughafen, bevor ich ins Flugzeug stieg, versuchte ich es noch einmal. Ich zeigte ein herzliches Lächeln und drückte mir heimlich die Daumen, als ich sagte: »Danke, dass ich zu Besuch kommen durfte. Ich bin so gern hier. Darf ich vielleicht wiederkommen und bei euch wohnen?«

Onkel Macks Reaktion bestand darin, mir die Hand zu schütteln, als sei ich ein Klient in seiner Anwaltskanzlei. Tante Alice umarmte mich leicht. Keiner von beiden antwortete.

Dennoch gab ich nicht auf, als ich ins Heim zurückkam. Ich begann Nola regelmäßig zu fragen, ob einer meiner Onkel angerufen und davon gesprochen hatte, dass ich bei ihnen wohnen dürfte. Aber niemand hatte angerufen.

Den Rest des Sommers traf ich mich jeden Samstag mit Gigi und fragte sie immer, ob sie etwas aus Atlanta gehört hatte. Jede Woche antwortete sie: »Hab Geduld, Robby. Ich werde mit ihnen sprechen. Ich versprech's.«

Ende August konnte ich es nicht mehr aushalten. »Gigi«, fragte ich entnervt, »was ist nun damit, dass ich in Atlanta leben kann? Hast du nicht mit ihnen gesprochen?«

»Wir haben miteinander geredet, Robby. Aber es gibt noch keine Neuigkeiten.«

Sie versuchte, das Thema zu wechseln, aber ich erlaubte es nicht. »Sag mir, was sie gesagt haben, Gigi. Ich weiß, dass sie mich mögen. Sie werden mich nehmen, Gigi. Das weiß ich. Ich habe sie zum Lachen gebracht!«

Sie tätschelte mir den Kopf. »Vielleicht ist es kein guter Zeitpunkt für sie«, sagte sie. »Vielleicht können wir später etwas arrangieren.«

*Später?*

Später wollte ich nicht. Ich wollte jetzt.

Es war nicht klar, ob es in Atlanta einen Platz für mich gab. Bald erfuhr ich, dass es zumindest bei den kleinen Jungen im Heim keinen Platz mehr für mich gab.

In der Woche, bevor in jenem Herbst die Schule begann, ließ Nola die Bombe platzen: »Bei den kleinen Jungen ist es inzwischen ziemlich überfüllt. Wir müssen Platz schaffen. Da du in die sechste Klasse gehst und wir glauben, dass du so weit bist, bist du ab jetzt bei den großen Jungs.«

»Nola«, protestierte ich, »ich bin kein großer Junge! Ich werde erst elf. Ich bin nicht einmal 1,50 Meter groß. Ich wiege kaum 45 Kilo. Ein paar von diesen Jungs sind Riesen! Sie sind alt, Nola – 16, 17, 18!«

»Es tut mir leid, Robby, aber das ist das Einzige, was wir tun können. Wir haben gerade zu viele kleine Jungen, also muss sich etwas ändern. Wir wollen nicht gemein sein; es muss einfach sein.«

»Aber… die werden mir wehtun!«

»Es tut mir leid, Robby. Es tut mir wirklich leid«, flüsterte sie. Dann, wie eine Bärenmutter, die weiß, wann es an der Zeit ist, ihr

Junges zu verlassen, damit es allein auszukommen lernt, drehte sie sich um und ging fort.

Der Gruppenleiter der großen Jungen half mir, in das neue Gebäude umzuziehen, und brachte mich zu meinem Zimmer. Als ich die Kiste mit meinen Habseligkeiten den Flur entlang trug, brüllte einer der großen Jungen: »Frischfleisch auf der Etage!« Gedämpftes Gelächter folgte.

Mein neuer Zimmergenosse war nicht da, als ich ankam. Nola hatte mir gesagt, dass er drei Jahre älter war als ich, versicherte mir aber, dass er netter als die meisten anderen Jungen sei.

Er stellte sich als ganz okay heraus. Aber er setzte sich nicht für mich ein und freundete sich nicht mit mir an. Ich war allein in der Löwengrube.

Bald erfuhr ich, dass diese Löwen einen Plan hatten: Jeden Tag bekam ich auf die eine oder andere Weise die Hucke voll. Jeden Tag erinnerte mich ein älterer Junge daran, dass ich in der Hackordnung ganz unten stand. Es war nicht die Frage, ob die Strafe vollstreckt wurde – nur wer es tun würde.

Ich war nicht das einzige Opfer. Normalerweise kam ein älterer Junge mit schlechter Laune nach Hause und ließ es am nächstbesten Kind aus. Ein blaues Auge oder eine blutende Wunde bedeutete Ärger, also hinterließen diese Kerle nie offensichtliche Spuren. Einem mit den Fingerknöcheln auf den Kopf zu schlagen war eine ihrer Lieblingsmethoden; das hinterließ schmerzhafte Beulen, die unter dem Haar versteckt waren. Sehr gern versetzten sie einem auch Hiebe auf den Unterarm, während man durch den Flur ging.

Wenn ich aus meinem Zimmer kam und einen der »schlimmen Burschen« über den Flur kommen sah, ging ich zurück in mein Zimmer und schloss die Tür. Manchmal lief der Junge vorbei, aber in den meisten Fällen stürmte er mir hinterher ins Zimmer.

Einer der richtig großen, richtig gemeinen Kerle ging nie vorbei. Er platzte immer herein, stieß mich zurück und keilte mich zwischen Tür und Wand ein. Manchmal reichte das, um ihn zufriedenzustellen. Andernfalls zog er mich hoch, während ich mit Armen und Beinen wild um mich schlug, und schleuderte mich quer durchs Zimmer. Ein gut gezielter Schlag auf meinen Kopf, und schon war er wieder auf dem Weg nach draußen, ohne eine Spur zu hinterlassen.

Ich hatte diesen Tyrannen nichts entgegenzusetzen, konnte aber irgendwie nicht aufhören, mich zu wehren. Als ich mich auf dem

Spielplatz bei Nola beschwerte, erwiderte sie: »Ich habe nie gesehen, wie du einen Streit anfängst, Robby. Aber ich habe auch nie gesehen, wie du einem Streit aus dem Weg gegangen bist. Vielleicht versuchst du es irgendwann mal damit. Du wirst feststellen, dass das Ganze den großen Burschen dann nicht mehr solchen Spaß macht.«

Wahrscheinlich hatte sie Recht. Aber selbst wenn ich die Selbstbeherrschung gehabt hätte, einer Prügelei aus dem Weg zu gehen – ich wollte es nicht. Ich wollte auf meine Feinde einschlagen, bis meine Wut und Frustration verschwunden waren. Sie gingen allerdings nie weg, im Gegenteil, sie wurden schlimmer. Und bald begann ich, meinem Zorn auf andere Weise Luft zu machen. Ich konnte meine menschlichen Peiniger nicht besiegen, also ging ich dazu über, meine Frustration an wehrlosen Tieren auszulassen.

Es fing an, als ich Gigi bat, mir in jenem Jahr zu Weihnachten einen Chemiebaukasten zu schenken. Sie war einverstanden, weil sie dachte, ich wollte Arzt oder Wissenschaftler werden. Jeden Samstagnachmittag schnappte ich mir einige Flaschen Chemikalien, sprang auf mein Fahrrad und fuhr mehrere Kilometer weit zu dem Bach, der an der Müllhalde der Stadt vorbeifloss. Niemand behelligte mich dort. Aber es gab jede Menge Frösche für meine Experimente.

Zuerst untersuchte ich, welche der Chemikalien sie blind machten. Eine Zeit lang zog ich eine grausame Befriedigung daraus, sie umherhüpfen und an Gegenstände stoßen zu sehen, aber dieses Spiel wurde ich bald leid.

Ich fing an, Dinge in die Luft zu jagen. In unserem naturwissenschaftlichen Unterricht hatten wir gelernt, dass gewisse Chemikalien, wenn man sie mischte, Explosionen hervorriefen. Gestohlener Dünger und Feuerwerkskörper wurden meine bevorzugten Waffen, und die Frösche waren meine Opfer. Ich benannte sie nach den Rowdys auf dem Flur meiner Kinderheimstation und jagte sie dann in die Luft.

Wenn ich sah, wie die Stellvertreter für meine Peiniger explodierten, fühlte ich mich besser, wenigstens zeitweise. Aber es löste meine Probleme nicht.

Ich schaffte es durch die sechste Klasse, ohne erwischt zu werden – aber einem echten Zuhause war ich auch kein Stück weit näher gekommen.

In jenem Sommer flog ich wieder nach Atlanta. Wieder einmal fühlte ich mich wie ein Schauspieler in einer Tragikomödie – ein herzliches Willkommen, viel Spaß, große Anstrengungen, die Frage, ob ich zu ihnen ziehen könnte, bevor ich in die siebente Klasse kam. Und wieder das gleiche Schweigen.

Die Zeit für die Junior Highschool war gekommen. Ich freute mich auf einen neuen Anfang in einer neuen Schule.

Gigi kaufte mir zwei Paar Hosen und zwei Hemden. Ich war so stolz darauf; in der ersten Woche tauschte ich sie jeden Tag aus, um unterschiedliche Kombinationen zu erhalten.

Nicht jeder war beeindruckt. Am Ende der Woche schaute mich ein Mädchen in meinem Klassenzimmer angewidert von oben bis unten an. »Nicht schon wieder *dieses* Hemd«, zischte sie. »Sind das die einzigen Sachen, die du hast?«

Ich war zu fassungslos, um zu antworten. Doch Augenblicke später schrie ich innerlich: *Das sind die besten Sachen, die ich habe! Sie sind neu, keine abgelegten Kleider von anderen. Zu dumm, dass meine Garderobe Euch nicht passt, Eure Hoheit. Ich kann's nicht ändern. Mehr konnte Gigi sich nicht leisten.*

Ich hätte dem Mädchen am liebsten ins hochnäsige Gesicht geschlagen und ihm mein lausiges Hemd in den Mund gestopft. Wieder einmal war ich derjenige, der nur von draußen hineinschaute und nicht wirklich dazugehörte.

Die siebte Klasse war kein bisschen besser als die Schulzeit davor. Der Schauplatz war neu, der Kampf jedoch nicht. Ich verbrachte das Jahr am Rand der Cliquen und diente weiterhin den größeren Jungen im Heim als Prügelknabe.

Im folgenden Sommer bestieg ein anderes Kind das Flugzeug nach Atlanta. In mir brodelte ein Vulkan.

*Ich muss es schaffen, aus dem Heim zu kommen, bevor ich etwas Dummes mache*, dachte ich. *Das ist vielleicht meine letzte Gelegenheit. Ich muss herausfinden, was Onkel Mack und Tante Alice von mir wollen, damit ich bei ihnen bleiben kann. Ich* muss *einfach.*

Bald nach meiner Ankunft in Atlanta wurde mein Plan jäh gebremst.

»Onkel Warren holt dich nächste Woche nach Greensboro, North Carolina«, erklärte mir Tante Alice. »Dort sind er und dein Großvater Mitchell und all ihre Geschwister aufgewachsen. Die Familie in North Carolina kommt zu einem Picknick zusammen und du bist eingeladen.«

Sie sagte das so, als wäre es eine große Belohnung. Ich hatte da meine Zweifel. Ich hatte bisher nur wenige Stunden mit diesem Onkel verbracht. Er war Versicherungsvertreter und der älteste der Brüder. Worüber sollten wir bei einer so langen Fahrt reden?

Dann wurde mir klar, dass Onkel Warren zu einem Teil meines Plans werden konnte. *He, du Dummkopf,* sagte ich mir, *das wird eine gute Zeit für dich. Du kannst diesen Kerl beeindrucken. Dann ist er auf deiner Seite, wenn du darum bittest, bleiben zu dürfen.*

Die nächste Woche über strengte ich mich doppelt und dreifach an, höflich und hilfsbereit zu Tante Alice, Onkel Mack, meinen Cousins und meiner Cousine zu sein. Ich ließ den Kellner im *City Club* nichts auf die Rechnung setzen. Ich gab mich sogar mit Großmutter Pauline ab.

Als es an der Zeit war, zu Onkel Warren zu fahren, verabschiedete ich mich von meinen Cousins und meiner Cousine. Dann drehte ich mich um und umarmte Tante Alice. »Vielleicht kann ich wiederkommen und hier wohnen«, sagte ich. »Ich frage Gigi, ob sie damit einverstanden ist.«

Gespannt beobachtete ich ihre Reaktion. Ihr warmherziges Lächeln verwandelte sich in eine ausdruckslose Maske. Sie sagte nicht: »Das ist toll!« Sie sagte nicht: »Wir werden darüber nachdenken.« Sie sagte nicht einmal: »Es tut mir leid, Robby, aber das wird wahrscheinlich nicht gehen.« Sie sagte gar nichts.

Ich sagte mir, dass es daran lag, dass sie bereits drei Kinder hatte. Ich sagte mir, dass sie vielleicht glaubte, mit einem weiteren Kind überfordert zu sein. Aber inzwischen wusste ich, wie eine verschlossene Tür aussah. Diese Tür war verschlossen. Es wurde Zeit, dass ich versuchte, an eine andere zu klopfen.

*Zu Onkel Arnold und Onkel Warren muss ich besonders nett sein,* überlegte ich. *Einer von ihnen wird mich sicher zu sich nehmen.*

Ich verbrachte ein paar Tage auf der Farm bei Tante Annis und Onkel Arnold, bevor er mich bei Onkel Warren absetzte. Als wir uns verabschiedeten, versuchte ich es ein letztes Mal. »Onkel Arnold, es gefällt mir wirklich gut bei euch«, erklärte ich. »Glaubst du, dass ihr vielleicht mit Gigi eine Lösung finden könntet, damit ich zurückkommen und bei euch wohnen kann?«

Er nickte, aber lediglich mit höflichem Verständnis. Es gab keine hoffnungsvollen Worte. Wie immer sagte das laute Schweigen alles, was ich nicht hören wollte.

# 11 Warum?

Onkel Warrens Cadillac kam mir so groß vor wie ein Schiff. Auf der Fahrt erzählte er unzählige Geschichten über die Familie meines Vaters. Ich erfuhr, dass mein Großvater Bob Mitchell das drittälteste von elf Kindern gewesen war. Onkel Warren war ein Jahr älter. Alle Mitchell-Brüder hatten große römische Nasen. Fünf der Brüder waren groß gewachsen, vier waren klein und untersetzt. Onkel Warren war einer der Kleinen und Untersetzten.

Die neun Jungen und zwei Mädchen wurden von ihrem Vater ernährt, einem bitterarmen Pachtbauern. 1910 transportierte er mit seinem Maultierwagen Ziegel, um beim Bau des Guilford College in Greensboro, North Carolina, zu helfen.

Viele Jahre später schafften es mein Großvater Mitchell und einige seiner Brüder, dort zu studieren. Nachdem sie sich eine Existenz aufgebaut hatten, kauften sie in Greensboro ein Haus für ihre Eltern und versorgten sie finanziell, sodass sie im Alter ein gutes Auskommen hatten. Eine von Großvater Mitchells Schwestern lebte mit ihrem Ehemann ebenfalls in der Gegend und kümmerte sich um die Eltern, bis sie starben.

Mit dieser glorreichen Geschichte im Hintergrund versammelte sich die Großfamilie aus North Carolina zu ihrem jährlichen Picknick.

Als wir ans Haus heranfuhren, konnte ich kaum glauben, wie viele Leute dort waren. Es mussten wohl 50 Erwachsene und ein Haufen Kinder in meinem Alter sein. Alle begrüßten mich warmherzig. Es war eine umarmungsfreudige, freundliche Familie.

»Dein Großvater war als Kind ein Heiliger«, erzählte mir eine Tante.

»Er war sein Leben lang ein Heiliger«, fügte eine andere hinzu. »Könnt ihr euch vorstellen, mit Pauline zusammenzuleben?« Die Onkel lachten.

*Ich weiß, was ihr meint,* dachte ich.

Trotz des herzlichen Willkommens verspürte ich eine dumpfe Verwirrung. *Wie kommt es, dass Gigi mir nicht von diesen Leuten erzählt hat? Onkel Mack und Mack junior sprechen nicht über sie. Großmutter Pauline hat sie auch nicht erwähnt.*

*Keiner dieser Verwandten aus North Carolina hat je versucht, Kontakt zu mir aufzunehmen. Wussten sie überhaupt, dass ich am Leben bin?*

Bald spielte ich Ball mit einigen Jungen in meinem Alter, doch ich fühlte mich immer noch wie ein Außenseiter. Wenn die Erwachsenen mich nach meinen schulischen und sportlichen Interessen fragten, erwähnten sie das Kinderheim nicht. Es war, als wären alle vorgewarnt worden, dieses Thema zu umgehen.

In dieser Nacht, als ich langsam in den Schlaf glitt, wirbelten meine Gedanken wild durcheinander. *Na gut, sie wissen, dass ich in einem Waisenhaus bin. Sie müssen doch wissen, dass ich dort nicht bleiben möchte. Warum laden sie mich dann nicht ein, bei ihnen zu wohnen? Haben sie Geschichten von Pauline gehört, dass ich ein schlechtes Kind bin? Hassen sie meine Mutter? Was ist los?*

*Die Onkel in Atlanta werden mich ganz gewiss nicht fragen, warum also nicht einer von diesen Leuten? Ich bin nicht älter als einige von ihren Kindern. Ich könnte genau dazupassen.*

Am nächsten Tag nahm mich Onkel Warren mit, um das Guilford College anzuschauen. Ich wollte gerade die Fragen stellen, über die ich in der vergangenen Nacht nachgedacht hatte, als er mir etwas Verblüffendes mitteilte.

»Weißt du, Robby«, sagte er, »wenn du weiterhin gute Noten hast, kannst du nach Guilford gehen. Nachdem unsere Eltern gestorben sind, haben wir Mitchell-Jungen zu ihren Ehren dem College ein Stipendium gestiftet. Du kannst es in Anspruch nehmen, wenn du die entsprechenden Noten hast, um angenommen zu werden.«

Ich konnte es kaum glauben. *Ich kann ins College gehen? Niemand aus dem Heim geht ins College!*

Soweit ich wusste, hatte das nur ein Junge je geschafft. Er war mit einem Basketball-Stipendium ans College gegangen, nachdem er nur eineinhalb Jahre im Heim gewesen war.

Die meisten Jungen verließen das Heim, wenn sie 18 waren – manche davon, ohne einen Schulabschluss zu machen. Und die Jungen, die die Highschool abschlossen, schafften es nicht ans College. Ich wusste von einigen, die tot oder im Gefängnis waren, noch bevor sie das 21. Lebensjahr erreicht hatten. Der Rest von ihnen schien zu verschwinden. Sie endeten oft in Jobs ohne jede Aufstiegschance.

Ich erinnerte mich, dass ich bei einer Unterhaltung mit anderen Jungen im Heim das College erwähnt hatte. Die älteren Jungs hatten vor Lachen gebrüllt. »Ja, klar«, sagte einer. »Selbst wenn wir klug genug wären, was wir nicht sind, woher sollten wir das Geld nehmen?«

»Hör auf zu träumen, Junge«, fiel ein anderer ein. »Du wirst hier festsitzen, bis sie dich rauswerfen. Dann wirst du rumgammeln wie der Rest von uns auch. In deiner Zukunft gibt es kein College, Junge. Keine Chance! Ein College nimmt nur gute Kinder, und wir sind nicht gut genug.«

Ich hatte daran gedacht, etwas zu sagen wie: »Vielleicht habe ich ja Glück«, aber ich hatte den Mund gehalten. *Er hat Recht*, dachte ich. *Ich bin nicht klug und Gigi hat nicht genug Geld, um mich hinzuschicken. Der Zahnarzt sagt, dass ich eine Spange brauche, und »Weißhemd« hat ihm gesagt, dass für so etwas nicht genug Geld da ist. Wenn kein Geld für eine Zahnspange da ist, gibt es ganz sicher keins fürs College.*

Und wenn das College nur für gute Kinder da war, ließ mich das automatisch außen vor, oder nicht? Ich war in einem Waisenhaus abgegeben worden. Das bewies doch, dass sogar Nolas Gott mich nicht für ein gutes Kind hielt.

Diese Erinnerung kehrte klar und deutlich zurück, während Onkel Warren und ich über den Campus von Guilford streiften. Ich konnte kaum glauben, dass wir hier waren.

Selbst der Collegedirektor schien erfreut mich kennenzulernen. »Das Guilford College ist stolz darauf, dass so viele Männer aus der Familie Mitchell hier ihren Abschluss gemacht haben«, sagte er. »Wir sind wirklich dankbar für die Großzügigkeit deiner Familie. Du hast ebenfalls einen Platz in Guilford, junger Mann. Lerne fleißig, damit du, wenn du deinen Highschool-Abschluss gemacht hast, das Stipendium in Anspruch nehmen kannst, das auf dich wartet.«

Aber als die Führung vorbei war, wurde das Stipendium immer weniger wichtig. Die Fragen der vorigen Nacht kamen mit aller Macht zurück, zusammen mit der Wut, die ich über die Familie verspürte, die mich offenbar ablehnte.

Die Fahrt zurück nach Atlanta und den Flug nach Chicago verbrachte ich damit, den Zorn in meinem Inneren zu unterdrücken, der explodieren wollte.

Wieder im Kinderheim verlangte ich eine Sitzung mit meinem neuen Betreuer, einem Mann namens Marv.

»Was zum Henker geht hier vor sich?«, brüllte ich, als ich in sein Büro stürmte. Ich knallte die Tür zu und ging dann vor seinem Schreibtisch auf und ab.

Marv war schockiert. Er hatte mich schon frustriert, kalt und distanziert erlebt, aber noch nie so wütend.

»Ich habe dieses gottverlassene Leben satt, das ich führe!«, schrie ich und schlug mit der Faust auf seinen Schreibtisch. »Wer tut mir das an? Na? Sagen Sie's mir! Auf wen muss ich wütend sein?«

»Beruhige dich, Robby«, sagte Marv leise. »Setz dich hin und wir reden darüber.«

»Ich habe es satt zu reden! Ich möchte mich nicht hinsetzen. Ich möchte, dass mir jemand eine klare Antwort gibt.«

»Wie lautet die Frage?«

»Sind Sie irgendwie schwer von Begriff? Ich will wissen, wer mir das antut. Ich will wissen, wen ich hassen soll!«

»Wer dir was antut, Robby?«

»Mich aus Atlanta oder North Carolina auszuschließen, Sie Blödmann! Sagen Sie's mir! Wer? Ich bin seit meinem dritten Lebensjahr in diesem blöden Heim. Das werden jetzt neun Jahre! Ich habe Verwandte in Atlanta und noch mehr davon in Greensboro. Die Familie *meines eigenen Vaters*, verflixt nochmal! Und es geht ihnen nicht nur ganz gut. Sie sind nicht nur eine Mittelklassefamilie. Sie sind unanständig reich! Es gibt mehr als 40 Familien in der Gegend, die mich aufziehen könnten, Marv. Und als ich einige von ihnen gebeten habe, mich aufzunehmen, bekam ich nichts als Schweigen zu hören! Verstehen Sie mich? *Schweigen!* Die hatten nicht einmal den Mumm, mir ins Gesicht zu sagen: ›Dazu wird es nicht kommen, Robby. Du wirst nicht bei uns leben.‹«

Meine Stimme wurde immer lauter, je mehr ich mich in Rage redete. »Warum, Marv? Ich bin kein so schreckliches Kind! Ich habe nicht darum gebeten, geboren zu werden. Ich habe nicht darum gebeten, dass mein alkoholkranker Vater mich im Stich lässt. Und ich habe ganz sicher nicht um meine psychotische Mutter gebeten! Bestrafen die mich wegen meiner Eltern? Warum will mich keiner zu sich nehmen? *Warum kann ich nicht zu jemandem gehören und mein eigenes Zuhause haben?*«

Aus meinem tiefsten Inneren heraus brach sich mein Zorn mit einem Schrei Bahn. Meine Faust flog vor, und bevor ich wusste, was geschah, hatte ich sie durch die Wand geschlagen.

Marv zuckte zusammen. Schwere Schritte kamen über den Flur gerannt. Die Tür flog auf. Ein anderer Sozialarbeiter trat ein. »Alles okay hier drin, Marv?«

»Ja, ja.«

Der Mann starrte mich feindselig an, aber ich starrte zurück. »Keine Sorge«, sagte ich. »*Ihn* werde ich nicht umbringen.«

Der Sozialarbeiter schaute Marv an, der nickte. Schließlich verließ der Mann das Zimmer.

»Machen Sie die Tür hinter sich zu!«, brüllte ich.

»Setz dich, Robby«, sagte Marv. »Bitte.«

Meine Wut war erschöpft. Ich ließ mich auf den Stuhl fallen und starrte auf den Boden.

Marv schwieg einige Minuten lang. Er dachte nach. Mir fiel auf, dass er irgendwie wie Abraham Lincoln aussah – groß, schlank, mit einem kurzen Bart. Endlich ergriff er das Wort. »Wir haben uns mit genau der gleichen Frage auseinandergesetzt, Robby. Ich werde ganz ehrlich zu dir sein, aber meine Antwort wird dir nicht gefallen.«

Ich schaute ihn böse an und wartete.

»Ich werde das ganze Psycho-Gelaber weglassen und es ganz einfach machen«, begann Marv. »Die einzige Antwort ist, dass Gigi dich nicht loslassen will. Sie wird dich nicht mehr so oft besuchen können, wenn du nach Atlanta ziehst.« Er unterbrach sich und wartete auf die Explosion.

Ich starrte auf den Boden. Da ich schon lange und gründlich darüber nachgedacht hatte, brauchte ich nur eine Minute, um meine Gedanken zu ordnen. Schließlich schaute ich ruhig auf und sagte: »Ich verstehe, was Sie sagen, Marv, aber Sie haben Unrecht. Ich begreife, warum Sie so denken, aber ich habe Gigi schon danach gefragt.«

»Wirklich? Wann?«, platzte der überraschte Marv heraus.

»Ich habe sie gefragt, als ich diesen Sommer aus Atlanta zurückgeflogen bin.«

»Was hast du sie gefragt?«

»Ich habe ihr erzählt, dass die Verwandten meines Vaters in Atlanta und North Carolina die entsprechende Familie und das nötige Geld haben, um mich aufzuziehen, aber dass es klar ist, dass sie das nicht wollen. Ich sagte ihr, dass Tante Alice und Onkel Mack mich mögen. Onkel Arnold und Tante Annis mögen mich auch. Trotzdem wollen sie mich nicht aufnehmen. Onkel Warren ist okay, aber ich glaube nicht, dass irgendjemand von der Familie in North Carolina überhaupt an mir interessiert ist. Gigi hat nichts gesagt, also habe ich ihre Hand genommen, ihr direkt in die Augen geschaut und gefragt: ›Sitze ich hier fest, weil du nicht möchtest, dass ich so weit weggehe?‹«

»Was hat sie gesagt?«

Ich holte tief Luft, bevor ich weiterredete. Es tat gut, das Gespräch ausnahmsweise einmal in der Hand zu haben. »Sie fing an zu weinen. Sie nahm mich in die Arme und weinte heftig und lange. Schließlich wischte sie sich das Gesicht ab, schüttelte den Kopf und sagte: ›Daran liegt es nicht, Robby. Deine ganze Kindheit tut mir in der Seele weh. Es gibt nichts, was ich unversucht lassen würde, um dir ein normales Leben zu ermöglichen. Ich würde es sogar in Kauf nehmen, dich nur einmal im Jahr besuchen zu können.‹«

Ich machte eine Pause und fuhr dann ruhig fort: »Ich glaube ihr, Marv. Gigi lügt mich nie an. Sie hat mir nicht immer alles erzählt, aber sie hat mich nie angelogen.«

Ich schaute auf. Marv nickte, also sprach ich weiter. »Gigi sagte mir, dass es ihr leidtut, dass es mit Atlanta nichts wird. Sie ist sich sicher, dass es nicht an mir liegt. Sie konnte mir allerdings nicht erklären, warum nichts daraus wird. Ich weiß nicht genau, ob sie es weiß und mir nicht sagen will. Oder ob sie es weiß, aber wirklich nicht weiß, wie sie es mir erklären soll. Egal, was der Grund ist, ich glaube nicht, dass es an Gigi liegt. Wenn es also nicht an Gigi liegt, Marv, an wem liegt es dann und warum?«

Wir saßen lange schweigend da.

Endlich ergriff Marv das Wort. »Ich habe keine Ahnung, Robby. Auch ich will ganz ehrlich mit dir sein. Ich dachte, es läge an Gigi, aber jetzt glaube ich das nicht mehr. Vermutlich schätzt du es richtig ein, was sie dir gesagt hat. Aber dann habe ich auch keine Antwort für dich. Wenn in Atlanta wirklich keine Möglichkeit mehr besteht und du nicht in eine Pflegefamilie willst, müssen wir einen Weg finden, dir über die nächsten fünf Jahre hinwegzuhelfen, bis du alt genug bist, um allein zu leben. Bist du bereit, etwas dazu beizutragen und an deiner Wut zu arbeiten?«

Ich stand auf. »Ich bin nicht wütend auf Sie, Marv. Oder auf Gigi.« Ich ging zur Tür, öffnete sie und schaute zurück. »Und ich bin nicht bereit dazu, mir mit meiner Wut helfen zu lassen. Eigentlich möchte ich nichts dagegen unternehmen. Ich möchte einfach nur jemandem wehtun.«

Meine Stimme war eisig, aber das Feuer meines Zorns brannte heißer als je zuvor.

# 12 Geld verdienen

*Ich muss an Geld kommen!*

Da meine Zukunft offenbar in meinen eigenen Händen lag, weil meine Verwandten mich nicht zu sich nahmen und Gigi es sich nicht leisten konnte, mich bei ihr wohnen zu lassen, war es an der Zeit, dass ich mir eine Arbeit suchte.

Im August 1967 war ich erst zwölf, aber ich wollte gern sehen, ob es für mich möglich war, Geld zu verdienen und mir gewisse Dinge zu kaufen. Es war an der Zeit, dass ich erwachsen wurde und Gigi bewies, dass ich ein Mann sein konnte.

Wenn Kinder aus dem Heim die Highschool schafften und ihren Abschluss machten, mussten sie das Kinderheim bis August verlassen. Jeder Junge wurde mit einem neuen Sakko, einem Fahrschein zu seinem Wunschziel, einem Händedruck und einem »Viel Glück, Kind« auf den Weg geschickt. Wir traten in die Erwachsenenwelt ein, ohne Geld, familiäre Unterstützung oder einen guten Ruf als Sicherheit zu besitzen.

Nach meinem Besuch im Guilford College wurde mir klar, dass meine Zukunft in meinen Händen lag. Wenn ich fleißig lernte, hart arbeitete und Geld sparte, hatte ich vielleicht eine Chance auf ein besseres Leben. Vielleicht konnte ich mir sogar wie meine Verwandtschaft in Atlanta einen komfortablen Platz in einer Welt voller Geld und Macht sichern.

Großvater Mitchell war ein gut betuchter Mann gewesen und sechs seiner Brüder waren Millionäre – in den 1960er Jahren etwas Seltenes. Ich hoffte, dass ihr Glück auf mich abfärben würde.

Vor seinem Tod war Großvater ein erstklassiger Verkäufer für eine Zulieferfirma gewesen, deren Lederriemen im Ersten und Zweiten Weltkrieg Millionen von Maschinen antrieben. Einige seiner Brüder, genau genommen meine Großonkel, waren damals bereits Millionäre. Onkel Bill hatte sein Vermögen durch den Verkauf von Bürobedarf und -ausstattung in Washington, D. C., verdient. Onkel Arnold war Rechtsanwalt gewesen und hatte später seine Kanzlei aufgegeben, um Autos zu verkaufen. Tom besaß Jeep- und Buick-Autohäuser in Atlanta; Howard verkaufte Cadillacs in Florida; Warren verdiente sein Geld in der Versicherungsbranche. Nach jedem Sommerbesuch überlegte ich, wie ich auch reich werden könnte.

Also marschierte ich in dem Sommer, bevor ich in die achte Klasse kam, an einem heißen Samstagabend auf der Suche nach Arbeit durch ganz Princeton. Ich war nicht überzeugt, dass mir tatsächlich jemand einen Job geben würde, aber ich wollte es auf jeden Fall versuchen.

In jedem Betrieb, bei dem ich anfragte, bekam ich ein schnelles Nein zur Antwort. Ich wusste nicht genau, ob es daran lag, dass ich erst zwölf war oder daran, dass man Kindern aus dem Heim nicht traute.

Am Ende eines langen, deprimierenden Nachmittags landete ich schließlich am Holzlager bei den Eisenbahnschienen. Der Besitzer lehnte an einem Bretterstapel. Ich straffte die Schultern und richtete mich auf, dann ging ich zu ihm hin und erklärte: »Ich möchte eine Arbeit, Sir. Es ist mir egal, was es ist. Würden Sie mir bitte erlauben, für Sie zu arbeiten? Ich werde Ihnen beweisen, dass ich hart arbeiten kann? Bitte, Sir, geben Sie mir eine Chance.«

Augen, die tief in einem wettergegerbten Gesicht lagen, maßen mich von oben bis unten. Der Mann biss sich auf die Unterlippe und starrte mich an. Ich erwiderte den Blick selbstbewusst, denn ich wusste, dass ich dank zwei Jahren Übung im Gewichtheben eher wie 14 als wie zwölf wirkte.

Vielleicht lag es an meiner Selbstsicherheit. Vielleicht lag es am Anblick eines Jugendlichen, der noch feucht hinter den Ohren war, aber die Entschlossenheit besaß, eine Arbeit zu finden. Egal, was der Grund war, schließlich sagte er: »In Ordnung, Junge. Komm nächsten Samstag wieder. Ich werde dir eine wirklich schwere Aufgabe geben. Wenn du sie schaffst, hast du den Job.«

Als der Samstag kam, konnte ich es kaum erwarten, mich bei meinem neuen Chef zu melden.

»Bereit zum Anpacken?«, fragte er mich.

»Ja, Sir«, erwiderte ich.

Gerade war ein Güterwaggon eingetroffen. Er war voller Halbzentner-Säcke Zement, auf Paletten gestapelt. Die Angestellten benutzten einen Gabelstapler, um die Paletten vom Zug zu heben und vor einem Lagerhaus abzusetzen.

»Ich möchte, dass du die Paletten ablädst. Trag die Säcke in den Lagerschuppen und staple sie ordentlich auf«, wies mich der Inhaber an. Dann zwinkerte er den beiden Männern zu, die dort standen, und ging pfeifend davon.

Als ich fertig war, hatte ich etwa zweieinhalb Tonnen Zement umgesetzt. Schweiß tropfte aus jeder Pore meines Körpers. Selbst die Muskeln in meinen Ohren verursachten mir Schmerzen. Aber ich richtete mich hoch auf und ging hinüber zum Inhaber. Überraschenderweise rief er keinen Krankenwagen, als er mich näher ansah.

»Ich hab's erledigt«, sagte ich mit zitternder Stimme. »Habe ich den Job?«

»Junge, du hast dir das Recht, hier zu arbeiten, mehr als verdient.« Sein Lächeln war so breit, dass es die Hälfte seiner Falten verdrängte. »Sei nächsten Samstag gegen sieben Uhr wieder hier.«

Das Waisenhaus lag nur fünf Blocks vom Holzplatz entfernt, aber ich wusste nicht, ob meine zitternden Beine mich so weit tragen würden. Ich bot jedes Gramm Zähigkeit auf, das ich besaß, stopfte meine zwei Dollar Lohn in meine Gesäßtasche und marschierte mit aufrechtem Rücken weg, bis ich außer Sichtweite war. Dann ließ ich Schultern und Arme hängen und schlich Zentimeter für Zentimeter zurück zum Heim.

Die Treppe zur zweiten Etage hochzusteigen schien unmöglich, aber ich schaffte es. Als ich auf mein Bett fiel, weinte ich beinahe vor Schmerzen.

Die nächsten zwei Jahre arbeitete ich jeden Samstag auf dem Holzplatz – für etwa 25 Cent pro Stunde. Ich mähte auch Rasen. Dazu benutzte ich den Rasenmähertraktor vom Kinderheim und bezahlte das Benzin. Zwei Sommer lang schnitt ich Maisfasern und packte sie für Futtermittelfirmen ab, die sie dazu benutzten, neuen Samen heranzuziehen. Das war eine schwere, heiße, juckende Arbeit.

Mit dem Heuballen-Rollen hatte ich keinen Erfolg, weil ich allergische Niesanfälle bekam, die mich beinahe umbrachten. Aber ich schuftete in einer Autowaschanlage und schaufelte Schnee von Auffahrten. Manchmal ging ich in meinen Arbeitsklamotten, Schnee im Haar und die verschwitzten Augenbrauen gefroren, in die Schule. Das Arbeitspensum war hart, aber ich schaffte es, Geld zu verdienen und trotzdem so gute Noten zu erzielen, dass ich weiterhin am Sportunterricht teilnehmen durfte.[1]

Ungefähr zu dieser Zeit las ich *Ich war ein Sklave* von Booker T. Washington, dem ehemaligen Sklaven, der Pädagoge wurde. Er

1 In amerikanischen Schulen darf man sich nur an Sport-AGs beteiligen, wenn die Noten gut genug sind. Anm. d. Ü.

wurde sofort einer meiner Helden. Arbeit war keine Schande, schrieb er; er lernte, sie zu lieben, nicht nur wegen des Geldes, sondern um der Arbeit selbst willen. Er stellte fest, dass es Unabhängigkeit und Selbstständigkeit mit sich bringt, etwas zu tun, was die Welt will. Langsam verstand ich, wovon er sprach.

Er schrieb auch viel von der Bibel. An dieser Stelle trennten sich unsere Wege. In jenem Jahr erduldete ich den Konfirmandenunterricht in einer örtlichen Kirche. Einiges davon war interessant. Aber als die Stunden vorbei waren, verursachte ich einen Aufruhr, als ich sagte, dass ich nicht in die Kirche eintreten wollte.

Nola wurde abkommandiert, mich umzustimmen. Sie ging behutsam an die Sache heran, aber ich sah es noch immer nicht ein. »Ich kann mich mit dem Jesus, den sie uns gelehrt haben, nicht identifizieren«, erklärte ich Nola. »Außerdem: Wenn Gott so gut ist, warum bin ich dann hier?«

Nola wusste, wann es besser war, sich zurückzuziehen, und genau das tat sie. Die Kirchenleiter und das Kinderheim gaben mir offen zu verstehen, dass sie nicht glücklich über meine Entscheidung waren. Ich war der einzige Jugendliche, der sich weigerte, in die Kirche einzutreten.

Das kümmerte mich nicht. Ich verdiente Geld, und das Geld würde mich retten.

Da ich wusste, dass ich kein Bargeld in meinem Zimmer in der Abteilung der großen Jungen lassen konnte, eröffnete ich ein Sparkonto bei der Bank. Ein Teil des Geldes kam aus Familiengeschenken – wie die 10- und 20-Dollar-Scheine, die Onkel Arnold gelegentlich schickte, und die 100 Dollar, die ich zu Weihnachten von ihm bekam. Onkel Tom und Onkel Warren erfuhren von der Großzügigkeit ihres Bruders und wollten dem nicht nachstehen. In einem Sommer ließen sie mich mit der atemberaubenden Summe von 200 Dollar nach Hause fliegen.

Mein Sparkonto war ein gut gehütetes Geheimnis. Einige Jungen konnten mich schon deshalb nicht leiden, weil ich eine liebevolle Großmutter, bessere Kleidung und jedes Jahr einen Urlaub in Atlanta hatte. Es wäre unklug gewesen, noch mehr Salz in die Wunde zu streuen.

Ich versuchte, mindestens die Hälfte meiner Geschenke und Einkünfte zu sparen. Je mehr mein Guthaben langsam wuchs, desto größer wurde auch mein Selbstvertrauen. Unabhängigkeit war mein Ziel, und es schien, als sei Geld der Weg dorthin.

*Ich werde überleben, wenn ich hier rauskomme*, schwor ich mir. *Ich werde nicht obdachlos enden wie Mutter oder im Gefängnis verrotten wie einige Typen vor mir.*

Geld zum Ausgeben zu haben, war nicht mein einziges Ziel. Es machte auch Spaß, es anzuhäufen. Genau wie meine Onkel am Geld den »Punktestand« des Lebens festmachten, wollte ich sehen, wie viel ich vor meinem Abschluss an der Highschool auf die Bank schaffen konnte. Ich hoffte, dann genug zu haben, um mich über Wasser zu halten, bis ich eine »richtige« Arbeit finden würde.

Wenn ich den Drang verspürte, verschwenderisch zu werden, rief ich mir ins Gedächtnis, dass ich das Geld brauchen würde, um dem Gefängnis fernzubleiben. Wir hörten so gut wie nie Geschichten von Jungen aus dem Kinderheim, die ihr Leben meisterten; wir hörten nur die schlimmen Geschichten, und davon gab es viele.

Mein Plan war es, 3000 Dollar auf meinem Bankkonto zu haben, bis ich meinen Abschluss an der Highschool machte. *Das reicht für einige Jahre in einem staatlichen College in Illinois*, sagte ich mir, *oder für einen brandneuen Ford Mustang. Vielleicht fällt das mit Guilford ja ins Wasser, und ich weiß nicht, ob ich nach North Carolina gehen und so weit weg von Gigi sein möchte.*

Meine Großonkel sprachen immer von Investitionen in Aktien. Als ich schließlich genug gespart hatte, folgte ich ihrem Beispiel – ich kaufte Aktien von zwei Firmen in Illinois, deren Produkte ich sehr genoss: McDonald's und Playboy.

Finanziell und auch ganz allgemein begannen sich die Ziele in meinem Leben zu ändern. Statt für irgendwelche Dinge zu arbeiten, wollte ich Geld, damit ich mich gut kleiden konnte. Statt mich mit Noten zufriedenzugeben, mit denen ich gerade so durchkam, wollte ich gute Noten, damit ich aufs College gehen konnte. Statt auf ein Leben der Leere zuzutreiben, wollte ich ein Mann mit Zukunft werden.

Ich war fest entschlossen, nicht ein Versager wie einige der Jungen im Kinderheim zu werden. So schwor ich mir, dass ich 21 Jahre alt werden wollte, ohne dass jemand mich im Gefängnis besuchen oder auf meiner Beerdigung weinen musste.

Ich hatte jedoch keine Ahnung, wie ich das zustande bringen sollte.

# 13 Wiedersehen

Als ich in der achten Klasse war, wurde meine Mutter aus der Klinik entlassen. Damals – 1967 – glaubte man weithin, dass Leute aus psychiatrischen Anstalten auch allein oder in Wohngruppen leben konnten. Verfechter der psychischen Gesundheit setzten sich für die Entlassung von Patienten ein. Die psychiatrische Klinik *Elgin State* entließ, wie zahlreiche andere Einrichtungen auch, viele Patienten – darunter meine Mutter.

Wir hatten uns einige Jahre nicht gesehen. Ich vermisste sie kein bisschen. Da ich mich deswegen ein wenig schuldig fühlte, hielt mein Betreuer Marv es für eine gute Idee, wenn ich sie besuchen würde. Er richtete es so ein, dass Gigi mich hinbrachte.

Als es soweit war, fuhr ich mit dem Zug nach Chicago. Am nächsten Tag gingen Gigi und ich in die Stadt. Wir trafen uns mit Mutter in einem heruntergekommenen Restaurant in der Nähe des Übergangsheims, in dem sie wohnte.

Gigi hatte versucht, mich auf das vorzubereiten, was mich erwartete. »Du wirst überrascht sein, wie deine Mutter aussieht«, warnte sie mich vor.

*Überrascht* traf es nicht einmal im Entferntesten. Ich war fassungslos, als ich sah, wie schlecht Mutter aussah.

Sie war schon immer schlank gewesen. Aber an diesem Tag sah sie mit ihren eingesunkenen Wangen aus wie die Kriegsgefangenen, die ich auf Fotos gesehen hatte. Ihr Haar war farblos. Vielleicht hatte sie versucht, sich zu kämmen, aber ohne großen Erfolg; überall standen einzelne Büschel ab.

Ihr ausgeblichenes hellblaues Kleid, ein Relikt aus den 1950er Jahren, hatte kurze Ärmel mit weißen Bündchen, eine Knopfreihe in der Mitte und einen weißen Plastikgürtel. Der ausgestellte Rock war kombiniert mit Knöchelsöckchen und Turnschuhen. Diese Bekleidung war übersät mit Flecken und Zigarettenasche und sah aus wie ein knitteriger Sack.

Das allein war schlimm genug. Aber was mir wirklich nahe-ging und mir den Magen verkrampfte, war der Ausdruck in ihren Augen.

Ich kannte den Blick von Menschen, die die Hoffnung verloren hatten. Das Funkeln war verschwunden. Ich hatte diesen leeren Blick schon oft bei Kindern gesehen, die ins Heim kamen oder es verließen. Nola nannte das einmal den »lang verlorenen Blick«, den Kinder wie wir hatten, wenn wir in die Ewigkeit starrten und uns fragten, warum keiner uns retten wollte.

Zwei Brüder im Heim hatten diesen Blick. Ihre Eltern und zwei Schwestern waren verschwunden und hatten sie in der Wohnung allein zurückgelassen. Polizei und Sozialarbeiter fanden die Angehörigen, die sie im Stich gelassen hatten, nie wieder.

Ein Junge, den ich »Kaninchen« nannte, hatte diesen Blick ebenfalls. Mit zehn Jahren hatte er die Hände seiner psychisch kranken Mutter mit Gewalt vom Hals seiner dreijährigen Schwester lösen müssen, als die Frau versuchte, ihre eigene Tochter zu erwürgen.

Ich sah diesen Blick jeden Morgen, wenn ich in den Spiegel schaute.

Aber Mutters Augen waren noch schlimmer. Es war nichts hinter ihnen. Sie schien keine Gedanken, keine Gefühle zu haben. Da war nur eine Schwärze, die sich in die Ewigkeit hinein erstreckte.

Die Haut unter diesen Augen war dunkellila, als ob sie seit Wochen nicht geschlafen hatte. Sie ähnelte einem Zombie aus einem Horrorfilm. Ihre Seele war an einem Ort, an dem ich noch nie gewesen war. Ich konnte sie nur anstarren.

»Wie steht's bei dir, Robby?«, fragte Gigi, um die Stille zu durchbrechen.

»Ich ... es geht mir gut«, stammelte ich.

»Und wie geht es dir, Joyce?«, fragte sie Mutter.

Wir warteten. Mutters Worte kamen nur langsam aus ihrem Mund, als fürchteten sie sich vor dem, was sie draußen vorfinden könnten. »O...kay. Sie versuchen ... mir zu helfen ... Ich muss sie lassen ...«

Gigi beugte sich vor, um sie besser hören zu können. Ich starrte sie weiter an.

»Ich ... bekomme ... starke Medikamente ...«

*Komm schon*, dachte ich ungeduldig. *Rede normal. Spuck's aus.*

Gigi ermutigte sie zum Weitersprechen.

»... die sollen helfen ... dass mein Gehirn ... nicht solche wirren Gedanken hat.«

Langsam hob sie eine dünne Papierserviette an und wischte sich die Spucke aus dem Mundwinkel.

*Gigi, kannst du das nicht beenden?*, flehte ich insgeheim. *Gehen wir!*

»Als in meinem Gehirn ... alles so schnell vor sich ging ...«, Mutter runzelte die Stirn, als sie nach den nächsten Worten suchte, »... konnte ich nicht denken ... konnte keiner Arbeit nachgehen ... konnte ich nicht für mich sorgen.«

*Jetzt kannst du auch nicht denken. Lass die Tabletten weg! Vielleicht könntest du dich dann um mich kümmern wie eine richtige Mutter.*

»Diese Medikamente machen mein Gehirn langsam ... ich muss übers Aufstehen ... nachdenken ... bevor ich aufstehe.« Sie zögerte, suchte. »Ich bin so langsam ... ich klinge betrunken.«

*Das ist nichts Neues!*, dachte ich. *Früher hat dich das nie gestört.*

Sie beugte sich zu ihrem Wasserglas vor und wusste offenbar nicht genau, wie weit entfernt es stand. Endlich streckte sie in Zeitlupe die Hand danach aus. Mit beiden Händen, um es ruhig zu halten, führte sie es an den Mund, nippte und stellte es wieder auf dem Tisch ab. Der Vorgang dauerte wahrscheinlich nicht länger als eine Minute. Es kam mir vor wie eine Stunde.

Gigi tat so, als ginge nichts Ungewöhnliches vor sich. Ich wollte flüchten und so weit wegrennen, wie ich konnte. *Das kann nicht mehr lange so weitergehen*, dachte ich. *Sie sieht erschöpft aus.*

Irgendwie schien sie sich aber doch zusammenzureißen und begann, normaler zu klingen. »Ach Robby, meine Haare ... sehen schrecklich aus. Ich weiß nicht, ob ich je wieder hübsch sein werde. Sie haben bei mir mehrmals eine E... E... Elektroschockbehandlung gemacht.«

Zu meiner Überraschung glitt ein Hauch von Traurigkeit über ihr Gesicht. Ich hatte nicht gedacht, dass sie irgendetwas fühlen konnte.

Sie holte tief Luft und versuchte zu erklären. »Die Ärzte sagen, das Gehirn besteht aus Millionen von Zellen ... die unsere Gedanken und Gefühle übertragen.« Sie zuckte die Schultern. »Ich verstehe nicht viel mehr als das.«

*Gut! Das ist mehr, als ich wissen muss. Also gehen wir jetzt!*

Sie war noch nicht fertig. »Ein paar Ärzte glauben, dass mein Zustand so ist ... weil mein Gehirn ... nicht richtig funktioniert ... als ob es einen ...«, sie runzelte wieder die Stirn, suchte nach einem Wort, »... Kurzschluss hat ... und es überall Funken sprüht.«

Sie machte eine Pause. Gigi und ich warteten.

»Wenigstens verstehe ich es so.« Ein weiterer tiefer Atemzug, ein weiterer Seufzer. Ihr Gesicht wurde wieder zu einem leeren Blatt. »Als die Psychotherapie und die Medikamente nicht halfen ... haben sie E... Elektroschocks an meinem Gehirn ausprobiert.« Plötzlich schaute sie in eine Dunkelheit hinein, die ich nie zuvor gesehen hatte. Ihre Stimme hob sich. »Sie schnallen dich auf einen Tisch. Sie schnallen deine Arme und Handgelenke fest.«

Aus dem Nichts in ihren Augen wurde Zorn. Ihr Atem wurde schnell und flach, als ob sie gerannt wäre. »Sie schnallen dich an den *Knöcheln* fest und an der *Brust* und stecken *dir – etwas – in – den – Mund – damit – du – dir – nicht – die – Zunge – abbeißt!«* Sie spuckte die Worte aus, als ob sie Kugeln auf ihre früheren Peiniger abfeuerte.

Mir wurde schlecht. Ihre Stimme war laut, aber ich schaute mich nicht um, um zu sehen, ob die Kellnerin es gehört hatte.

»Sie haben mir so ein Kopfstück aufgesetzt. Es an einen Generator angeschlossen. Einen Schalter umgelegt und Elektrizität ... in mein Gehirn gejagt.« Ihre Stimme verlor sich.

Gigi und ich beobachteten entsetzt die panische Angst auf Mutters bebendem, schwitzendem Gesicht.

Irgendwie wusste ich, dass sie fertig war. Ich streckte den Arm über den Tisch aus und griff nach ihrer Hand. Wir saßen schweigend da, während sie langsam ruhiger wurde. Ich wollte das Gespräch nicht unnötig verlängern. Aber ich konnte nicht anders, ich musste die Frage stellen: »Hat es sehr wehgetan, Mutter?«

Sie hob ihre zerfetzte Serviette, um sich den Mundwinkel abzuwischen. Ich bemerkte, dass eine Seite ihres Mundes herunterhing. *Was haben sie mit ihr gemacht? Wie konnte ihr das jemand antun?*

Ich hielt immer noch ihre Hand. Das schien ihr Kraft zu geben.

»Schmerz. Körperlicher Schmerz? Ich glaube nicht, Robby. Ich erinnere mich an nichts, nachdem sie mich festgeschnallt haben. ... Nachdem ich aufwachte, hat bei mir nichts funktioniert. Es war so, als ob ... ich gerade genug Gehirn hätte, um zu wissen, dass ich am Leben bin, aber nicht genug, um meinen Körper irgendetwas tun zu lassen. Die Leute im Krankenhaus nannten das ... ›wache Tote‹. Das war ungefähr so, wie wir uns fühlten.«

Die halbe Stunde Zuhören hatte mich ausgelaugt, aber eines musste ich noch wissen. »Geht es dir jetzt besser? Glaubst du, es hat geholfen?«

Nach einer langen Pause erwiderte sie: »Ich weiß nicht, Robby... ich weiß nicht.«

Gigi beschloss, dass wir alle für diesen Tag genug hatten. »Robby, Schatz«, sagte sie mit übertrieben fröhlicher Stimme, »bitte frag die Kellnerin nach der Rechnung, damit deine Mutter das Essen bezahlen kann und wir sie nach Hause bringen können.«

Das war mein Stichwort, um den Tisch zu verlassen, damit Gigi Mutter ein wenig Geld zustecken konnte. Ich spielte mit; ihnen schien es wichtig zu sein, dachte ich, also warum es verderben?

Als wir in ihre Wohnung zurückkamen, fragte Gigi, ob ich darüber reden wolle.

»Nein, danke. Ich kann jetzt nicht darüber reden. Vielleicht später.«

*Reden?* Ich konnte nicht reden. Ich konnte kaum denken. Ich brauchte Zeit, um meine Gefühle zu ordnen. Ich wusste, dass die Bilder von diesem Besuch mich in Gedanken auf ewig begleiten würden.

Die meiste Zeit hatte ich meine Mutter gehasst. Aber an jenem Tag war mir einfach nur schlecht. Auf einmal wurde mir klar, dass sie vielleicht keine Kontrolle über ihre Handlungen hatte. Offenbar steckte sie in einem Kampf ums Überleben – Tag für Tag, Stunde für Stunde, Minute für Minute.

In meinem Magen tobte es. Mitgefühl begann mit der Wut zu konkurrieren, die immer da war. Aber die Wut war stärker. Mutter hatte Gigis Leben ruiniert und dazu beigetragen, das Leben meines Vaters zu zerstören. Und in meinem 13 Jahre alten Gehirn stand dies alles in keinem Vergleich dazu, was sie *mir* angetan hatte.

Noch Monate nach diesem Tag konnte ich das alles nicht einordnen. Das Mitgefühl kämpfte um einen Platz in meinem Herzen. Es schien, als müsste der Löwe »Wut« an der Seite des Lammes »Mitgefühl« leben.

Dann kam der Tag, als Mutter diesen inneren Konflikt selbst löste.

Der Abschluss der Junior Highschool war in Princeton ein großes Ereignis. Der Tag wurde mit Glanz und Gloria begangen und war so wichtig, dass sogar Art und Fran, zwei von Gigis Verwandten, in diesem Frühjahr 1968 aus Rockford herkamen. Zusammen mit Gigi trafen sie gerade rechtzeitig für die übliche Begrüßung mit Händeschütteln und Küssen vor der Zeremonie ein.

Ich war stolz wie ein Pfau, als ich in Anzug und Krawatte aus zweiter Hand auf der Bühne saß. Doch plötzlich ertönte eine bekannte Stimme von hinten aus dem Saal:

»Juhuuu! Robby!« Es war Mutter, die betrunken nach vorne getaumelt kam.

Gigi erhob sich rasch und fing sie im Gang ab. Mutter wurde nach hinten dirigiert.

*Ich glaub das einfach nicht! Was macht sie hier? Wie kann sie mir das antun?*

*Ich hasse sie... ich hasse sie... ich hasse sie!*

Als ich an der Reihe war, mein Abschlusszeugnis in Empfang zu nehmen, ging ich nicht mit erhobenem Haupt nach vorn. Ich ließ die Schultern hängen, schaute zu Boden und hoffte wider alle Hoffnung, dass Mutter mich nicht noch einmal blamieren würde.

Aber als ich die Hand nach dem wertvollen Stück Papier ausstreckte, durchbrach ihre Stimme die respektvolle Stille. »Ja, Robby!«, schrie sie. »Juchhu!«

Die Leute rutschten auf ihren Stühlen herum, während peinlich berührtes Lachen sich im Saal ausbreitete. Ich hätte mich am liebsten in irgendein Mauseloch verkrochen.

Als das Programm zu Ende war, wünschte ich, ich könnte verschwinden. Von den anderen Jugendlichen und ihren Eltern kam niemand her, um mir zu gratulieren.

Gigi, Art, Fran und ich liefen draußen herum, und Mutter hing mir am Hals. Der Alkoholgeruch aus ihrem Mund war ekelerregend. Ich hätte sie am liebsten angebrüllt und ihr den Schädel eingeschlagen.

Vor allem wollte ich, dass sie den Mund hielt und mich für immer in Ruhe ließ.

Und in jenem Augenblick zerfleischte der Wolf meines Zorns das Lamm meines Mitgefühls.

# 14 Ein paar vorbildliche Männer

»Schafft mir diese Frau vom Hals!«, brüllte ich in meiner nächsten Therapiestunde.

Marvs dichte Augenbrauen zogen sich zusammen, während er meinen Ausbruch über sich ergehen ließ.

»Sie hat meine Abschlussfeier ruiniert. Seit dem Tag meiner Geburt hat sie mir nichts als Qualen bereitet. Ich hasse sie, ich hasse sie, ich hasse sie!«

»Aber Robby«, setzte Marv an.

Ich hatte nicht vor, mir seine Binsenweisheiten anzuhören. »Schluss!«, tobte ich. »Ich will sie nicht mehr sehen – nie wieder.«

Marv, ein guter Mann mit einem sanften Herzen, ließ mich kommentarlos austoben. Schließlich entließ er mich aus der Sitzung.

Nach dieser Explosion fürchtete das für die großen Jungen zuständige Personal wohl, dass ich mich oder jemand anderen verletzten könnte. Wenige Tage später nahmen sie mir den Chemiebaukasten weg, schickten mich von nun an wöchentlich zu Beratungssitzungen und verboten Mutter den Zutritt zum Gelände. Niemand erwähnte eine weitere Fahrt nach Chicago, um sie zu besuchen; und das war auch gut so.

Als ich noch jünger war, hatten Gigis wöchentliche Besuche geholfen, mich zu beruhigen. Aber jetzt war sie 74 und der Weg wurde zu beschwerlich für sie. Alle paar Monate brachte mich jemand vom Personal zu einem Besuch zu ihr, aber ich vermisste sie unbeschreiblich. Sie war die Einzige, deren Wertschätzung mich davon abhielt, in echte Schwierigkeiten zu geraten. Ihre Besuche hatten genügend Liebe in meinen emotionalen Tank gefüllt, um mich auf Kurs zu halten. Aber da es immer weniger Nachschub gab, waren meine Reserven beinahe aufgebraucht.

Sechs Monate nach dem Vorfall bei der Abschlussfeier bat mich Gigi, sie zu Mutters Übergangsheim zu begleiten. Ich ging mit, weil Gigi mich darum bat, aber ich empfand nichts, als ich meine Mutter sah. Ich hatte sie ausgeblendet; sie war einfach zu einer weiteren Person aus meiner Vergangenheit geworden.

Niemandem schien es klar zu sein, aber ich war weitergegangen. Mutter würde mich auf meiner Reise in die Zukunft nicht begleiten. Und wie es schien, würde – vielleicht abgesehen von Gigi – auch niemand anderes aus meiner Verwandtschaft das tun.

In dieser Phase brauchte ich vor allem einen Vater, aber meiner würde nie in der Lage sein, diese Rolle zu spielen. Glücklicherweise traten einige andere Männer in mein Leben und zeigten genug Anteilnahme, um etwas zu verändern.

Jim war ein Mann weniger Worte und überhaupt nicht gesprächig. Als ich in der Junior Highschool war, wurde er der Betreuer der großen Jungen. Er war kaum 1,80 Meter groß, aber dank vieler Jahre Arbeit in den Silberminen von Nevada war er unglaublich stark und lehrte mich das Gewichtheben. In meinem Fall war das Gewichtheben nicht nur Sport. Es half mir, Dampf abzulassen, und Jim schien das zu wissen.

Er bemühte sich außerdem sehr, meine Wut in positive Bahnen zu lenken. Er brachte mir den Morsecode bei und half mir, Amateurfunker zu werden. Er und ein weiterer Mann aus dem Ort zeigten mir, wie ich aus einem Bausatz mein eigenes Funkgerät bauen konnte.

Mein Selbstwertgefühl schnellte in die Höhe, als ich ein Funkgerät baute, das funktionierte. Und es machte mich stolz, wenn andere Funker mich wie einen der ihren behandelten. Mit der Rufkennung WN9UHJ führte ich Funkprotokolle und tauschte Postkarten mit Funkern überall auf der Welt aus. Niemand wusste, wer ich war oder woher ich sendete. Ich konnte einfach ich selbst sein. Es war fantastisch, endlich einmal nicht »Heimkind« genannt zu werden.

Zwei Jahre lang war Swaney an den Wochenenden, an freien Tagen und während der Ferien stellvertretender Gruppenleiter. Er kannte sich meisterhaft in Wald und Feld aus und mit seinem unbekümmerten, liebenswerten Charakter erinnerte er mich an einen Golden Retriever. Man schaffte es kaum, ihn über die Maßen zu schikanieren.

Von der Statur her ähnelte Swaney einem Bowlingkegel, er hatte dünner werdendes, rotblondes Haar und hielt immer ein Lächeln und einen Scherz für uns bereit. Es berührte selbst unsere harten Herzen, dass er seine Frau Anna geheiratet hatte, obwohl er wusste, dass sie Krebs hatte. Sie würden nur einige gemeinsame Jahre haben, aber er kümmerte sich jeden Tag um sie.

Swaney war ein mutiger Mann. Er wagte es, sieben von uns zu einem einwöchigen Kanuausflug im Norden von Minnesota mitzunehmen. In der Wildnis von Boundary Waters paddelten wir auf Seen, trugen Kanus und Campingausrichtung über Land, um Hindernisse zu umgehen, tranken aus sauberen Quellen und zelteten nachts auf Inseln. Wir kämpften mit wilden Hechten, fingen, reinigten und kochten sie. Wir bluteten, wenn riesige Pferdebremsen uns umschwärmten und zehnmal schlimmer stachen als Mücken. Wir gingen schwimmen und rissen uns anschließend die Blutegel vom Körper.

Swaney war uns Halbstarken zahlenmäßig unterlegen. Dieses sechstägige Abenteuer verlangte ihm sicherlich seine ganze Geduld und seine sämtlichen Fähigkeiten ab. Sein Einfluss beschränkte sich jedoch nicht allein auf seine pfadfinderischen Kenntnisse. Eines Tages nahm er mich beiseite und sprach mit mir ohne Scham über Sex. »Gott hat Sex als einen Akt der Liebe geschaffen, der eine liebevolle Ehe segnet«, erklärte er mir. »Er sollte als Geschenk von Gott gesehen werden, das nur genutzt wird, nachdem Mann und Frau geheiratet haben.«

Das war mir neu. Die älteren Jungen im Heim betrachteten Mädchen nur als potenzielle »Punkte«, die man sammeln konnte – ein Gedanke, der durch ihren Vorrat von schmutzigen Zeitschriften und Romanen noch verstärkt wurde. Tatsächlich war Pornografie meine Hauptlektüre gewesen, seit ich in der sechsten Klasse bei den großen Jungen angekommen war.

Als heißblütiger Teenager mit nur wenigen moralischen Hemmungen konnte ich Swaneys Sichtweise nicht akzeptieren. Ich bezweifelte, dass ich das jemals tun würde. Es war allerdings schwer, ihn als Person nicht zu respektieren. Und unwillkürlich ließ ich mich von seiner Liebe zur Wildnis anstecken.

Bob war Sozialarbeiter, stellvertretender Hausleiter, Umweltschützer, meisterhafter Bogenschütze und Jäger. Er hatte kurz rasiertes Haar und war hager wie ein Ranger von der Armee. Obwohl er als Sozialarbeiter nicht für mich zuständig war, bemühte er sich ganz außergewöhnlich um mich.

Als ich in der Highschool war, lehrte mich Bob, wie man ein Gewehr lädt und damit zielt. Er nahm mich auf Kaninchen-, Eichhörnchen- und Hirschjagd mit und zeigte mir dann, wie man das Fleisch häutet, säubert und zubereitet.

Er brachte mir auch bei, wie man Zeit und Standort von der Sonne ablesen kann, sich leise durch den Wald bewegt und ohne Kompass die Richtung findet. Ich verbrachte viele friedliche Stunden auf den Feldern und in den Wäldern. Die Stille und die Gerüche der freien Natur taten meiner Seele gut.

Die wichtigste Lektion lernte ich allerdings von Bob, als er drei von uns Jungen im Teenageralter zur Elchjagd in die Nähe des Iron River in Nordmichigan mitnahm.

Wir waren tagelang unterwegs gewesen, ohne einen einzigen Elch zu entdecken. Am letzten Tag unseres Ausflugs gingen wir früh am Morgen auf einem Holztransportweg durch den dichten Wald. Plötzlich bog Bob links ab, hob den Bogen und blieb stehen.

Ein riesiger Elchbulle mit einem prächtigen Geweih stand auf einer Lichtung. Ich war so aufgeregt, dass ich kaum atmen konnte.

Elchbullen sind normalerweise allein unterwegs, aber dieses Exemplar hatte zwei Kühe und mehrere Kälber bei sich. Wir wussten, dass er es in die Sicherheit des Waldes schaffen konnte, wenn er lossprang, aber die Kühe und Kälber wären dann Freiwild.

Der Bulle wich nicht von der Stelle, hob langsam seinen eleganten Kopf und starrte uns an, als wollte er sagen: »Ihr werdet mich erschießen und damit meinen Kühen und Kälbern eine Chance zur Flucht geben müssen.«

Wir Jungen hatten unsere Waffen auf die Kühe gerichtet und entsichert. Für eine Zeit, die uns wie eine Ewigkeit vorkam, warteten wir auf Bob. Er deutete uns an, dass wir erst feuern durften, nachdem er seinen ersten Pfeil abgeschossen hatte.

Aber nichts geschah. *Worauf wartet er?*, dachte ich.

Schließlich entspannte er langsam die Bogensehne und ließ den Bogen sinken. Verwirrt sicherten wir unsere Gewehre und nahmen sie herunter. Der Bulle gab ein Zeichen mit dem Schwanz und die Kühe und Kälber flüchteten in die Wälder. Endlich wandte sich das majestätische Tier selbst um und schritt davon.

Bob sagte kein Wort, als er an uns vorbeiging und sich auf den langen Weg zum Auto machte. Später, als er anhielt, um etwas zu trinken und zu essen, gab er uns endlich eine Erklärung. »Jungs, wir sind gekommen, um Elche zu jagen«, sagte er.

Wir nickten.

»Wir haben unser Ziel erreicht«, fuhr er fort. »Wir haben diesen Elch gefunden. Genau genommen haben wir einen kapitalen Bullen gefunden. Ob der Kopf dieses Bullen nun an der Wand von jemandem hängt oder nicht, ist unerheblich. Wir werden immer wissen, dass wir ihn rechtmäßig erlegt hätten, wenn wir gefeuert hätten.«

Er machte eine Pause und fügte dann einen Satz hinzu, den ich schon einmal von ihm gehört hatte: »Wir müssen sie nicht alle erschießen.«

Nachdem er uns einen Moment Zeit gegeben hatte, um das zu verdauen, sprach er weiter: »Der unglaubliche Mut dieses Bullen und seine selbstlose Haltung haben ihn gerettet. Er hätte wegrennen und wahrscheinlich sein eigenes Leben retten können. Stattdessen entschied er sich, als Hauptziel zu bleiben, damit die anderen überleben konnten.«

»Ist das zu fassen?«, rief einer der Jungen aus. »Das war das Stärkste, was ich je gesehen habe.«

»Es war ein ausgezeichnetes Beispiel für die biblische Aussage: ›Die größte Liebe beweist der, der sein Leben für die Freunde hingibt‹«, schloss Bob. Dann hob er seinen Bogen auf und setzte seinen Weg fort.

Wir gingen ohne Beute nach Hause, aber mit einer Erinnerung, die uns für immer bleiben würde. Später in jener Nacht dachte ich über die Art von Liebe nach, von der Bob gesprochen hatte. Außer vielleicht Gigi konnte ich mir keinen Menschen vorstellen, der genug liebte, um sein Leben für irgendjemanden zu geben – besonders nicht für mich.

Schließlich gab es noch Marv. Er war mein Sozialarbeiter und bedeutete mir zunehmend mehr – welche Rolle er für mich spielte, konnte ich nicht genau sagen und war auch nicht bereit, mir einzugestehen, dass er wichtig für mich war.

Mit unserem üblichen jugendlichen Sarkasmus hatten wir Jungs ihn »Arvey Dog« getauft – nach einer Comicfigur, einem Außenseitertyp, der anderen immer etwas tollpatschig zu Hilfe eilte. Marv war natürlich viel klüger, als wir ihm zugestehen wollten.

Mit Geduld und Heldenmut brachte mir Marv bei, seinen Plymouth zu fahren – ein einzigartiges Fahrzeug, bei dem man die Gänge per Knopfdruck schalten musste. Er kämpfte tapfer, um mich durch das stürmische Fahrwasser der Pubertät zu steuern.

Marvs größte Herausforderung war ein Konflikt, der mich schon seit Jahren verfolgte.

In der quälenden Frage, durch was ich meine Eltern zur Entscheidung veranlasst hatte, mich wegzugeben, hatte ich widerwillig akzeptiert, dass *sie* das eigentliche Problem waren. Aber da war noch immer die Frage nach meinem zukünftigen Schicksal, und schließlich stellte ich sie Marv in einer unserer Sitzungen: »Bin ich dazu verurteilt, verrückt zu werden wie meine Mutter und mein Vater?«

Das war keine unwichtige Frage. So sehr ich auch kämpfen und ein normales Leben führen wollte, hatte ich dennoch keine echte Hoffnung für meine Zukunft.

»Bin ich genetisch dazu vorprogrammiert, wie meine Eltern zu sein?«, fragte ich Marv mehrmals. »Wird mein Gehirn ›fehlzünden‹ wie das von Mutter? Soll ich versuchen, mich darauf vorzubereiten, dass ich verrückt werde? Werde ich mein Leben draußen auf der Straße, in Übergangsheimen und psychiatrischen Kliniken verbringen?«

Marv bemühte sich sehr, mich davon zu überzeugen, dass die Geschichte meines Lebens keine Wiederholung der Taten und Reaktionen meiner Eltern sein musste. Selbst wenn ich noch Paulines Wahnsinn mit in den Topf warf, beharrte er darauf, dass meine Zukunft anders sein konnte als meine Vergangenheit.

»Du bist nicht dazu verurteilt, wie deine Eltern oder Pauline zu werden, Robby«, versicherte er mir. »Aber du musst lernen, wie du mit dem Leben zurechtkommst und wie du deine Frustration und Wut beherrschen kannst. Du musst aufhören zu glauben, dass schlimme Dinge passieren werden, und dich auf alles freuen, was auf dich wartet. Vor dir liegt ein gutes Leben, aber nur, wenn du dich entscheidest, es anzunehmen.«

Das war schwer zu glauben. Die Zukunft entzog sich meinem Zugriff. Ich wagte nicht zu hoffen, denn jede Hoffnung meiner Kindheit war zerschmettert worden. Es gab keinen Beweis dafür, dass Marv wusste, wovon er sprach.

Eines Tages fragte ich ihn: »Wie kann jemand an eine Hoffnung glauben, die er nicht sehen kann?«

Marv seufzte und versuchte es dann andersherum. »Na gut, Robby. Was, wenn du Recht hast? Was, wenn du *wirklich* dazu verurteilt bist, wie deine Eltern zu werden? Was machst du dann?«

Er lehnte sich auf seinem Stuhl zurück und dachte wahrscheinlich, er hätte mich so geschockt, dass ich jetzt schweigen würde.

Niemand hatte sich je zuvor die Mühe gemacht, mir diese Frage zu stellen, aber ich hatte eine Antwort. Ich schaute ungerührt durch ihn hindurch und sagte: »Ich würde versuchen, mich in Ordnung bringen zu lassen, damit keines meiner Kinder das durchmachen muss, was ich durchmachen musste.«

Der verblüffte Marv wusste daraufhin nichts mehr zu sagen. Die Sitzung war beendet.

# 15 Der Rebell

Als ich 1968, in meinem ersten Jahr an der Highschool, durch die Flure der Schule ging, trug ich die »mir doch egal«-Einstellung stets mit mir herum. Eng damit verbunden war die drohende Haltung: »Leg dich nicht mit mir an«.

Das Kastensystem der Junior Highschool hatte eine geringschätzige Haltung in mir hervorgebracht, die mich sogar von den Jugendlichen entfremdete, die ich mochte. Für uns »Heimkinder« gab es einfach keinen Weg in die guten gesellschaftlichen Kreise, egal wie sehr wir uns bemühten.

Ein Mädchen, das ich in der achten Klasse sehr gemocht hatte, sagte mir, sie könnte nicht meine Freundin werden, weil ihr Vater die Kinder aus dem Heim nicht leiden konnte. Also gab ich es einfach auf. Auf keinen Fall würde ich darum betteln, dazugehören zu dürfen.

Abfällige Bemerkungen und Seitenblicke auf den Fluren und im Pausenraum ärgerten mich, aber ich unterdrückte die Wut und ging an denen vorbei, die mich beleidigten, als wüsste ich nicht, dass sie überhaupt existierten. *Diese Snobs sind mir egal*, sagte ich mir. *Sie sind dumm, gemein und bedeutungslos. Sie können mir nicht wehtun, wenn ich es nicht zulasse, und ich werde es nicht zulassen!*

Dass ich mich isolierte, stillte den Schmerz der Zurückweisung, aber es stillte nicht den Zorn. Mein Trotz war eine offene Kampfansage. Er gab mir einen Grund zu explodieren und jeden zu verletzen, der glaubte, er könne es mit mir aufnehmen.

Sport wurde zu einem Ventil für meine aufgestauten Emotionen und hormonelle Energie. Geländelauf, Basketball und Leichtathletik halfen mir, Stress abzubauen. Endlich fühlte ich mich auch zu etwas zugehörig; ein Zahnrad in einem – wenn auch noch so kleinen – Getriebe zu sein, war ein gutes Gefühl.

Nachdem ich die Meile[2] in weniger als fünf Minuten gelaufen war, war ich qualifiziert, auf Kreisebene zum Wettkampf anzutreten. Das war ein enormer Aufstieg – bis ein streitsüchtiger dürrer Junge aus der Oberschicht und sein kräftiger, wortkarger Kumpan

2 Ca. 1,6 Kilometer. Anm. d. Ü.

mich am Tag vor dem Frühjahrswettkampf im Umkleideraum in die Ecke drängten.

»He, Sportskanone«, brüllte der großmäulige Held, als er mich gegen einen Spind schubste. »Es ist mir egal, was die Stoppuhr sagt; du bist nicht gut genug, um in dieser Mannschaft zu sein. Du glaubst, du bist so eine Art Superstar, aber das bist du nicht. Es ist an der Zeit, dass dir jemand diesen Zahn zieht.«

Ich konnte sehen, dass er vorhatte, diese Aufgabe zu übernehmen, also versuchte ich, ihn mit einem bösen Blick aus der Fassung zu bringen. »Du bist reif für einen roten Bauch«, erklärte er mit einem höhnischen Grinsen, packte mich und versuchte mich herumzudrehen.

Einen roten Bauch zu vermeiden war jede Anstrengung wert, die ich aufbringen konnte. Ich wusste aus Erfahrung, was mir bevorstand: Man würde mich so stark auf den Bauch schlagen, dass die Haut sich feuerrot verfärbte und Striemen bekam. Der Schmerz war wie Feuer.

Ich kämpfte, bis sein Kumpel, der Schläger, meine Arme packte und hinter meinem Rücken festhielt. Als das Großmaul mein T-Shirt hochzog, rannte ich rückwärts gegen den Schläger, der in die dahinter stehenden Spinde stolperte. Ich hob beide Beine an, nutzte den Jungen hinter mir für die Hebelwirkung und rammte meine Füße gegen den Brustkorb des Großmauls. Er schlug gegen eine Reihe von Spinden, verbeulte sie und bekam vor Schmerz keine Luft mehr.

Ich drückte den Schläger zu Boden und landete auf ihm. Ich trat nach dem Großmaul und rammte gleichzeitig meinen Kopf gegen den des Schlägers. Sein Kopf schlug auf dem Boden auf, aber er ließ mich nicht los. Schließlich setzte sich das Großmaul auf meine Beine und ich konnte mich nicht mehr rühren.

Zahlen- und größenmäßig unterlegen verlor ich den Kampf. Ich bekam den schlimmsten roten Bauch meines Lebens; er tat tagelang weh.

Allerdings empfand ich einige Befriedigung, als ich zufällig hörte, wie das Großmaul über seine angeschlagenen Rippen jammerte, und sah, wie der Schläger Tabletten gegen seine einwöchigen Kopfschmerzen einwarf. Es sprach sich herum: *Wenn du Mitchell willst, bringst du am besten noch drei Kerle mit.*

Diese Stadtkinder schienen nicht zu begreifen, dass ich kein gewöhnlicher Jugendlicher war, den sie herumschubsen konnten.

Jahrelang hatte ich mit Tyrannen zusammengelebt, die noch schlimmer waren. Meine Botschaft war laut und deutlich: *Gebt mir nur den kleinsten Grund, euch wehzutun, und ich werde mich nicht zurückhalten.*

Das Großmaul bekam nie die drei oder mehr Jungs aus der Oberschicht zusammen, um das zu Ende zu bringen, was er und der Schläger angefangen hatten. Bald schien ich durch meine Art etwas auszustrahlen, was selbst die netten Kinder vertrieb.

Der Sport bot mir zwar ein emotionales Ventil, verursachte jedoch gleichzeitig eine ganz andere Art von Schmerz.

Wenn wir Spiele oder Wettkämpfe hatten, die in einer anderen Stadt stattfanden, kam unsere Mannschaft erst spät zur Schule zurück, manchmal nach 23 Uhr. Die Eltern vieler Sportler warteten dann; andere Stadtkinder fuhren mit ihrem eigenen Auto und boten ihren Freunden eine Mitfahrgelegenheit an. Da wir nie zu einer der beiden Gruppen gehörten, versuchten wir Heimkinder, so schnell und unauffällig wie möglich zu verschwinden, damit es nicht so offensichtlich war, dass auf uns niemand wartete.

John Smith, ein netter Kerl mit einem unglaublich zielsicheren Weitwurf, war der Basketballtrainer des zweiten Highschool-Jahres. Mit mir hatte er alle Hände voll zu tun. Ich hatte genug Talent, um von Anfang an zu spielen oder als sechster Mann von der Bank zu kommen, aber meine aggressive, streitlustige, großspurige Haltung passte nicht zu seinem Spielstil. Er war ein Gentleman.

Es war nicht besonders hilfreich, dass viele Eltern der anderen Spieler nicht viel von mir hielten. Die Erwachsenen in unserer konservativen, von Landwirtschaft geprägten Stadt schätzten meine »rebellische« 1960er Frisur nicht. Viele sagten mir ins Gesicht, ich sei ein »langhaariger Hippierüpel«. Sie wollten mich nicht nur aus dem antretenden Team haben – sie wollten mich überhaupt nicht in der Mannschaft sehen.

Meine Reaktion war, dass ich mir die Haare bis zu den Schultern wachsen ließ wie mein respektloses Basketballidol »Pistol Pete« Maravich. Wie ich erwartet hatte, machte das die Männer wirklich wahnsinnig wütend. Ich hatte Spaß daran, diese Leute zu ärgern, die ihren Töchtern verboten, mit mir auszugehen, und auch ihren Söhnen nicht erlaubten, etwas mit mir zu unternehmen.

»Auf die Bank mit ihm, bis er sich die Haare schneidet!«, brüllte normalerweise immer irgendjemand bei den Spielen.

»Wechsele einen *guten* Jungen ein«, rief eine andere Stimme von der anderen Seite des Spielfelds.

Nach einem Spiel kam ein Mann mit einer Dollarnote in der Hand zu mir. »Hier, Junge«, sagte er mit einem höhnischen Grinsen. »Nimm das und lass dir die Haare schneiden.«

Ich schaute ihm in die Augen und antwortete: »Sie können mir den Dollar geben, aber die Haare schneide ich mir nicht ab.« Er stopfte den Geldschein zurück in seine Tasche und stiefelte beleidigt davon.

Auch einige Mannschaftskameraden waren nicht auf meiner Seite. Zwei der Stammspieler waren nette Kerle und mahnten mich bloß, »einen Gang runterzuschalten«, aber zwei andere hassten mich aus tiefstem Herzen. Das Gefühl beruhte auf Gegenseitigkeit. Sie wollten mich nicht in der Mannschaft haben, und ihre Eltern gaben mir das zu verstehen – lautstark.

Egal wie hart ich zu wirken versuchte, der Spott tat weh. Der schmerzhafteste von allen kam von den Cheerleaderinnen. Oft eröffneten sie ein Spiel, indem sie für den Trainer jubelten: »Ja, hurra, John!« Dann fügte jede Cheerleaderin den Namen eines Spielers hinzu. Aber in den ersten drei Spielen, in denen ich von Anfang an auf dem Feld war, ersetzte die Cheerleaderin, die meinen Namen hätte rufen müssen, diesen durch den Namen eines Spielers, der ihrer Meinung nach hätte starten *sollen*.

»Warum rufst du nicht: ›Ja, hurra, Robby‹?«, fragte ich das Mädchen, nachdem es das zum dritten Mal getan hatte.

»Du solltest nicht *spielen*, geschweige denn das Spiel *eröffnen*«, schnappte sie, drehte sich um und ging weg.

Trotz der Buhrufe blieb ich dran. Aber als ich es in meinem vorletzten Highschool-Jahr in die Auswahlmannschaft schaffte, wurde dieses Ereignis, auf das ich hätte stolz sein können, in jenem Herbst 1970 zum Albtraum.

Das Großmaul, der Peiniger, der mir einen roten Bauch verpasst hatte, war jetzt im Abschlussjahr. Er hasste mich immer noch leidenschaftlich und sorgte dafür, dass die anderen Kerle das auch taten.

Der Trainer der Auswahlmannschaft und ich gerieten täglich aneinander. Mein Talent hatte mich in die Mannschaft gebracht, aber meine Einstellung weckte in ihm den Wunsch, meinen Willen zu brechen. Oft ließ er mich doppelt so viele Übungen machen wie die anderen Jungen. Es wurde so schlimm, dass einige Spieler es nicht ertragen konnten zuzusehen, wie der Mann seine Abneigung an mir ausließ.

Sicher, ich hatte ein Problem mit meiner Einstellung. Aber es war klar, dass der Trainer versuchte, mich zum Aufgeben zu zwingen, indem er mir das Leben unerträglich machte.

Der Einzige, der mich wirklich verstand, war Paul, ein Mitbewohner im Kinderheim. Er war zu den kleinen Jungen gekommen, als er acht und ich neun war. Paul spielte Football und war Ringer, also gingen wir im Winter die knapp zwei Kilometer zurück zum Heim oft zusammen. »Er misshandelt dich nur«, sagte Paul auf dem Weg häufig über den Trainer. »Warum hörst du nicht auf? Du brauchst diesen Quatsch nicht.«

»Ja, ich weiß«, antwortete ich dann. »Aber auf keinen Fall werde ich dem Trainer das Vergnügen gönnen, mich kaputt zu machen. Ich werde ihm zeigen, dass ich keiner bin, der so leicht aufgibt. Ich kann genauso lang durchhalten wie er.«

Es war kalt, wenn ich an jenen Winterabenden zurück ins Heim ging. Manchmal warf ich einen Blick durch die Panoramafenster der zweigeschossigen Holzhäuser in der Euclid Street. Ich sah echte Familien am Abendbrottisch, die lächelnd zusammen aßen und ein Gefühl der Annahme und Zugehörigkeit genossen.

Inzwischen war es für mich offensichtlich, dass ich so etwas niemals erleben würde.

# 16 Niederlagen

Die Weihnachtszeit meines ersten Jahrs in der Highschool war wie immer bittersüß.

Weihnachtsmusik und ein geschmückter Baum im Speisesaal möbelten das Heim ein bisschen auf. Fernsehsondersendungen, Schulaufführungen und Veranstaltungen in der Kirche, zu denen uns das Personal schleppte, sorgten für Abwechslung. Aber all diese Dinge waren der Inbegriff von *glücklich, glücklich, glücklich – Familie, Familie, Familie.* Auch wenn wir Heimkinder die Unterhaltung genossen, verbrachten wir danach oft lange, dunkle Abende im Kampf mit der Einsamkeit.

Im Dezember besuchten uns mehrere Kirchengruppen. Sie führten Stücke auf, sangen Weihnachtslieder und spielten mit den älteren Jungen sogar Basketball in unserer kleinen Turnhalle.

Es gefiel uns, die Stadtkinder zu besiegen, und wir nahmen die Geschenke gern an. Aber die meisten von uns älteren Kindern hätten am liebsten gefragt: »Wo seid ihr den Rest des Jahres über? Elf Monate lang sind wir Ausgestoßene und dann urplötzlich etwas Besonderes? Könntet ihr euch nicht abwechseln, sodass wir das Jahr über wenigstens einmal im Monat Besuch bekommen?«

Ich stellte diese Frage nicht laut. Es waren nur noch eineinhalb Jahre bis zum Highschool-Abschluss und Eintritt in die »richtige« Welt, und so spielte dieses Thema für mich keine Rolle mehr. Außerdem konnte ich mich daran erinnern, was für besondere Anlässe diese Weihnachtsbesuche gewesen waren, als ich noch bei den kleinen Jungen war. Ich wollte den kleinen Kindern von heute, die die Aufmerksamkeit brauchten, das Weihnachtsfest nicht verderben.

Weihnachten bedeutete auch Geschenke. Aber jetzt, wo ich ein bisschen Geld hatte und mir ein schönes Geschenk für Gigi leisten konnte, besaß ich nicht die Freiheit, ihr eines zu kaufen. Ich war reicher geworden und sie ärmer. Die Weihnachtszeit riss Löcher in ihr Budget, weil sie nicht nur ihr Geschenk für mich bezahlte, sondern auch das, das Mutter angeblich schickte.

Ich wusste, dass es Gigi beschämen würde, wenn mein Geschenk für sie mehr kostete, als das, was sie für mich hatte. Also kaufte ich ihr ein Taschentuch mit Spitze oder billiges Parfum. Sie machte immer ein Aufheben darum, als wäre es genau das, was sie sich vom Weihnachtsmann gewünscht hätte.

Trotzdem war es ein gutes Gefühl, einen Vorrat an schwer verdientem Geld zu haben, auf den ich zurückgreifen konnte. Einige andere Kinder hatten nicht einen Cent vorzuweisen. Sie konnten nicht einmal ein einfaches Schmuckstück für die Menschen kaufen, die sie liebten. Solche Armut zu Weihnachten war ein weiterer Schlag für ihr zerbrechliches Selbstwertgefühl.

Wenn die Kinder im Heim davon sprachen, dass sie jemandem ein Geschenk machen wollten, war es fast immer für eine Mutter oder Großmutter bestimmt. Väter waren für die meisten von uns beinahe nicht existent; die wenigen Väter, die auftauchten, waren in der Regel jämmerliche Gestalten.

Ich gab keinem der jüngeren Kinder Geld, um ein Geschenk zu kaufen. Wenn ich das getan hätte, hätten sich auf der Stelle 60 Paar leere Hände ausgestreckt. Da ich so viele nicht füllen konnte, füllte ich nicht einmal eine.

Die Therapeuten bemühten sich sehr, dafür zu sorgen, dass keiner von uns an Heiligabend und am ersten Weihnachtsfeiertag im Heim bleiben musste. Wenn sie alle Möglichkeiten in der Verwandtschaft eines Kindes vergeblich überprüft hatten, versuchten sie, Familien in der Gegend zu finden, die Kinder aufnehmen würden. Ich dachte, dass solche Kinder besser dran gewesen wären, wenn sie miteinander im Heim geblieben wären, statt sich so zu fühlen, als würden sie die Familienfeier von anderen stören.

Was mich betraf, so verbrachte ich die Weihnachtsfeiertage bei Gigi. Das half mir über eine Zeit hinweg, die für uns Heimkinder schwer war.

Ein weiterer Erwachsener begann nun, ebenfalls Einfluss auf mein Leben zu nehmen: Dave war direkt vom College zu uns gekommen und trug immer ein weißes Hemd und eine konservative Krawatte. Er sprudelte über vor gelehrten Theorien, wie man uns armen jugendlichen Kriminellen helfen konnte.

Ich hatte Typen wie Dave kommen und gehen sehen. Manche bereiteten sich auf ihre Magisterabschlüsse in Sozialwissenschaften vor und wir waren ihr Praxisprojekt. Viele saßen nur ihre Zeit ab. Andere umgingen den Einberufungsbefehl zum Kampf in Vietnam.

Diese Männer, die zumeist in wohlhabenden Familien mit fürsorglichen Eltern aufgewachsen waren, hatten nie ein solches Maß an unbefriedigten finanziellen, körperlichen und emotionalen Bedürfnissen erlebt wie wir. Sie trafen völlig unvorbereitet auf unsere Feindseligkeit. Trotz ihrer aufrichtigen Versuche, uns zu helfen, fielen wir über die meisten von ihnen her und machten sie nieder – und jubelten dann über den Machtrausch, den wir verspürten, wenn sie gingen.

*Noch ein Weißhemd*, kicherte ich, als Dave kam. *Wir werden ihm schon etwas für sein Geld bieten. Er hat keine Chance.*

Dave war kleiner als die meisten von uns in der Große-Jungen-Gruppe. Er war etwa 1,78 m groß, wog ungefähr 65 kg und trug eine Brille, die immer von seiner Nase zu rutschen schien.

Wir hielten ihn außerdem für absolut ahnungslos. Ein paar von uns schlossen Wetten ab, in welcher Rekordzeit wir ihn vertreiben könnten. Die meisten von uns setzten ihr Geld auf weniger als einen Monat.

Motiviert von der hohen Gewinnsumme überhäuften wir den armen Mann mit üblen Beschimpfungen. Am Ende seiner ersten Woche befand er sich in einem Schockzustand. Das Universitätsprogramm für Sozialarbeit hatte ihm nicht beigebracht, wie er mit solcher Wut und Respektlosigkeit fertig werden konnte, wie sie ihm hier entgegenkam.

Ich bin mir sicher, dass er am liebsten gebrüllt hätte: »Hey, Jungs, ich bin hier, um euch zu helfen! Macht mal halblang!« Aber auf unserem Kampfplatz machte keiner halblang; wir waren nicht nur undankbar, sondern geradezu boshaft.

Irgendwie hielt Dave durch. Innerhalb weniger Wochen bemerkten wir eine Veränderung. Offenkundig hatte er beschlossen, unsere Beleidigungen zu überstehen. Vielleicht faszinierten wir ihn irgendwie – so wie Menschen es erleben, wenn sie einen Autounfall sehen: Sie sind entsetzt, aber unfähig wegzuschauen. Wahrscheinlich riss er sich aber einfach nur zusammen und setzte sich entschlossen ein Ziel. Er wollte unbedingt versuchen, uns zu verstehen. Wir hatten unsere eigene Kultur und er war der Außenseiter, der einen Weg finden wollte, um dazuzugehören.

Diejenigen von uns, die gewettet hatten, dass wir Dave innerhalb eines Monats oder schneller vertreiben könnten, verloren ihr Geld. Er blieb und zeigte beständig und ehrlich, dass wir ihm wichtig waren. Er verdiente sich unseren zähneknirschenden Respekt – und zeigte mir, dass nicht alle Erwachsenen unecht waren.

Trotz Daves Einfluss geriet ich immer mehr in Schwierigkeiten. Die Basketballsaison war vorbei und ich hatte zu viel Freizeit. Es gab nichts, das die dunklen Schatten beiseite schieben konnte.

Die Aktivitäten in der Kirche brachten nichts. Der Kirchenbesuch war sonntagmorgens und zur Jugendgruppe sonntagabends zwingend, aber er hatte kaum Auswirkungen auf mich. Die meiste Zeit war ich damit beschäftigt, ein Mädchen zu einem schnellen Kuss in eine dunkle Ecke zu bekommen oder den Neunmalschlauen zu spielen, um den Erwachsenen das Leben schwer zu machen.

Schon bald befand ich mich weiter auf dem Abstieg in Asozialität und Leichtfertigkeit. Ich begann, mit Alkohol und Marihuana zu experimentieren. Ich selbst kaufte nie »Gras«, aber ein anderer Junge tat es. Wir rauchten zusammen, so oft wir konnten. Wahrscheinlich hätte ich noch mehr Drogen ausprobiert, wenn ich nicht solche Angst gehabt hätte, erwischt zu werden. Die 24 Stunden, die ich im *Audy-Heim* in Chicago verbracht hatte, als ich acht Jahre alt war, waren ein Albtraum, den ich nicht wiederholen wollte – niemals.

Drogen auszuprobieren war zum Teil Rebellion, aber auch ein Versuch, kurzzeitig den inneren Schmerz zu betäuben. Und der Schmerz wurde schlimmer. Wie viele Jungen, die ich kannte, fing ich an zu denken: *Ich habe Schmerzen. Ich sehe keine Erleichterung für diesen Schmerz. Wenn ich so leiden muss, dann werden andere Leute auch leiden müssen.*

Ich wollte diese Grenze nicht überschreiten. Doch langsam verlor ich den Kampf.

Am Ende meines vorletzten Jahres in der Highschool floss der Fluss meines Lebens ziellos durch tiefe Schluchten der Verzweiflung. Nichts schien es mehr wert zu sein, Interesse dafür aufzubringen.

Diese Schluchten versperrten mir den Blick dafür, dass die Hoffnung mich noch nicht aufgegeben hatte – und dass etwas auf mich zukommen sollte, was ich mir niemals hätte vorstellen können.

# 17 Rettungsschwimmer

Als der Sommer vor meinem letzten Highschool-Jahr verstrich, gab es endlich einmal gute Nachrichten für mich. Irgendwie hatte ich es geschafft, als Rettungsschwimmer und Schwimmlehrer in *Covenant Harbor*, einem kirchlichen Sommerlager am Lake Geneva in Wisconsin, engagiert zu werden.

Ich war schon öfter in dem Lager gewesen; alle Heimkinder verbrachten jeden Sommer eine Woche dort, lernten Schwimmen und nahmen an Bibelarbeiten teil. Letzteres hatte keinen großen Eindruck auf mich gemacht, aber das Schwimmen hatte dazu beigetragen, mich auf diesen Sommerjob vorzubereiten – ebenso wie die Tatsache, dass ich meine Freizeit im Schwimmbad von Princeton verbracht hatte und mit Swaney und den Jungs Kanufahren gewesen war.

Jetzt war ich an der Reihe, Rettungsschwimmer und Schwimmlehrer für andere Kinder zu sein.

*Das wird super!*, dachte ich. *Einen ganzen Sommer lang kann ich weg vom Heim sein und den Mädels hinterherlaufen!*

Diese Aussicht war für mich das Höchste der Gefühle. Bob der Jäger hatte einmal erwähnt, dass die Weibchen vieler Tierarten einen Geruch abgaben, wenn sie für männliche Aufmerksamkeit bereit waren. Ich wusste nicht, ob Menschenmädchen einen Geruch abgaben, aber ich wusste, dass einige – wenn sie von ihren Eltern getrennt waren – zu verstehen gaben, dass sie an ein bisschen Romantik interessiert waren. Nach solchen Mädchen war ich immer auf der Jagd.

Die Mitarbeiter im Sommerlager waren nicht an solche rauen Kerle gewöhnt, wie ich einer war. Zwar schickten sie mich nicht zurück ins Heim, aber sie duldeten auch nicht, dass ich mich schlecht benahm.

»Solche Wörter benutzen wir nicht«, sagten mir die Mitarbeiterinnen. »Wir lachen gern, Robby, aber nicht über schmutzige Witze.«

Ihre Botschaft war klar: Sobald du aus der Reihe tanzt, kriegst du Ärger. Das störte mich gewaltig; schließlich würde es meine Pläne für den Sommer beeinträchtigen.

Trotzdem machte es mir Spaß, mit den Kindern zu arbeiten. Jeden Sonntag kamen ungefähr 100 neue an und wurden auf Hütten verteilt, in denen jeweils acht Kinder und ein Betreuer untergebracht waren. Einige Wochen waren für Kinder im Grundschulalter reserviert, einige für Kinder aus der Junior Highschool und einige für Highschool-Schüler.

Tagsüber wurden künstlerische Aktivitäten, handwerkliche Arbeiten und Sport angeboten. Ich war damit beschäftigt, vom frühen Morgen bis zum Nachmittag Schwimmunterricht zu geben, Rettungsschwimmer zu sein und den Kindern Kanufahren und Segeln beizubringen.

Die Abende liefen nicht ohne Spaß ab, aber Bibelarbeiten, Vorträge und Singen in der Gruppe schienen die meiste Zeit auszufüllen. Ich fing an, mich unwohl zu fühlen. Die meisten Mitarbeiter im Sommerlager waren ruhig, glücklich, voller Hoffnung – all dies war meiner Welt fremd.

Die Betreuer im Collegealter sprachen begeistert über »geistliches Wachstum« und freuten sich auf ihre Zukunft. Sie stellten all das dar, was ich nicht war. Ihre positive Lebenseinstellung zog mich an, aber meine Abwehrhaltung und Arroganz verhinderten eine Annäherung.

*Natürlich sind sie begeistert vom Leben*, murrte ich. *Warum auch nicht? Keiner von ihnen wohnt in einem Waisenhaus und hat verrückte Eltern.*

Jedes Interesse an geistlichen Dingen, das ich möglicherweise aufgebracht hätte, verschwand in dem Augenblick, als eine blonde Pastorentochter auftauchte, um für eine Woche freiwillig mitzuarbeiten. Mir fielen beinahe die Augen aus dem Kopf, mein Blut rauschte und meine Hormone schalteten mehr als nur einen Gang hoch.

Einige Mitarbeiterinnen spürten, dass ich auf der Jagd war. »Er ist ein Wolf«, warnten sie das Mädchen. »Vertrau ihm nicht.«

Eines Abends lauerten mir einige von ihnen auf. »Hör zu, Freundchen«, drohte ihre Anführerin und wedelte mit ihrem Finger vor meiner Nase herum. »Wag es nicht, aus der Reihe zu tanzen, sonst sorgen wir persönlich dafür, dass du dafür büßen musst.«

Als ob mich das kümmerte! Mein Zielobjekt würde nur eine Woche lang hier sein. Ich hatte sie im Visier und die Jagd war eröffnet.

Trotz der Warnungen ließ die junge Frau mich nicht abblitzen. Sie sandte keine Signale aus, die mir sagten: »Ich bin auf ein Abenteuer aus«, aber ich war überzeugt, dass sie eine leichte Beute sein würde.

Als wir aber ein wenig Zeit miteinander verbracht hatten, erkannte ich, dass das nicht der Fall war. Obwohl sie gewarnt worden war, schien sie sich in meiner Gegenwart kein bisschen unwohl zu fühlen. Sie hatte Eigenschaften, die ich noch nie zuvor bei jemandem gesehen hatte. Ihr unglaublicher innerer Frieden erstaunte mich. Und es war offensichtlich, dass sie wusste, wer sie war, und sich nicht bedroht fühlte.

*Das ist komisch*, dachte ich. Jedes halbwegs vernünftige Mädchen wusste, dass meine Absichten alles andere als redlich waren. Warum wies sie meine Annäherungen nicht zurück?

Wir küssten uns ein paar Mal, aber ich merkte, dass ich nichts weiter versuchen wollte. Vorher war mir der Ruf eines Mädchens – und auch meiner – immer egal gewesen. Ihre Unschuld stellte jedoch meine Pläne auf den Kopf.

Am Tag vor ihrer Abreise paddelten wir mit einem Kanu auf den See hinaus und unterhielten uns. Sie sagte: »Erzähl mir von deiner Beziehung zu Jesus.«

Ich murmelte ein oder zwei vage Sätze und brach dann ab. Ich würde sie nicht anlügen. »Ich habe keine«, gab ich zu. »Ich glaube nicht an Jesus. Das Leben und Gott haben mich im Stich gelassen und mir bleibt nichts übrig, als selbst das Beste aus meinem Leben zu machen, so gut ich kann.«

Ich erwartete, dass sie schockiert und enttäuscht wäre, aber das war sie nicht. Ich dachte, sie würde mir die kalte Schulter zeigen und mich auffordern, sie wieder ans Ufer zu bringen, aber das tat sie nicht. Stattdessen hörte sie mir ruhig zu, während ich ihr vorsichtig ein wenig von meiner Kindheit erzählte.

Als ich fertig war, sagte sie leise: »Vielleicht wirst du den Frieden finden, den du jetzt nicht hast, wenn du Gott in dein Leben lässt.«

Ich protestierte. »Du hast leicht reden. Du hast Eltern, die sich um dich kümmern. Verglichen mit dem, was ich durchgemacht habe, war dein Leben ein Spaziergang.«

»Gott sind alle Menschen wichtig, egal, wie die Umstände sind«, erwiderte sie. »Ich weiß, dass du es schwer hattest, aber wir haben das Versprechen, dass es einen besseren Weg gibt, wenn wir ihm vertrauen.«

»Klar«, murmelte ich und wendete das Kanu Richtung Ufer.

Mich am nächsten Tag von ihr zu verabschieden, fiel mir unendlich schwer. Ich wollte mehr von dieser Frau und dem Frieden, den sie zu bieten schien.

Wochenlang verfolgten mich ihre Worte. *Konnte das wahr sein? Konnte Gott jemand wie ich wirklich wichtig sein?* Die Beweise, die ich gesammelt hatte, schienen nicht zu seinen Gunsten auszufallen.

*Übersehe ich etwas?*, fragte ich mich. Sie hatte ganz offenkundig einen Frieden, den ich nicht hatte. Die meisten Mitarbeiter ebenso. *Aber sie kommen aus einer anderen Welt. Ich bin nicht gut genug, um in dieser Welt zu sein.*

Ich erinnerte mich an einen Satz, den sie mir gesagt hatte: »Gott vergab Mose, David und Paulus, obwohl jeder von ihnen jemanden umgebracht hatte. Er vergibt jedem, der ehrlich um Vergebung bittet, egal, was derjenige getan hat.«

*Wenn Gott diesen Kerlen vergeben konnte, vergibt er mir vielleicht auch alle schlimmen Dinge, die ich getan habe*, überlegte ich. *Wenigstens habe ich niemanden umgebracht.*

Ich schlug mich den restlichen Sommer mit diesen Fragen herum, aber ich sprach nicht mit den Lagermitarbeitern darüber. Es war eine persönliche Reise. Ich wollte nicht von einem enthusiastischen »Rettungsversuch« überrollt werden.

Als ich im Herbst 1971 ins Kinderheim zurückkam, stellte ich überrascht fest, dass mein Schlafraum in zwei kleinere, private Zimmer geteilt worden war. Als Highschool-Schüler im letzten Jahr hatte ich endlich ein eigenes Zimmer mit einem Schreibtisch – und alle Schubladen gehörten mir. An die Stille und Privatsphäre musste ich mich erst einmal gewöhnen. Aber ich würde sie noch brauchen.

# 18 Bist du echt?

Jahrelang waren wir Heimkinder zur Sonntagsschule und zur Kirche in Princeton geschleppt worden. Nola hatte uns Geschichten aus der Bibel vorgelesen. Vor jedem Essen wurde gebetet. Aber nichts davon war mir wichtig erschienen.

Es hatte sich alles wie eine langweilige Geschichtsstunde oder ein Haufen Geschichten ohne Verbindung zu meinem Leben angehört. Ich war mehr daran interessiert, was für Aktivitäten für Teenager es gab und ob ich die Mädchen während des Gottesdienstes zum Kichern bringen konnte.

Aber jetzt, nachdem ich eine junge Frau kennengelernt hatte, deren Reden und Handeln tatsächlich den Wunsch in mir geweckt hatte, ihr ähnlich zu sein, dachte ich mir, es wäre vielleicht an der Zeit, ernsthaft einige »Jesus-Kapitel« zu lesen, von denen sie gesprochen hatte. In meinem neuen eigenen Zimmer konnte ich die Bibel zur Hand nehmen, die ich in den untersten Schubkasten gesteckt hatte – und sie lesen, ohne mich verteidigen oder die sarkastischen Kommentare meiner Zimmergenossen ausblenden zu müssen.

Als ich zu lesen begann, sprangen mir verschiedene Dinge ins Auge.

*Dieser Kerl wurde hungrig, durstig und müde. Er hat sich sogar die Füße schmutzig gemacht.* Darüber hatte ich noch nie nachgedacht.

*Er wurde von denen im Stich gelassen, denen er vertraute.* Damit konnte ich mich identifizieren.

Dann las ich einen Vers, der mich vom Hocker haute. *Dieser Mann sagte, dass er Gott ist.* Der hatte vielleicht Nerven. Er behauptete nicht nur, Gott zu verstehen oder eines von Gottes Kindern zu sein. Er behauptete, Gott zu sein.

Offenbar war diese Behauptung so anstößig für die religiösen Leiter seiner Zeit, dass sie einen Plan schmiedeten, wie sie ihn umbringen lassen konnten. Ich hatte es schwer gehabt, aber wenigstens hatte niemand ein Kopfgeld auf mich ausgesetzt.

Als »Weißhemd« Dave, der bei uns durchgehalten hatte, mein neues Interesse erkannte, lieh er mir ein Buch mit dem Titel *Pardon, ich bin Christ* von C. S. Lewis. »Der Autor war ein intellektueller Gigant und Atheist, bevor er Christ wurde«, sagte Dave. »Vielleicht kannst du ja seiner Argumentation bei der Untersuchung dieses Themas folgen.«

Ich las, dass Lewis nach viel Forschen und Nachdenken erkannt hatte, dass ein intelligenter Suchender zu einer von drei Schlussfolgerungen kommen musste: Entweder war Jesus ein Verrückter, oder er log mit seiner Behauptung, er sei Gott – oder er war tatsächlich der, für den er sich hielt.

Anscheinend war ich, wie Lewis, gezwungen, eine Entweder-oder-Entscheidung zu treffen. Es gab keine Grauzone; entweder war ich für diesen Jesus oder gegen ihn.

*Der Mann hat gesagt, er sei Gott. Wenn das wahr ist, passe ich lieber auf. Wenn er es nicht ist, dann muss alles andere, was er gesagt hat, das Gelaber eines Spinners wie Mutter sein.*

Ich wusste bereits, dass es keinen Grund gab, etwas von einem Verrückten lernen zu wollen.

Ich nahm mir wieder die Bibel vor und las weiter. Es überraschte mich, dass Jesus wütend wurde. Sauer zu werden war ein Gefühl, das ich gut kannte. Aber sein Zorn war nicht wie meiner.

Wir beide wurden wütend über Heuchelei; das gefiel mir. Er war frustriert über Leute, ich auch. Aber seine Frustration wurde nicht von Dingen verursacht, die ihm angetan wurden. Sie wurde von Menschen verursacht, die nicht einmal darüber nachdenken wollten, was Gottes Plan für sie sein könnte.

Ich wusste nicht genau, ob es einen himmlischen Plan für mich gab. Aber ich musste zugeben, dass es, wenn es einen Schöpfer des Universums gab, klug sein könnte herauszufinden, ob er einen Plan hatte – und wenn ja, dem zu folgen.

Ich sah, dass Jesus oft über das ewige Leben sprach. Ich machte mir eher Gedanken darüber, wie ich es schaffen könnte, älter als 20 zu werden. Trotzdem kam ich nicht umhin, mich zu fragen: *Wenn noch mehr kommt, einschließlich der Ewigkeit, könnte es wirklich Hoffnung für mich geben, wenn ich mich ändere?*

Jesus sagte, dass der Geist Gottes in mein Herz kommen und mich verändern würde. *Wie kann etwas wie der Geist Gottes in meinen Körper, in mein Herz passen? Wie kann ich an etwas glauben, das ich nicht sehen oder anfassen kann?*

Diese Überlegung beschäftigte mich einige Tage lang. Dann dämmerte es mir: Ich hatte einen physischen Körper, der bereits drei Teile enthielt, die ich nicht sehen konnte – Verstand, Gefühl und Wille. Mein Verstand sagte mir oft, dass ich nicht schlau genug war, um ans College zu gehen; meine Gefühle sagten, dass ein Kind aus einem Waisenhaus es nicht verdiente, ans College zu gehen; dennoch kämpfte mein Wille dagegen an und beharrte darauf, dass ich ans College gehen, Erfolg haben und über meine Kindheit hinauswachsen würde.

*Wenn also Verstand, Gefühl und Wille, die unsichtbar sind, die ich nicht anfassen kann, die aber sehr, sehr real sind, in einem Jungen wie mir leben können, ist es dann möglich, dass vielleicht – wirklich nur vielleicht – der Geist Gottes ebenfalls in mir leben kann?*

Das alles war schwer zu verstehen. Die Gedanken, die in meinem Kopf umherschwirrten, fingen an, miteinander zu kollidieren. Ich brauchte einen Gesprächspartner, der mir half, das alles zu sortieren.

Dave half mir, durch das Durcheinander zu steuern. Er ließ mich reden, hielt mir keine Predigt und belehrte mich nicht. Er hörte zu und warf hin und wieder eine Frage auf, über die ich nachdenken sollte. Gelegentlich kam es mir so vor, als täte mein Gehirn weh, weil es so schwer arbeiten musste.

Ich las weiter und stieß auf die Aussage von Jesus, dass Diebe kommen, um zu stehlen, zu töten und zu zerstören – während er gekommen war, damit wir Leben »im Überfluss« haben können. Stehlen, töten, zerstören – all das war mir vertraut. Für mich war das Gefühl einer normalen Kindheit gestohlen und zerstört worden; jede Hoffnung auf eine normale Zukunft war vor langer Zeit getötet worden. Doch bot Jesus mir – und anderen verbitterten, wütenden Menschen – tatsächlich Hoffnung auf ein besseres Leben in der Gegenwart an? Das klang ungeheuerlich.

Genau genommen waren meine Aussichten nicht besonders viel versprechend. In weniger als einem Jahr würde das Kinderheimpersonal mir eine einfache Fahrkarte zu einem Ort meiner Wahl überreichen, zusammen mit den besten Wünschen. Das war's dann.

Der Gedanke, dass ich ohne unmittelbare Familie oder finanzielles Sicherheitsnetz auf mich gestellt sein sollte, war ziemlich beängstigend. Das College war eine Möglichkeit, aber ich betrachtete es nicht als goldenen Schlüssel zu einem guten Leben. Meine Eltern waren beide auf dem College gewesen und ihr Leben war im Eimer.

Ich wusste nur, dass ich einen Weg finden musste, dem Kreislauf von Versagen zu entfliehen, der andere Jungen aus dem Heim gefangen hielt. Ich wollte wirklich glauben, dass ich über meine bizarre Kindheit hinauswachsen konnte. *Kann dieser Jesus die Lage tatsächlich verändern?*

Wenn ich auf biblische Berichte stieß, wie Jesus die Kranken, Blinden und Tauben heilte, ging ich normalerweise darüber hinweg. *Das trifft ganz sicher nicht auf mich zu*, dachte ich. *Ich bin Sportler in gleich drei Disziplinen!*

Aber eines Tages erwischte Dave mich eiskalt. »Hat das Leben dich nicht vielleicht emotional krank gemacht, Robby?«, fragte er. »Bist du vielleicht wie die hartherzigen Menschen, von denen du gelesen hast? Ist es möglich, dass dein Stolz dich für die Verheißungen Gottes blind gemacht hat? Macht deine Angst vor dem Vertrauen dich taub für diejenigen im Sommerlager, die sagten, Jesus habe ihr Leben verändert?«

Ich bat um Zeit, um über seine unbequemen Fragen nachdenken zu können. *Die Mitarbeiter im Sommerlager waren wirklich anders*, gestand ich mir ein. *Vielleicht hätte ich zuhören sollen, was sie zu sagen hatten, statt sie aufgrund ihrer problemlosen Kindheit nicht ernst zu nehmen.*

Bei unserem nächsten Treffen sagte ich Dave, dass ich noch keine Antwort hatte. »Worüber sollte ich sonst noch nachdenken?«, fragte ich.

»Sag mir, Robby, wie erklärst du dir die Sache mit den Männern, die am engsten mit Jesus zusammenlebten und ihn dann am Kreuz sterben sahen? Sie begruben seine Leiche und behaupteten anschließend, gesehen zu haben, wie er aus diesem Grab auferstanden war, genau, wie er versprochen hatte. Beinahe alle diese Männer wurden später gefoltert und umgebracht, weil sie jedem, der es hören wollte, gesagt hatten, dass Jesus von den Toten auferstanden war.«

Ich zuckte die Schultern. »Ich weiß nicht, ob sie gelogen haben, Dave. Aber ich könnte ganz sicher keine elf Kerle wie mich finden, die Folter und einen entsetzlichen Tod mitmachen würden, nur um der Welt irgendeinen Streich zu spielen.«

Dave nickte. »Hast du von den über 500 Männern gelesen, die behaupteten, sie hätten ihn nach seiner Auferstehung aus dem Grab gesehen? Sie waren keine engen Freunde oder Jünger. Sie waren einfach gewöhnliche Leute. Aber was sie sahen, hörten und in ihrem Inneren fühlten, muss sie wirklich verändert haben.«

Bei unserem nächsten Treffen sagte ich zu Dave: »Ich weiß, dass ein Kind, wenn es seinen Eltern ungehorsam ist, sich entschuldigen und um Vergebung bitten soll. Und ich weiß, dass ich Dinge gesagt und getan habe, von denen die Bibel sagt, dass sie falsch sind. Aber ich kann nicht verstehen, warum ich mich bei einem Gott entschuldigen soll, der nie für meine Eltern oder mich da war.«

Dave dachte eine Weile nach, bevor er antwortete. »Ist es möglich, dass deine Eltern hartherzig waren und zu stolz, um Gott um Hilfe zu bitten? Und dass vielleicht dein Stolz und Zorn auch dein Herz hart gemacht haben? Du bist so oft verletzt worden, dass du Angst hast zu vertrauen.«

Dann stellte er eine Frage, die wehtat: »Könnte es sein, dass du dich vor der Vorstellung von Gott als geistlichem Vater verschließt, weil dein Bild von deinem biologischen Vater so schlecht ist?«

Ich spürte, dass etwas an den verriegelten Türen meines Herzens rüttelte. Doch diese ganze Sache war mir nicht geheuer. Ich kämpfte darum, die Türen verschlossen zu halten, und sagte, dass ich mehr Zeit zum Nachdenken brauchte.

Was Dave gesagt hatte, ging mir tagelang im Kopf herum. Schließlich erkannte ich, dass alles auf ein einziges Thema hinauslief. *Welche Entscheidung werde ich in Bezug auf diesen Jesus treffen? Werde ich ihn als Verrückten ablehnen, wie meine Mutter, oder werde ich riskieren, mich ein letztes Mal nach der Hoffnung auszustrecken und ihm glauben, was er von sich sagt, und ihn so annehmen?*

An einem Septembernachmittag 1971 im Alter von 17 Jahren traf ich eine Entscheidung. In meinem kleinen Schlafzimmer, das zu klein war, um mein Bett darin quer zu stellen, kniete ich nieder. *Jesus*, betete ich, *wenn du echt bist, komm in meinen Albtraum hinein. Vergib mir meine Sünden und verändere mich. Wenn du mich wirklich veränderst, gehöre ich dir für immer. Wenn nicht, bist du ein Betrüger und machst nur Witze.*

Es war nicht gerade ein Gebet, wie der Evangelist Billy Graham es vorgeschlagen hätte. Ich hörte keine Engelschöre singen. Ich fiel nicht in geistlicher Ekstase hin und rollte auch nicht auf dem Fußboden herum.

Aber irgendwie wusste ich, dass in jenem Augenblick der Gott des Universums trotz meines schwachen Glaubens mein Herz in der Tiefe berührt hatte – und es hatte sich etwas verändert. Zum ersten Mal seit Jahren konnte ich kaum erwarten, was als Nächstes passieren würde.

# 19 Ein Neuanfang

Wenn das ein Neuanfang war, wusste ich nicht genau, ob er mir gefiel.

Zunächst einmal waren die Prügeleien noch ein Problem. Die Hackordnung bei den großen Jungen erkannte dem härtesten Kerl die Position des Anführers zu; als Highschool-Schüler im letzten Jahr, der stärker als seine Altersgenossen war, hätte mich niemand, der auch nur halbwegs bei Verstand war, herausfordern sollen. Aber einige meiner »Kollegen« waren nicht bei Verstand.

Gelegentlich stellte mich besonders einer von ihnen auf die Probe. Statt ihn zu verdreschen, kitzelte ich ihn, bis er aufgab. Wenigstens hatte er durch das Kitzeln nicht noch ein oder zwei Wochen hinterher blaue Flecken.

Leider wurde ich mit einem anderen Jungen nicht so leicht fertig. Er war stark, wütend und wollte der Leitwolf sein. Er reizte mich regelmäßig.

Eines Tages gerieten wir in einen hitzigen Streit und brüllten uns gegenseitig an. Ich wusste, dass er darauf aus war, dass ich zuerst zuschlug, sodass man ihm nicht die Schuld an den Folgen geben würde.

Ich brannte darauf, ihm eine Lektion zu erteilen. Das »alte Ich« konnte es kaum erwarten, sein Fleisch an meiner Faust zu spüren. Ich wusste, dass einer von uns beiden etwas abkriegen würde.

Plötzlich erinnerte ich mich jedoch an die Worte von Jesus: »Halte auch die andere Wange hin.« Unwillkürlich drehte ich mich um und ging davon. Ich stürmte in mein Zimmer, knallte die Tür zu und war unzufrieden, weil ich meinen Feind nicht blutig geschlagen hatte. Ich packte meine Bibel und schleuderte sie quer durch den Raum.

*Ich habe gerade eine Gelegenheit vertan, diesen Idioten zu vermöbeln und ihm zu beweisen, wer hier der Chef ist! Bin ich blöd, weil ich ihm nicht die Fresse poliert habe? Ich brauche sofort eine Antwort! Rede mit mir!*

Die Bibel landete auf meinem Bett, offen und verkehrt herum. *Verkehrt herum? Ich frage mich, ob ich so auf meine Antwort stoße.* Ich hoffte, eine wütende Passage zu finden, in der etwas stand wie: »Geh hin und erschlage tausend Leute und lass ihr Blut auf die Felder fließen.«

Ich drehte das Buch um. Dann las ich den Vers: »Eine freundliche Antwort besänftigt den Zorn.« *Das ist nicht das, was ich hören wollte.*

Ich war schon früher geschlagen, erniedrigt und blamiert worden, aber selten gedemütigt. Dieses 3000 Jahre alte Sprichwort über die Wirkung von Freundlichkeit und Selbstbeherrschung zu lesen, war eine demütigende Erfahrung.

Meine Wut begann zu verrauchen. *Vielleicht ist diese ganze Sache ja überhaupt keine verstaubte Geschichte. Vielleicht hat sie praktische Auswirkungen auf die Gegenwart, selbst für einen Kerl wie mich.*

Die Bibel hinzuwerfen und Gott anzuschreien war vermutlich keine gute Idee, überlegte ich, aber es schien mir, als wäre dieses Sprichwort nicht zufällig aufgetaucht. Offenbar war ich Gott nicht egal und er schickte mir eine Nachricht.

An jenem Tag wurde unsere Beziehung stärker. Ich begann zu glauben, dass der Schöpfer des Universums mich tatsächlich kannte und bereit war, mir einen besseren Weg zu zeigen – wenn ich mich darauf einließ.

Auch in anderer Hinsicht schien mein Leben einen Neuanfang zu nehmen. Am Anfang jenes Frühjahrs 1972 nahm mich das Guilford College als Student für das Herbstsemester an.

Gigi und ich hatten bereits über diese Möglichkeit gesprochen. Jetzt überraschte ich sie, als ich sagte: »Es wird einfacher und auf jeden Fall billiger, wenn ich mit ein paar Freunden vom Sommerlager in Chicago studiere.«

Sie hörte zu, als ich alle negativen Aspekte eines Umzugs nach North Carolina aufzählte. »Das Stipendium für Guilford umfasst nur die Studiengebühren, also werde ich für ein Zimmer, Verpflegung, Studienmaterialien, Reisekosten und diverse andere Ausgaben selbst aufkommen müssen. Der monatliche Scheck von der Sozialversicherung, den ich wegen der Behinderung meines Vaters bekomme, zusammen mit meiner kleinen Aktienreserve, wird ein bisschen helfen. Aber ich werde immer noch mindestens 20 Stunden pro Woche arbeiten und sehr sparen müssen, um die Kosten zu decken. – Und es ist zu weit weg von dir, Gigi.«

Dann war es an mir, überrascht zu sein. »Ich möchte, dass du wenigstens ein Jahr lang nach Guilford gehst, Robby«, sagte sie bestimmt. »Geh für mich. Wenn es dir nach diesem Jahr absolut nicht gefällt, werden wir einen Weg finden, wie du hier in Illinois ans College gehen kannst.«

Ich war verblüfft. Gigi hatte mich nie gebeten, etwas Großes wie das hier zu tun, nur für sie. Wie konnte ich da nein sagen?

Sie hatte Recht. Die Entfernung würde unsere Beziehung nicht beeinträchtigen. Mit 78 Jahren war sie bereits zu gebrechlich für den Weg nach Princeton, also telefonierten wir regelmäßig miteinander. Ich besuchte sie alle paar Monate in Chicago und berichtete dabei manchmal von einem Mittagessen mit Mutter, zu dem mich Gigi ein oder zwei Mal im Jahr drängte. Ich sagte ihr immer, dass es Mutter gut ginge, auch wenn das nicht der Fall war. Die einzige Veränderung, die der Umzug nach Guilford bringen würde, wären mehr Ferngespräche am Telefon und mehr Reisen.

Auch wenn es mir ganz und gar nicht gefiel, so weit wegzugehen, und obwohl ich mir wünschte, ich könnte bei meinen neuen Freunden aus der Kirche und dem Sommerlager bleiben, stimmte ich ihr schließlich zu, dass es töricht wäre, das Stipendium nicht anzunehmen.

Von da an prahlte ich, wenn die Leute mich fragten, was ich nach dem Schulabschluss machen würde: »Ich gehe ans College nach North Carolina.« Die meisten Heimkinder, die ihren Highschool-Abschluss machten – wenigstens diejenigen, die ich kannte – konnten nur die Schultern zucken und »Ich weiß nicht« murmeln, wenn man ihnen diese Frage stellte.

Sagen zu können, dass ich ans College gehen würde, gab mir echten Auftrieb. Doch plötzlich war es mit den bloßen Worten vorbei und ich war damit konfrontiert, erwachsen zu werden. In wenigen Monaten würde ich wirklich auf mich allein gestellt sein, ohne irgendjemanden, an den ich mich anlehnen konnte. Trotz meiner Härte nach außen hin machte dieser Gedanke mir Angst.

Auf der Suche nach Ermutigung wandte ich mich wieder dem Buch *Ich war ein Sklave* von Booker T. Washington zu. Eine Aussage, die ich dort las, war: »Der schwarze Jugendliche beginnt sein Leben unter widrigen Voraussetzungen.«

Ich hatte das Gefühl, dass ich mich damit identifizieren konnte, wenigstens ein wenig. Ich war isoliert gewesen, nicht wegen meiner Hautfarbe, sondern wegen meines gesellschaftlichen und wirtschaftlichen Stands. Ich trat in eine Erwachsenenwelt ein, in der viele Leute auf Jungen wie mich heruntersahen. Was würde passieren, wenn die anderen Collegestudenten herausfanden, dass ich ein Heimkind war?

Vielleicht würde mir mein Aktienportfolio einen Vorteil verschaffen. Ich hoffte es jedenfalls; es war offensichtlich, dass mir einige soziale Fähigkeiten fehlten, die die meisten Kinder im Familienleben erlernten. Es half mir, mich daran zu erinnern, dass Booker T. Washington in einer Hütte ohne Innentoilette oder Badezimmer aufgewachsen war und auf dem Lehmboden geschlafen hatte. Er hatte auch nicht viel über soziale Finesse gewusst, als er in das *Hampton Normal and Agricultural Institute*, heute die Hampton-Universität, eingetreten war.

Wie Booker T. Washington kämpfte ich darum, meine Kindheit zu überwinden. Er hatte es geschafft – und ich wollte seinem Vorbild folgen.

Ich entdeckte, dass eine von Booker T. Washingtons geistlichen Disziplinen darin bestand, jeden Tag zwei Kapitel der Bibel und zusätzlich ein Kapitel aus den Sprüchen zu lesen. Er hatte die Sprüche für seine Rolle als Mann, Geschäftsmann, Ehemann und Vater besonders nützlich gefunden. Da er klüger war als ich, dachte ich mir, es wäre gut, seinem Vorbild zu folgen.

Als ich nach Wegweisung für die Zukunft suchte, kam ein weiterer Ratschlag von unerwarteter Stelle.

Es geschah an einem schönen Frühlingsnachmittag kurz vor dem Highschool-Abschluss. Ich arbeitete mit Tony Martin, dem Gärtner und Handwerker des Kinderheims, schweigend im Garten. Er redete nie viel. Zu den wenigen Dingen, die ich über ihn wusste, gehörte, dass er die Schule nach der dritten Klasse abgebrochen hatte, um seiner Familie während der Weltwirtschaftskrise zu helfen.

An jenem Nachmittag unterbrach Tony plötzlich das Harken. Schweiß tropfte von seiner ledrigen Stirn. Er drehte sich um und schaute mir geradewegs in die Augen. »Robby, ich möchte dir etwas sagen.«

Ich starrte ihn an. In meinen 14 Jahren im Heim hatte Tony seine Arbeit nie unterbrochen, um einfach mit mir zu reden.

»Ich bin schon lange hier, Robby, und ich habe Hunderte von Kindern kommen und gehen sehen. Du bist das erste Kind, das ich je gesehen habe, das das Potenzial hat, Arzt, Rechtsanwalt oder irgendwas anderes Großes zu werden. Ich möchte dich nur um eins bitten – wenn du es geschafft hast, vergiss Leute wie mich nicht.«

Meine Augen wurden noch größer – nicht nur, weil der schroffe alte Tony mit mir geredet hatte, sondern weil noch nie jemand auf diese Art und Weise mit mir gesprochen hatte.

Ich sagte – und meinte jedes Wort: »Tony, ich werde mich an diesen Augenblick erinnern. Und ich werde mich ehrlich bemühen, Sie und Leute in Ihrer Situation niemals zu vergessen.«

»Vergiss Leute wie mich nicht«, wiederholte er. Dann drehte er sich um und harkte wortlos weiter.

Ich verstand, was er meinte. Es war seine Art zu sagen, dass jeder seinen Wert hat. Es war seine Art zu sagen, dass Menschen auf den unteren Rängen der »Wichtigkeitsleiter« auch Gefühle, Hoffnungen, Träume und Bedürfnisse haben.

Er sah Potenzial in mir, als ich hoffte, einfach zu überleben. Und er forderte mich auf, nicht zu vergessen, wie es war, ein Ausgestoßener der Gesellschaft zu sein.

*Ich habe gehört, was Sie gesagt haben*, dachte ich. *Ich verspreche, dass ich niemals vergessen werde, was es heißt, als unwichtig angesehen zu werden.*

Diese Art zu denken zeigte, dass sich in meinem Herzen langsam etwas veränderte. Aber ich hegte noch immer eine rebellische, unsoziale Haltung – und das führte zu Problemen.

In einer Zeit, in der viele amerikanische Erwachsene glaubten, dass junge Männer mit Bärten Kriegsgegner, Hippies, Drogensüchtige oder gesellschaftliche Außenseiter seien, ließ ich mir einen Bart wachsen. Durch mein blondes Haar waren die Barthaare kaum zu sehen, aber die Leiter von Schule und Kinderheim stauchten mich zusammen.

Die Abschlussfeier kam näher und fünf von uns Absolventen hatten immer noch Bärte. Vier von ihnen, Stadtkinder, wurden jetzt ernsthaft von ihren Eltern und Freunden unter Druck gesetzt. Einige Tage vor der Abschlussfeier bedrängten die vier mich und sagten: »Mitchell, warum rasieren wir uns nicht einfach? Machen wir's alle zusammen.«

»Jungs«, sagte ich, »es ist mir egal, was ihr macht. Aber ich rasiere mich nicht. Es gibt keinen guten Grund, warum wir das tun sollten.«

Sie rasierten sich alle. Ich nicht.

Als ich den Gang hinunterging, um mein Abschlusszeugnis in Empfang zu nehmen, hielt ich meinen Kopf hoch. Ich empfand ein seltsames Gefühl der Befriedigung, als empörte Eltern mir missbilligende Blicke zuwarfen. Seit über 100 Jahren hatte kein Junge mit Bart mehr ein Abschlusszeugnis von der Princeton Highschool bekommen. Wenn mich jemand gefragt hätte, warum ich beschlossen hatte, der Erste zu sein, hätte ich wahrscheinlich geantwortet: »Es ist mir wirklich egal, was die Erwachsenen oder meine Mitschüler denken. In ein paar Wochen bedeutet keiner von diesen Leuten noch etwas für mich oder meine Zukunft.«

In Wirklichkeit tobte in mir ein Krieg. Diese spezielle Schlacht hatte das wütende und nachtragende alte Ich gewonnen. Das neue Ich kämpfte noch.

Der letzte Sommer meiner Kindheit kam und ich war wieder auf dem Weg ins kirchliche Sommerlager. Irgendwie sah alles anders aus. Ich war nicht vollkommen, aber ich war auch kein »Wilder« mehr. Diejenigen, die mich im vorangegangenen Jahr kennengelernt hatten, bemerkten den Unterschied und freuten sich. Sie verstanden, dass ich noch bei den ersten Schritten in meinem neuen Leben war, und ich war ihnen so wichtig, dass sie über meine Ecken und Kanten hinwegsahen.

Als der Sommer zu Ende ging, fuhr ich einige Tage nach Chicago, um Gigi zu besuchen. Keiner von uns wusste, wo Mutter steckte, was mir gerade recht war.

Als Gigi und ich uns verabschiedeten, machten wir keine große Sache daraus. Immerhin würde ich sie mehrmals im Jahr anrufen und besuchen. Als wir uns umarmten, gab sie mir ein Versprechen mit auf den Weg, das gleichzeitig eine Warnung war: »Ich habe immer noch vor, so lange zu leben, bis du deinen Collegeabschluss machst und heiratest, Robby.«

»Ich werd dich dran erinnern, Gigi«, sagte ich, und wir grinsten beide.

Wieder in Princeton gab mir die Abwesenheit während des Sommers jetzt das Gefühl, als ob ich das Heim bereits verlassen hätte. Am Tag vor meiner geplanten Abreise verabschiedete ich mich vom ganzen Personal und von vielen der Kinder.

Zu guter Letzt kam Nola an die Reihe.

Jemand anderes passte auf ihre aktuelle Gruppe von kleinen Jungen auf, sodass wir einen langen Spaziergang machen konnten. Immer warmherzig, aber nie rührselig oder pathetisch erinnerte sich Nola an das herumspringende kleine Hündchen, das ich gewesen war, als sie im Kinderheim angefangen hatte. Sie erinnerte sich daran, wie das Personal um meine seelische Gesundheit gekämpft und wie ich in der zweiten Klasse beinahe die ganze Nacht geweint hatte, als ich die Hoffnung aufgegeben hatte.

Sie hatte mit mir gelitten, sagte sie, als ich nach der Entführung durch meine Mutter wiederkam. Nola wusste, dass damit für mich ein bitterer Weg begonnen hatte, der durch meine Verwandten in Atlanta nur noch schlimmer gemacht wurde, die mich anscheinend nicht akzeptierten.

»Aber, Robby«, sagte sie, »wir haben nie aufgehört, für dich zu beten. Ich habe die Hoffnung nie aufgegeben, dass du dich eines Tages dafür entscheiden würdest, aus der Dunkelheit herauszukommen, in der du warst. Ich bin so froh, dass ich miterleben konnte, wie du dich auf deine geistliche Reise gemacht hast.«

Während wir über andere Kindheitserinnerungen lachten, kam mir plötzlich ein Gedanke: *Ist das so ein Gespräch, wie es zwischen einer normalen Mutter und ihrem Sohn stattfindet?* Ich wünschte, ich hätte so etwas erlebt.

Plötzlich wandte sich Nola zu mir. Statt sich hinzuknien, um ihrem »kleinen Robby« in die Augen zu schauen, streckte sie die Arme nach oben und nahm mein Gesicht in ihre Hände – wie sie es immer tat, wenn sie dafür sorgen wollte, dass einer ihrer Jungen ihr zuhörte.

Ihre Augen waren feucht, als sie wiederholte, was sie mir so oft gesagt hatte, als ich noch einer ihrer »Kleinen« war: »Vergiss nie, Robby: Gott liebt dich, und ich liebe dich auch.«

Der Kloß in meinem Hals hielt mich davon ab zu sagen, was ich empfand. Ich wollte sagen: »Danke, dass du mich geliebt hast, dass du unaufhörlich für mich gebetet hast, dass du an mich und Dutzende anderer kleiner Jungen geglaubt hast.« Ich konnte nichts weiter tun, als sie festzuhalten und ein heiseres »Danke« hervorzubringen.

Sie küsste mich auf die Wange, wünschte mir Glück und ging zurück zu der chaotischen Aufgabe, ein Dutzend kleine Jungen ins Bett zu bringen.

Bevor ich die Stadt verließ, versuchte ich, mich bei den Kindern zu entschuldigen, denen ich Unrecht getan hatte – bei den Jungen, die ich verletzt, und bei den Mädchen, die ich nicht wie ein Kavalier behandelt hatte. Ich konnte sie nicht alle finden. Bald packte ich meine Sachen und machte mich bereit, Princeton endgültig hinter mir zu lassen.

Großzügig wie immer bot mir mein Cousin Art an, mich in jenem August 1972 nach North Carolina zu fahren. Ich lud all meine weltlichen Besitztümer in sein Auto – Gitarre, Plattenspieler, Plattensammlung, zwei Koffer mit Kleidung, eine Bibel, ein Sparbuch und eine Abrechnung meiner Aktien.

Als wir aus Princeton hinausfuhren, schaute ich nicht zurück. Ich winkte nicht zum Abschied. Ich genoss nur das Gefühl der Freiheit.

Endlich war ich aus dem Waisenhaus heraus, wo ich so viele lange Jahre gekämpft hatte. Ich war aus der Stadt heraus, wo einige Leute sich um Heimkinder kümmerten, aber andere uns wie Menschen zweiter Klasse behandelten.

Ich war auf mich gestellt. Ich hatte keine Familie und kein Zuhause. Aber ich hatte zwei Fragen: Konnte ich überleben? Und konnte ich je meine Kindheit überwinden?

# 20 Student im ersten Jahr

Das Guilford College war eine andere Welt. Der Südstaatenakzent, das Blätterdach der Pappeln und Eichen, die Backsteingebäude, deren Lehmziegel in der Gegend hergestellt worden waren – alles an dem 135 Jahre alten Campus erinnerte mich lebhaft daran, dass ich nicht mehr in Princeton war. Das war in Ordnung für mich. Ich war bereit für Veränderung und brannte darauf, mich neu zu erfinden.

Zunächst begrub ich den Robby aus dem Waisenhaus und wurde Rob. Ich schwor mir, dass ich mich nie wieder von jemandem zu einem Menschen zweiter Klasse machen oder für etwas verurteilen lassen würde, das meine Eltern getan hatten. Es sollte Schluss damit sein, dass man auf mich herabsah oder mir aus dem Weg ging, weil alle glaubten, jemand aus einem Waisenhaus müsse ein Dieb und Unruhestifter sein.

Bei mir würde man das nicht vermuten, denn niemand sollte etwas von meiner Geschichte erfahren. Ich beschloss, das Buch meiner Kindheit nicht mehr zu öffnen, bis ich jemanden gefunden hatte, dem ich vertrauen konnte – einen wahren Freund, der nicht davonlaufen würde, wenn ich die Seiten meiner Vergangenheit aufschlug.

Ich war auch fest entschlossen, mich zu bewähren. In meinem ersten Semester beschloss ich, es in der Basketballmannschaft zu versuchen.

*Immerhin*, überlegte ich, *kann ich hier vielleicht groß herauskommen. Ein privates College wie dieses kann nicht allzu viele herausragende Spieler haben. Es müsste mir gelingen, hier meinen Platz zu finden und es wenigstens bis zum Auswechselspieler zu bringen.*

Mein Ziel hatte nur wenig mit Sport zu tun. Es ging mir darum, als Person akzeptiert und nicht nur toleriert zu werden. Ich hoffte, dass ich auf dem Basketballfeld zeigen konnte, dass ich genauso gut war wie die Jugendlichen aus »richtigen« Familien. Ich hatte ja keine Ahnung, was auf mich zukam.

Der erste Spieler, den ich bei den Probespielen kennenlernte, war M. L. Carr. Er sollte jahrelang als professioneller Basketballer bei den *Boston Celtics* spielen.

Als Nächstes kam Lloyd Free, der später seinen Namen in World B. Free änderte. Er sollte einer der besten Werfer der *National Basketball Association* werden.

»Was kannst du denn gut?«, fragte mich der Trainer.

»Ich bin schnell«, sagte ich. »Ich bin ziemlich gut in der Verteidigung und auch im Umgang mit dem Ball.«

»Okay, du deckst diesen Kerl namens Free.« Ich glaube, er schmunzelte, als er wegging.

Ich schaute mir Free an. *Mit dem werde ich fertig*, dachte ich. *Ich möchte es ja nur bis zum Auswechselspieler bringen; ich erwarte nicht, Stammspieler zu werden.*

Einer meiner Highschool-Trainer hatte mir beigebracht, dass man darauf achten sollte, wie die Hüften eines Spielers sich bewegten, wenn man ihn deckte. »Ein Basketballspieler kann dich mit den Füßen, dem Kopf, den Schultern oder dem Ball täuschen«, hatte der Trainer erklärt, »aber Hüften lügen nicht.«

Lloyd Frees Hüften logen. Nach diesem ersten Übungsspiel fühlte ich mich wie in tausend Stück zerfetzt. Ich war noch nie in meinem ganzen Leben so vernichtend geschlagen worden. Gedemütigt und wie benommen verließ ich das Feld.

Als ich meinem Zimmergenossen erzählte, was geschehen war, lachte er schallend. »Mann, letztes Jahr haben sie beinahe die nationale Meisterschaft gewonnen und wahrscheinlich werden sie dieses Jahr Sieger!« Und das wurden sie tatsächlich.

Ich werde nie erfahren, ob ich es bis zum Auswechselspieler gebracht hätte. Vielleicht, wenn ich einen Vater gehabt hätte, der gesagt hätte: »Sohn, du gehst zurück und probierst es noch einmal«, hätte ich es getan. Aber es gab keinen Vater, der mich ermutigte, und keine Familie, die mich anspornte.

*Du programmierst nur einen Reinfall vor!*, flüsterte eine Stimme in meinem Kopf. Ich erinnerte mich an meine fruchtlosen Bemühungen, es in die Highschool-Auswahl zu schaffen, und gab auf. So früh am Anfang meiner Collegezeit brauchte ich keine Niederlage.

Bald schon bekam ich einen besseren Einblick, wie normale Kinder aus echten Elternhäusern und Familien lebten. Das machte das erste Semester auch auf andere Art und Weise schwer.

Wenn andere Studenten Schwierigkeiten bekamen, frustriert waren oder sich einfach nur niedergeschlagen fühlten, riefen sie zu Hause an. Sie bekamen Briefe, in denen stand, mit was die einzelnen Familienmitglieder gerade beschäftigt waren. Ihre Mütter riefen oft an, um nachzufragen, wie es ihnen ging, ob alles gut lief, ob sie Geld brauchten, wie ihre Noten waren und ob sie ein hübsches Mädchen kennengelernt hatten. Ich beneidete sie.

Ich telefonierte jeden Sonntagnachmittag mit Gigi, aber ich vertraute mich ihr nicht an. Ich war mir sicher, dass sie meine Gefühle nicht verstehen würde, und ich wollte sie nicht beunruhigen. Einmal mehr fand ich mich in der emotionalen Einöde der Einsamkeit wieder.

Das Semester ging weiter und ich begann, in christlichen Beziehungen nach Gemeinschaft und Verständnis zu suchen. Auf dem Campus trafen sich einige christliche Diskussionsgruppen. Aber ich war verwirrt, als ich viele kennenlernte, die sich vor allem als gute Mitglieder ihrer jeweiligen Denomination und nicht in erster Linie einfach als Christen verstanden.

Glücklicherweise kam ich in Kontakt mit einigen geistlich reifen Männern und Frauen im Ruhestand. Sie halfen mir, die alte Quäker-Disziplin zu erlernen, still dazusitzen und darauf zu warten, dass Gott spricht. Aber als ich anfing, so zu meditieren, wusste ich nicht genau, wie ich reagieren würde, wenn ich Gott tatsächlich sprechen hörte. Wahrscheinlich würde ich denken, ich wäre auf dem besten Weg, in einer psychiatrischen Klinik zu landen wie mein Vater – oder auf der Straße wie meine verrückte Mutter.

Die Mentoren, von denen ich lernte, erinnerten mich an das Versprechen der Bibel, dass wir Gott finden, wenn wir ihn suchen. Sie erklärten, dass christliche Meditation ein Prozess ist, bei dem man sich selbst leer macht, um sich von Gott füllen zu lassen.

Es kostete mich viel Anstrengung, meinen vor Energie strotzenden Körper und Geist zu bremsen, damit ich innehalten, zuhören und auf Gott warten konnte – wenn auch nur für einige Minuten täglich. Doch diese Praxis beruhigte mich nicht nur, sie half mir auch, diese Stimme zu erkennen. Sobald ich gelernt hatte zuzuhören, sprach Gott – nicht laut und nicht täglich. Doch gelegentlich, wenn ich Führung brauchte, kam mir ein Satz oder Gedanke in den Sinn, der eindeutig nicht von mir stammte und keinen Zweifel über seine Herkunft ließ.

Es war eine Form der Kommunikation, die Gott bald auf sehr unerwartete Weise gebrauchen sollte – auf eine Art und Weise, die mein Leben verändern würde.

# 21 Zuhause

Sommerferien 1973. Mein erstes Jahr am College war anstrengend gewesen. Ich war erholungsreif.

Nachdem ich nach Chicago geflogen und Gigi ein paar Tage besucht hatte, stieg ich in einen Bus und machte mich auf nach Moline, Illinois – ungefähr drei Stunden südwestlich von Chicago.

Dort lebte mein Freund Scott. Wir hatten uns vor drei Jahren im Sommerlager kennengelernt. Scott und seine Familie waren so freundlich gewesen, mich während der Highschool-Zeit immer wieder übers Wochenende nach Moline einzuladen; jetzt wollten Scott und ich im Sommerlager am Lake Geneva als Rettungsschwimmer und Schwimmlehrer arbeiten.

Der Überlandbus brachte mich über die Autobahn in Richtung Moline und ich sah die Felder vorbeifliegen. Anfang Juni waren die hellgrünen Maispflanzen noch nicht groß genug, um die schwere, dunkle Erde unter ihnen zu verdecken. Plötzlich tauchte ein Schild nach Princeton auf, es waren keine 100 Kilometer dorthin.

Ich war baff. Als ich die Stadt verlassen hatte und ans College gegangen war, hatte ich nicht vorgehabt zurückzukommen. Da ich meistens mit dem Zug reiste, war mir nicht klar gewesen, dass der Bus an der schwedischen Bauerngemeinde vorbeifahren würde, wo ich aufgewachsen war.

Ich konnte mich an einen Witz erinnern, den wir immer über Princeton machten – dass die Stadt sich nur drei Ampeln leisten konnte und sie daher alle auf der Hauptstraße aufgestellt hatte. Ich lächelte und jetzt, da ich ein Jahr College in der Tasche hatte, fühlte ich mich gebildeter als ein Kleinstadtjunge. Ich war mir sicher, dass meine Vergangenheit hinter mir lag und ich auf neue Erfahrungen zuging.

Als wir uns Princeton näherten, dachte ich mir, dass ich aus der sicheren Entfernung der Autobahn in Gedanken nur ein letztes Mal zum Abschied winken würde. Doch plötzlich blinkte der Fahrer und wir wurden in die kleine Stadt umgeleitet.

Bald rumpelte der Bus die Hauptstraße entlang. Ich starrte durch die großen getönten Fenster, während wir auf das kleine Hotel zusteuerten, das als Busbahnhof von Princeton diente. Ich wiederum war auf dem besten Weg in eine Krise.

Auf den Gehwegen sah ich Sportler aus der Highschool, die noch vor weniger als einem Jahr Seite an Seite mit mir durchs Gelände gelaufen waren und Basketball gespielt hatten. Da war das *Dairy Queen*, wo Schüler, die im Unterricht neben mir gesessen hatten, jetzt Eis aßen. Ich erkannte Jungs, die immer Schneebälle nach mir geworfen hatten.

Sie konnten mich hinter den getönten Scheiben des Busses nicht sehen. Das erklärte, weshalb keiner von ihnen winkte oder meinen Namen rief oder lächelte oder in meine Richtung zeigte. Oder gab es einen anderen Grund?

»He, ich bin's, Jungs!«, hätte ich am liebsten gerufen. »Schaut her! Ich bin hier!« Sie hätten mich natürlich nicht gehört, weil das Fenster geschlossen war, damit die von der Klimaanlage gekühlte Luft nicht entweichen konnte. Doch wenn sie mich hätten hören können, hätte es sie gekümmert? In mehr als nur einer Hinsicht war ich für sie unsichtbar. Das Leben in Princeton ging weiter, als hätte ich nie dort gelebt.

Nach einer Pause am Hotel wendete der Bus und fuhr den gleichen Weg zurück. Er hielt an der dritten und letzten Ampel, bevor er wieder auf die Autobahn zusteuerte.

Mit einem Gefühl der Betäubung, wie in Zeitlupe, wurde mir klar, dass das *Covenant Children's Home* nur vier Blocks östlich von mir lag, in der Elm Street. Die Kinder und das Personal wussten nicht, dass ich in der Stadt war. Aber wenn sie es gewusst hätten, wäre dann etwas anders gewesen?

Princeton war nur dem Namen nach meine Heimat. In Wirklichkeit hatte ich kein Zuhause.

Diese Erkenntnis traf mich plötzlich mit voller Wucht. Normalerweise hatte ich Zeit, mich in meinen inneren Keller zu verziehen, bevor emotionale Stürme aus meiner Kindheit mich umwerfen konnten. Doch dieser unerwartete Umweg hatte mich überraschend getroffen. Ich hatte keine Gelegenheit gehabt, die Türen zu verbarrikadieren.

Ich hatte mich schon früher verschmäht, ignoriert und abgelehnt gefühlt, aber nicht unsichtbar. Jetzt schien es, als ob niemand es bemerken oder sich darum kümmern würde, wenn ich plötzlich verschwunden wäre.

Die Jungen, die die Straße entlangrannten oder im *Dairy Queen* herumhingen, waren zu Hause. Das war ihre Stadt. Später würden sie in die Sicherheit ihrer Häuser zurückkehren – an Orte mit Eltern, Geschwistern und Erinnerungen. Aber für mich war der Ort, wo ich 15 meiner ersten 18 Lebensjahre verbracht hatte, kein Zuhause mehr.

Dieses Kapitel meines Lebens hatte abrupt geendet. Das Heim hatte keine Mittel für Nachbetreuung, Beratung und finanzielle oder emotionale Unterstützung nach dem Schulabschluss. Niemand hielt Kontakt zu uns. Niemand rief an, um zu fragen, ob es uns gut ging – oder ob wir überhaupt noch am Leben waren.

Das war nicht die Schuld des Personals. Die meisten von ihnen arbeiteten gefühlte 25 Stunden am Tag. Es blieb keine Zeit für diejenigen von uns, die weitergegangen waren. Der Kampf, auf eigenen Füßen zu stehen und es allein zu schaffen, war nichts weiter als eine krasse Realität, eine von vielen gefährlichen Stromschnellen im dunklen Fluss des Lebens, in den wir geworfen worden waren.

Ich wusste noch, wie ich beim Basketballspielen im Kinderheim die Muskeln angespannt hatte, wenn ich wusste, dass ein anderer Spieler mich gleich an die Mauer stoßen würde, an der der Korb angebracht war. Jetzt, als der Bus zurück auf die Autobahn fuhr, wurde mir klar, dass ich gerade gestoßen worden war – ohne mich gegen den Schmerz wappnen zu können.

Ich hatte mir zuvor nicht eingestehen können, dass ich nicht nach Hause gehen konnte. Im College hatte ich das Thema umgangen. Wenn andere Studenten mich fragten, wohin ich in den Semesterferien fuhr, gab ich vage Antworten und erwähnte die Namen von Städten, die ich besuchen würde. Sie nahmen an, dass ich nach Hause fuhr. Die wirre Wahrheit zu erklären schien sinnlos, also versuchte ich es nie.

*Außerdem*, so dachte ich, *wer kann schon etwas mit meiner Geschichte anfangen?* Schlussendlich tat es einfach zu weh, meinen Kommilitonen – und mir selbst – gegenüber zuzugeben, dass ich das nicht hatte, was die meisten als selbstverständlich betrachteten.

Nicht einmal das Kinderheim war mehr mein Zuhause. Diese brutale Erkenntnis zerriss mir das Herz. Ich fürchtete, die anderen Buspassagiere könnten mich für verrückt halten, deshalb biss ich die Zähne zusammen und ließ nichts von dem Sturm nach außen dringen, der in mir tobte.

Voller Zorn schleuderte ich Gott meine Gedanken entgegen. *Warum konntest du mir keinen glücklicheren Ort zum Leben geben? Ich wollte keine Villa in Atlanta. Ich wäre mit vier Zimmern, einem kleinen Garten und einem Hund glücklich gewesen. Nichts Ausgefallenes. Ich wollte nur ein Zuhause mit einer Mutter und einem Vater. Es war mir egal, ob wir Geld hatten. Ich wollte nur ein Zuhause! Warum, Gott? Warum dieses Leben? Womit habe ich das verdient?*

Ich wartete einige Augenblicke. Nichts. *Warum antwortest du mir nicht?*, schrie ich.

Schweigen.

*Hörst du mir zu?*, brüllte ich in stummer Wut.

Schweigen. Teilnahmsloses Schweigen, als ob ich lebendig begraben wäre.

Ich starrte aus dem Fenster, während das Ackerland von Illinois vorbeiraste. *Ich werde nie nach Hause gehen können, nicht wahr?*

Trotz Gigis Liebe war ihre Wohnung nicht mein Zuhause. Auch Atlanta war es nicht, obwohl Onkel Arnold und Tante Alice mir erlaubten, sie zu besuchen. Wo ich auch hinging, ich fühlte mich wie ein Gast.

*Zuhause ist, wo du hingehen kannst, ohne Gast zu sein.*

Gefühlswellen schlugen über mir zusammen wie eine gefährliche Brandung. Nachdem ich minutenlang innerlich geschrieen hatte, war ich zu erschöpft, um zu denken.

Dann, während der Bus weiter über die Autobahn brummte, tauchte unerwartet ein Gedanke in meinem Kopf auf. Sein Erscheinen war weich wie eine Feder und ich überhörte ihn beinahe. *Nenn mich Vater, Rob. Nenn mich Zuhause.*

Aus meinem tiefsten Inneren kam meine wütende Erwiderung: *Du erwartest, dass ich mich damit zufriedengebe? Das erklärt nichts! Auf keinen Fall nimmt es die Narben der letzten 15 Jahre weg, und jetzt hilft es mir nicht! Hörst du?*

*Ich habe kein Zuhause. Ich werde nie in meinem Kinderzimmer schlafen. Ich werde meine Frau nicht in das Haus bringen können, in dem ich aufgewachsen bin. Meine Kinder werden nicht mit ihrer Großmutter und ihrem Großvater spielen können. Wenn ich verletzt, pleite oder in Schwierigkeiten bin, kann ich mich nicht nach Hause wenden und um Hilfe bitten. Verstehst du? Ich habe kein Zuhause!*

Wenn Gott eine Antwort hatte, verhinderte meine Wut, dass sie zu mir durchdrang. Aber ich war zu müde, um meine Abwehr allzu lange aufrechtzuerhalten.

Endlich spürte ich die Stimme wieder. Sie war sanft, aber fest, wie ein liebevoller Befehl: *Nenn mich Zuhause, Rob. Nenn mich einfach Zuhause.*

Ich saß in erschöpftem Schweigen da. Ich hatte darum gebeten, verändert zu werden, oder? Es war geschehen – langsam.

Und jetzt bot mir der »Ich bin, der ich bin«, der Gott des Universums, an, mich zu adoptieren – *mich*. Keine Wartezeit, keine probeweisen Besuche in einer Pflegefamilie, keine Haken und Bedingungen. Ich musste nicht einmal zuerst ein besserer Mensch werden.

Er wollte mich adoptieren, einen Jungen, dessen Herz voller Schmutz und Wunden aus der Kindheit war. Als der Bus über die dunkle Landstraße fuhr, antwortete ich.

*Okay, Gott. Einverstanden. Ich werde dich Vater nennen. Ich werde dich Zuhause nennen.*

# 22 Offenbarung

Als ich zu meinem zweiten Jahr ans College zurückkehrte, geschah dies mit der Gewissheit, dass Gott mir eine dauerhafte geistliche Heimat angeboten und dass ich das Angebot angenommen hatte. Aber ich hatte noch eine Menge Hindernisse aus meiner Vergangenheit zu überwinden.

Zunächst war ich verwirrt darüber, wie ich mit der sexuellen Freiheit auf dem Collegecampus umgehen sollte. Ich hatte nie einen Vater gehabt, der mir eine gesunde Sicht von Sexualität vermittelt oder mir vorgelebt hätte, was Liebe und Ehe bedeuten.

Ich war mit der Doppelmoral aufgewachsen, dass es für Männer okay war, sich durch alle Betten zu schlafen, aber nicht für Frauen. Jetzt sah ich, dass diese Einstellung Gott nicht gefallen konnte und weder fair noch klug war. Aber ich lernte Frauen kennen, die offen erklärten, dass sie, wenn ein Kerl »heiß« genug war, eine Nummer mit ihm schieben wollten – und das Interesse, das einige an mir zeigten, stärkte mein Ego.

Meine alten Einstellungen veränderten sich, aber nur langsam. Ich erinnerte mich daran, wie Swaney, mein Sozialarbeiter aus der achten Klasse, mich gelehrt hatte, dass Sex nur für Eheleute da ist. Doch wenn die Gelegenheit an die Tür klopfte, war es schwer, das Richtige zu tun.

Eines Abends war mein Zimmergenosse nicht in der Stadt. Ein Mädchen, mit dem ich ausgegangen war, landete schließlich mit mir in meinem Zimmer. Wir lagen auf meinem Bett und küssten uns. Zwar waren wir vollständig bekleidet, aber unsere Körper signalisierten uns laut und deutlich, wie es weitergehen sollte. Auf einmal rief eine innere Stimme: *Nein! Das ist nicht das, wozu Gott dich berufen hat!*

Die Dampfwolken in meinem testosteronüberladenen Gehirn verzogen sich. Irgendwie brachte ich genug Willenskraft auf, um meine Füße auf den Boden zu schwingen und aufzustehen. Wir waren beide überrascht, als ich sagte: »Wir müssen spazieren gehen.«

Als wir nach draußen schlenderten, war sie eindeutig verwirrt; ich kämpfte um Worte. Ich wusste nicht genau, warum ich aufgehört hatte. Schließlich sammelte ich mich soweit, dass ich sagen konnte: »Hör mal, ich weiß wirklich nicht, was gerade passiert ist… Aber vor einer Weile habe ich Gott die Chance gegeben, mich zu verändern, und vorhin ist mir ganz plötzlich klar geworden, dass ich das mit dir nicht tun sollte.«

In dieser Nacht lag ich lange wach und versuchte, das Erlebnis zu analysieren. *Wie in aller Welt konnte ich das tun? Wo werde ich die Kraft finden, mich nächstes Mal zurückzuhalten, und das übernächste Mal, bis ich endlich heirate?*

Ich hatte bei zu vielen Heimkindern beobachtet, dass sie sexuell aktiv wurden, nicht aus Liebe und nicht einmal aus Lust, sondern um eine emotionale Leere zu füllen. Ich wusste, dass ich mir immer wieder vor Augen halten musste, dass ich mich verändert hatte und immer noch dabei war, mich zu verändern. *Ich will ein Mann, ein Ehemann und Vater sein, dem man vertrauen kann, dass er treu ist.*

Ich hoffte, dass ich diesem Maßstab gerecht werden konnte, selbst ohne elterliche Anleitung. Eins hatte ich allerdings gelernt: Wenn es zu heiß wird, muss man aufstehen.

Ich hätte auch ein wenig Anleitung brauchen können, als es darum ging, mich für ein Hauptfach zu entscheiden. Ich war ständig ruhelos und hatte keine Ahnung, welchen beruflichen Weg ich einschlagen sollte. Ich zog kurz in Erwägung, Chemiker zu werden, aber ein Frühlingstag, an dem die Hartriegelsträucher in voller Blüte standen, überzeugte mich davon, dass ich nicht den Rest meines Lebens in einem Labor verbringen konnte. Mir gefiel es, Sprachen zu lernen, aber ich konnte mir nicht vorstellen, wie das dazu beitragen sollte, meinen Lebensunterhalt zu verdienen. Das Buchhaltungswesen sah nach einem möglichen Berufsfeld aus, weil die Arbeit mit Zahlen mir leicht fiel, aber auch darauf sprang ich nicht richtig an.

Als die Weihnachtsferien heranrückten, fühlte ich mich wie ein Rentier ohne Schlitten. Ich verschwendete meine Zeit und das Stipendium meiner Familie. Das Einzige, das ich mit einiger Gewissheit wusste, war, dass meine Zukunft in Gottes Händen lag – und dass ich, wenn ich ihm die Führung überließ, wissen würde, was ich tun sollte.

Eines Tages erwähnte ein Freund aus Chicago am Telefon, dass die Kirche, die das Kinderheim finanziell unterstützte, ein Programm für Kurzzeit-Missionseinsätze hatte. Ich schaute mir die Sache an und fühlte mich von der Gelegenheit angesprochen, ein

Jahr in Afrika zu verbringen. Die Aufgabe war, als Laufbursche für die Missionare zu arbeiten. Allerdings gab es keine Bezahlung. Die Auffassung der Kirche war: »Wenn Gott dir diese Aufgabe gibt, wird er dich versorgen. Du darfst für die Missionare keine Last sein.«

Der Leiter des Programms sagte mir, dass von mir erwartet wurde, für 3500 Dollar Reisekosten und andere Ausgaben aufzukommen. Diese Summe hatte ich in meinem Aktienpaket, aber ich träumte davon, mir ein neues Auto zu kaufen – ein schwarzes Cabrio. Ich sprach mit Leuten, die bei diesem Programm dabei sein würden, und betete um Wegweisung, und da spürte ich, dass das Cabrio warten musste.

Nachdem ich lange und intensiv gebetet hatte, fühlte ich – mit der kleinen geistlichen Gewissheit, die ich besaß –, dass ich zu dieser Aufgabe gerufen wurde. Dennoch zögerte ich, als es an der Zeit war, Gigi davon zu erzählen. Ich nahm an, dass sie gegen meinen Plan sein würde.

Aber als ich sie anrief, widersetzte sie sich nicht eine Sekunde lang. »Wenn das Gottes Wille ist, Robby«, sagte sie, »begleiten dich meine Liebe und meine Gebete.«

Meine Verwandten in Atlanta waren nicht einverstanden, weil sie dachten, dass ich meine Zeit verschwendete und das College nie beenden würde. Aber als die Frühjahrsferien 1974 kamen, hatte ich mich entschieden.

Meine Professoren in Guilford waren bereit, mir meine Studien in Französisch und der kongolesischen Sprache Lingala anzuerkennen. Auch sollte mir ein Schein in Afrikastudien angerechnet werden, der auf meinen Aufzeichnungen und der abschließenden Hausarbeit beruhen würde.

Die Vorstellung, das Land für ein Jahr zu verlassen, brachte mich ins Grübeln, ob ich meine älteren Verwandten noch einmal wiedersehen würde. Sie veranlasste mich außerdem dazu, die Frage zu stellen, zu der ich bisher nicht den Mut gehabt hatte.

Es passierte am Ende des Sommers, nachdem ich in Onkel Arnolds Autohaus gearbeitet und bei ihm und Tante Annis gewohnt hatte. Als die Zeit heranrückte, Atlanta zu verlassen, verabschiedete ich mich von Tante Alice, Onkel Mack und meinen Cousins und meiner Cousine – aber nicht von Großmutter Pauline, die in einem Pflegeheim war.

Am Abend vor meinem Flug nach Chicago setzte ich mich zu einem letzten Gespräch mit Onkel Arnold und Tante Annis zusammen. Arnold war jetzt Ende 70. Der Gedanke, es mit ihm zu verscherzen, war schlimm, aber ich wusste, dass dies womöglich meine letzte Gelegenheit war zu fragen, was ich nie jemanden in Atlanta gefragt hatte: »Onkel Arnold, du musst mir eine schwere Frage beantworten. Mir liegt sehr viel an einer ehrlichen Antwort, egal, wie die Wahrheit aussieht.«

Er sah aus, als wüsste er, was jetzt kam – und als hätte er sich jahrelang darauf vorbereitet.

»Ich verstehe, dass Gigi zu arm war, um mich zu sich zu nehmen«, sagte ich. »Selbst wenn sie es gewollt hätte, war sie emotional und psychisch nicht stark genug, gegen meine Mutter um das Sorgerecht zu kämpfen. Es wäre ein beständiger Kampf gegen die Geisteskrankheit gewesen. Aber ich verstehe nicht, warum niemand in Atlanta mich aus dem Kinderheim holen und aufziehen wollte. Warum wollte keiner von euch mich haben?«

Ich war überrascht, als meinem Onkel Tränen in die Augen traten. Er kämpfte darum, die Fassung zu behalten. »Robby, Junge, ich habe wiederholt versucht, Pauline dazu zu bewegen, dass sie mir erlaubt, dich aufzuziehen. Dein Großvater Mitchell war nicht nur mein Bruder und ein gerechter Mann; er war auch mein bester Freund. Er hätte gewollt, dass ich seinen Enkel aufziehe, und ich hätte das liebend gern für ihn und für dich getan.«

Ich saß in fassungslosem Schweigen da, als Arnold eine Pause machte und gegen seine Gefühle ankämpfte. Er nahm einen Schluck Bourbon, bevor er weitersprach. »Die Wahrheit ist, dass deine Großmutter Pauline mir und jedem anderen Familienmitglied die Erlaubnis verweigerte, dass wir dich zu uns nahmen.«

Die Gedanken rasten nur so durch meinen Kopf in dem verzweifelten Versuch, das zu verstehen. »Warum?«

Er schwieg.

»Warum, Onkel Arnold?«

Er schüttelte den Kopf und Tränen strömten über seine faltigen Wangen. »Du warst eine gesellschaftliche Blamage für Pauline, Rob. Wenn du in Atlanta gelebt hättest und nicht von ihrem Sohn großgezogen worden wärst, hätte das zu viele schwierige Erklärungen in ihren gesellschaftlichen Kreisen erfordert. Es war viel bequemer für sie zu sagen, dass du in Illinois lebst.«

*Eine gesellschaftliche Blamage? Meine eigene Großmutter wollte anderen Familienmitgliedern nicht gestatten, mich aufzuziehen, weil das in ihren gesellschaftlichen Kreisen zu schwierig zu erklären gewesen wäre?*

Ich konnte es kaum glauben. Ich gehörte zwar so weit zur Familie, dass man rechtlich an mir festhielt, aber ich war nicht gut genug, damit man mich aufnahm. Was für einen Wert besaß ich da eigentlich noch?

*Und was sind das für Familienangehörige, die nicht genügend Mumm haben, aufzustehen und zu tun, was richtig war? Offenbar hat kein Einziger von ihnen auch nur in Erwägung gezogen, sich Pauline entgegenzustellen und Gigi Geld und rechtliche Unterstützung zu geben, damit eben sie mich aufziehen konnte.*

Nach dem anfänglichen Schock wusste ich nicht, ob ich wütend oder resigniert sein sollte. Einerseits schien diese schmerzliche Offenbarung nur eine weitere auf einer langen Liste zu sein. Andererseits fühlte ich mich beinahe erleichtert. Wenigstens musste ich mich jetzt nicht mehr fragen, was der Grund gewesen war.

Am nächsten Tag verabschiedete ich mich. Tante Annis umarmte mich und weinte. Onkel Arnold verzichtete auf seinen gewohnten Handschlag und umarmte mich – zum ersten Mal. »Denk dran, Junge«, sagte er. »Ich habe dich immer geliebt.«

Mit einem Kopf voll schwerer Gedanken flog ich nach Chicago, um Gigi zu besuchen. Nachdem ich bei meinem Lieblingsschmorbraten mit ihr über meine Pläne geredet hatte, sagte sie: »Ich freue mich für dich, Robby. Du tust, was Gott dir als richtig klar gemacht hat.«

»Mir ist nicht wohl dabei, dich zu verlassen«, erklärte ich ihr, »und so weit weg zu sein, falls du mich brauchst.«

»So etwas darfst du nicht einmal denken«, erwiderte sie in ihrer gewohnt nüchternen Art. »Außerdem hoffe ich, dass ich sterbe, während du dort bist. Dann bin ich keine Last für dich. Wenn du in Afrika bist, wirst du es nicht erfahren, falls ich krank werde, und du wirst zu weit weg sein, um zur Beerdigung nach Hause zu kommen.«

»Hör sofort damit auf«, protestierte ich. »Du wirst nicht sterben, während ich weg bin, und du wirst mir nie eine Last sein. Nie!«

»Nun, reden wir nicht weiter darüber«, sagte sie. »Aber vergiss nicht, dass du die Möbel bekommen sollst und alles Geld, was vielleicht noch auf meinem Sparkonto übrig ist.«

Später, als wir kurz vor dem Zubettgehen auf dem Sofa saßen, legte ich meine Hand über ihre schwachen Finger. »Gigi«, sagte ich, »ich muss dir eine schwere Frage stellen.«

»Nur zu, Robby«, erwiderte sie. Ihr Ton sagte mir, dass auch sie auf diesen Moment gewartet hatte.

»Als Kind habe ich nie verstanden, warum meine Familie in Atlanta mich nicht aufziehen wollte. Das hat mich jahrelang verfolgt. Bevor ich aus Atlanta abgereist bin, habe ich Onkel Arnold gefragt, warum die Familie mich nicht wollte. Weißt du, was er mir gesagt hat, Gigi?«

»Ja, Kind. Er hat dir gesagt, dass Pauline es nicht zugelassen hat. Du warst für sie eine gesellschaftliche Blamage.«

»Aber Gigi – wenn du das wusstest, warum hast du es mir nicht gesagt?«

Ihre schmalen Schultern begannen zu beben. Ich legte meinen Arm um sie. »Ich bin nicht sauer, dass du es mir nicht erzählt hast, Gigi. Ich will es nur verstehen.«

»Ich wusste es schon, als du in der Junior Highschool warst«, sagte sie und die Tränen begannen zu fließen. »Aber jedes Mal, wenn du mich gefragt hast, ob du in Atlanta leben könntest, war es zu schmerzlich für mich, dir zu sagen, dass es dazu nie kommen würde. Du hattest schon so viel durchgemacht, dass ich einfach nicht diejenige sein konnte, die dir sagte, dass man dich wieder einmal zurückwies. Besonders, weil der Grund so boshaft war.«

Ihre Stimme wurde so leise, dass sie nur noch flüsterte. »Ich konnte es einfach nicht. Es tut mir so leid – so unendlich leid.« Sie brach in Schluchzen aus.

Ich hielt sie fest, wie ein Vater seine verzweifelte Tochter festhält. Ich versicherte ihr immer wieder, dass ich nicht wütend war, und war überrascht, dass das – wenigstens für den Augenblick – die Wahrheit war.

*Ich schätze, das haben die Psychiater gemeint, als sie sagten, dass ich meine Gefühle intellektuell betrachten kann,* dachte ich. *Pack sie in einen Karton, mach den Deckel zu und hol sie zu einem anderen Zeitpunkt hervor, wenn du bereit bist, dich damit auseinanderzusetzen.*

Jetzt war nicht die Zeit für Wut. Es war die Zeit, Gigi zu trösten, die weinte, weil meine Kindheit solch ein Chaos gewesen war und sie so wenig dagegen hatte tun können. Ich wollte ihr vermitteln, dass sie mir gegeben hatte, was ich am meisten brauchte – die Sicherheit, die aus beständiger, bedingungsloser Liebe entspringt.

In jener Nacht fiel es mir schwer zu schlafen. Das Problem war nicht nur die Entdeckung, die ich über meine Vergangenheit gemacht hatte. Es war nicht einmal die Angst vor dem afrikanischen Dschungel. Das Problem war die Unsicherheit.

Morgen flog ich an einen unbekannten Ort, um unbekannte Dinge zu tun, und verließ die 80-jährige Gigi für ein Jahr.

Aber was vielleicht wichtiger war: Ich tat etwas, was ich noch nie getan hatte – ich vertraute darauf, dass ich Gottes Ruf gehört hatte. Und der Gedanke, jemandem zu vertrauen, war mir noch immer sehr unangenehm.

# 23 Afrika

Von Chicago aus flog ich nach Paris – dann nach Bangui, die Hauptstadt der Zentralafrikanischen Republik. Ich hatte die Anweisung, in Bangui zu warten, bis ein Dschungelflugzeug der *Missionary Aviation Fellowship* ankam. Es würde mich nach Gemena bringen, das im nordwestlichen Teil von Zaire (Kongo) lag, der auch Ubangui hieß.

*Bin ich verrückt geworden?*, fragte ich mich, als ich in Gemena aus dem Flugzeug stieg. *Es ist heiß, schwül, staubig und es stinkt. Ich muss wahnsinnig sein!*

In jener ersten Nacht fuhr ich fort, mich infrage zu stellen. *Bin ich aus den verkehrten Gründen hergekommen? Hat Gott mich wirklich geführt? In ein paar Monaten werde ich 20 und hier bin ich, wie Tarzan in einem Comicabenteuer.*

Nachdem ich allerdings darüber nachgedacht und gebetet hatte, fühlte ich mehr inneren Frieden. Aus irgendeinem Grund schien Gott mich in Afrika zu wollen. Und so fremd dieser Ort auch für mich aussah, vielleicht wartete hier etwas Aufregendes auf mich.

In der Ubangui, einer Mischung aus Dschungel und Weideland etwas nördlich vom Äquator, wuchsen Bananen, Orangen, Zitronen, Limetten, Ananas, Mangos und Papayas im Überfluss. Diese Region abgelegen zu nennen, wäre eine Untertreibung gewesen; im Jahr 1974 war das nächste Telefon 800 Kilometer entfernt und während der Regenzeit unmöglich zu erreichen.

Missionare arbeiteten an sieben Orten in einem 160-Kilometer-Radius. Gemena, wo ich »stationiert« war, beherbergte die einzige Poststelle und Bank der Region, die längste Landepiste in der Gegend, Büros für Zoll- und Passbeamte, eine kleine Militärbasis und ein kleines Hotel mit einem europäischen Restaurant in Miniaturausgabe, das dem Film *African Queen* entsprungen zu sein schien. Einige kleine Geschäfte, eine Oberschule, wo unsere protestantischen Missionare unterrichteten, und eine Grundschule mit katholischem Personal vervollständigten die Stadt.

Lee Anderson und seine Frau Alene, meine Gasteltern und Vorgesetzten, schickten mich sofort an die Arbeit. Am 10. September 1974 vermerkte ich in meinem Tagebuch: »Habe beinahe drei Wochen in Gemena gearbeitet. Kommt mir wie Monate vor.« Ich war jedoch dankbar, dass ich so viel von den Andersons lernte.

Die Missionare gaben mir den Spitznamen »Gemena-Bring-Mal«. Eine meiner Aufgaben war es, alles zu bringen, was irgendjemand benötigte.

Eine bedeutendere Aufgabe war es, das Kurzwellenfunkgerät zu bedienen – eine lebenswichtige Verbindung für die Missionsstationen. Seit dem Mord an dem Missionar Paul Carlson während eines gewaltsamen Aufruhrs im Kongo im Jahr 1960 war Sicherheit ein großes Anliegen.

Seit Carlsons Tod war die Lage angespannt, aber friedlich; die Erinnerung daran war bei den Missionaren immer noch lebendig. Jeden Morgen schaltete ich um 6.45 Uhr das Funkgerät ein und rief jede Station in alphabetischer Reihenfolge an. Wenn alles in Ordnung war, antwortete ein Vertreter von jeder Station: »Anwesend.« Dreimal täglich riefen die Missionare an, um sich zu vergewissern, dass ihre Mitarbeiter noch am Leben waren.

Eine weitere Aufgabe für mich bestand darin, Lieferungen von Lebensmitteln, Büroklammern und Treibstoff zu verfolgen. So lernte ich Dapala kennen.

In meinem ersten Dienstmonat erfuhren wir, dass eine große Treibstofflieferung in einem Flussdorf namens Akula ankommen sollte, ungefähr 160 Kilometer entfernt. Dan, ein Kurzzeitmissionar, brachte einen Pritschenwagen voll leerer 200-Liter-Fässer. Und Dapala, ein Christ aus dem größten Stamm der Ngbaka, schloss sich uns an.

Dapala war nur sieben Jahre älter als ich. Er kümmerte sich um das Jungenwohnheim und hatte noch andere Hausmeistertätigkeiten an unserer Oberschule in Gemena inne. Solch eine verantwortungsvolle Aufgabe brachte ihm beträchtlichen Respekt bei seinem Stamm ein.

Auf unserer Fahrt übersetzten wir aus verschiedenen Sprachen hin und her, um uns zu verständigen. Dan und ich sprachen Englisch; Dan und Dapala sprachen Lingala; Dapala und ich sprachen Französisch. Wie die anderen Stammesangehörigen nannte Dapala mich »Roh-bär«, die französische Aussprache von »Robert«, denn »Rob« war weder auf Lingala, Ngbaka noch Französisch leicht auszusprechen.

Nachdem wir über den mit Massen von Spurrillen durchsetzten Feldweg geholpert waren, der hier Straße genannt wurde, trafen wir sicher in Akula ein und kauften so viele Fässer Benzin, wie wir bekommen konnten. Auf dem Rückweg nach Gemena kam allerdings der Regen und wir mussten unsere Fahrt über die gefährlich glatten Dschungelfeldwege unterbrechen. Glücklicherweise hatte ein afrikanischer Jäger seinen Unterstand genau da, wo wir anhielten; er lud uns ein hereinzukommen, um dem strömenden Regen zu entfliehen.

Nach einer Stunde hörte der Regen so plötzlich auf, wie er begonnen hatte. Aus dem Nichts tauchte eine Gruppe von Kindern auf, die die weißen Männer sehen wollten. Als ich aus der Hütte trat, fühlte der Schlamm sich verlockend weich an. Bereits klatschnass (und in dem Wissen, dass ich saubere Kleider zum Wechseln im Lieferwagen hatte), konnte ich dieser Gelegenheit nicht widerstehen: Ich rannte einen abschüssigen Teil der Straße hinunter und rutschte wie ein Baseballspieler im Schlamm entlang. Die kleinen Ngbaka-Kinder waren ganz außer sich, lachten, kicherten und klatschten. *Kinder sind überall Kinder!*, dachte ich mit einem Grinsen.

Ich spürte den Feuereifer der Kinder, gemischt mit Zögern, streckte die Hand aus und schnappte mir einen Jungen. Seine Augen wurden kugelrund, als ich ihn hochhob und wieder die Straße hinunterrannte, losjuchzte und ihn festhielt, während wir durch den Schlamm rutschten. Als wir anhielten, sagte ich auf Lingala »Danke«.

Er rannte aufgeregt zu seinen Freunden zurück und plapperte etwas auf Nbgaka. Ich verstand nicht, was er sagte, aber als ich zu der Gruppe zurückging, bemerkte ich, dass Dapala grinste. Ein weiterer mutiger Junge trat vorsichtig vor; ich wiederholte das Spiel mit ihm, mehreren anderen Jungen und einem Mädchen, das mutig genug war, mit diesem weißen Mann zu spielen.

Als ich mit dem letzten Kind gerutscht war, bat ich Dapala, ihnen auf Nbgaka zu sagen: »Danke; Gott liebt euch.«

Ich kniete vor dieser kleinen Gruppe, als Dapala meine Worte übersetzte. Das kleine Mädchen kam zu mir, umarmte mich und schaute mir dann tief in die Augen. Seine Hände streichelten über mein Haar, glitten über die Haut in meinem Gesicht und zwirbelten behutsam meinen Bart. Wahrscheinlich zum ersten Mal in seinem Leben war es nahe genug an jemandem dran, der keine schwarze oder braune Haut hatte, um ihn zu inspizieren; ich konnte mir nicht vorstellen, was dem Kind das bedeutete. Es umarmte mich noch einmal und rannte dann zum Abschied winkend zurück in den Dschungel.

Als wir spät an jenem Abend nach Gemena hineinfuhren, zeigte mir Dapala, dass dieses Erlebnis eine Verbundenheit zwischen uns geschaffen hatte. Er nahm meine Hand, schüttelte sie und hielt sie lange fest. Lächelnd sagte er: »Du bist eine andere Art weißer Mann. Mir gefällt der Unterschied. Wir sollten Freunde sein.«

»Danke«, sagte ich und erwiderte das Lächeln. »Es wird mir eine Ehre sein, dein Freund zu sein!«

Über den nächsten Monat hinweg blühte unsere Freundschaft auf. Missionare hatten mich davor gewarnt, dass es in größeren Städten wie Gemena oft Rassismus gegen Weiße gab, aber aufgrund Dapalas Verhalten fiel es mir schwer, das zu glauben.

Ein anderer Vorfall zeigte mir allerdings, dass es stimmte, was die Missionare gesagt hatten. Er bewies zudem, dass die Auswirkungen meiner Kindheit mir bis nach Afrika gefolgt waren.

Neben meiner Unterkunft war ein Wohnheim für ungefähr 30 Jungen aus regionalen Stämmen. Gelegentlich spielten wir zusammen Fußball. Sie schlugen mich oft mit wendiger Fußarbeit und Dribbling, lachten dabei laut und genossen offenbar die Erfahrung, einen weißen Gegner zu übertrumpfen. Das störte mich nicht; die Herausforderung machte mir Spaß.

Eines Nachmittags dribbelte ein Spieler den Ball direkt auf mich zu – und bemühte sich sehr, mich auszutricksen. Er fand es nicht so witzig, als ich ihm den Ball abjagte und über den Platz spielte.

Einige leise Lacher waren zu hören, die offensichtlich gegen den Jungen gerichtet waren, den ich blamiert hatte. Nachdem er mich wütend angestarrt hatte, drehte er sich zu seinen Kritikern um und sagte etwas. Ich verstand nichts außer dem letzten Wort – *mondeli.*

Das war das Lingala-Wort für »weißer Mensch«. Missionare hatten mir erklärt, dass der Tonfall, mit dem dieses Wort ausgesprochen wurde, dessen Bedeutung von einer einfachen Bezeichnung zu einer rassistischen Beleidigung ändern konnte. Man hatte mir gesagt, ich solle vorsichtig sein – ich solle mich unauffällig entfernen, wenn ich den Tonfall hörte, der auf Schwierigkeiten hindeutete.

Der Tonfall, den der junge Mann benutzt hatte, ließ keinen Zweifel.

Plötzlich, es kam mir wie in Zeitlupe vor, stellte ich fest, wie sich meine Faust schloss und hart wurde. Ich hörte das Geräusch von summenden Fliegen. Das »alte Ich« erhob sich wie ein Löwe, der getarnt im Gras gelegen hatte. Eine vertraute Stimme, die nur ich hören konnte, schien mich auszulachen. Sie kam wie aus dem Dschungel, der den Fußballplatz umsäumte. *Schlag ihm das Gesicht ein! Schlag, schlag, schlag, und er liegt am Boden, bevor er weiß, wie ihm geschieht. Er wird eine Woche lang Schmerzen haben! Du kannst deiner Vergangenheit nicht entfliehen. Tu es! Tu es jetzt!*

Doch dann war da noch eine andere Stimme, ruhig und eindringlich: *Schlag ihn nicht. Ruiniere nicht die Arbeit der Missionare. Halte auch die andere Wange hin und geh weg. Du hast dich verändert. Beweise es dir und anderen!*

Bevor die widerstreitenden Parteien in mir sich entscheiden konnten, sprang der Ngbakajunge, der mich zum Spiel eingeladen hatte, zwischen meinen Gegner und mich und zwang diesen Dschungelschulhofrüpel mit einem Blick nieder. Ich hob die Hand als Zeichen, dass ich ausgewechselt werden wollte, ging ruhig zur Seitenlinie und verabschiedete mich einige Minuten später.

Als ich zu meiner Hütte zurücklief, dachte ich über das nach, was geschehen war.

*Ich frage mich, ob mein missionarischer Leiter das meinte, als er sagte, Gericht bedeute, dass wir das bekommen, was wir verdienen, Barmherzigkeit bedeute, dass wir nicht bekommen, was wir verdienen, und Gnade bedeute, dass wir mehr bekommen, als wir verdienen.*

Mein altes Ich war bereit gewesen, das Gericht zu vollziehen. Mein sich langsam veränderndes neues Ich versuchte mich davon zu überzeugen, Barmherzigkeit zu zeigen. Dann war die Gnade in Form des jungen Ngbaka-Eingeborenen erschienen, der mir zu Hilfe kam. *Unglaublich!*, dachte ich.

Barmherzigkeit und Gnade, so schien es, waren das Einzige, das mir helfen konnte, dem Löwen meiner Kindheitswut zu entkommen.

Es gab jedoch immer noch das Problem, dass ich lernen musste zu vertrauen. Es stellte sich heraus, dass hier Dapala mein Lehrer sein sollte.

Die Lektion begann eines Tages im Dezember 1974, nachdem ich vier Monate in Afrika gewesen war. Dapala begrüßte mich mit seinem gewohnt warmen Händedruck und bat mich dann um etwas. »Roh-bär, ich wurde gebeten, einige Teenagerjungen zu einem großen Sonntagsgottesdienst zu begleiten. Ich brauche deine Hilfe. Alle drei Monate halten wir afrikanischen Christen aus der Gegend um Gemena einen besonderen Gottesdienst in verschiedenen Dörfern tief im Dschungel ab. Normalerweise fährt der Schuldirektor, aber er hat mich wissen lassen, dass er nicht kommen kann. Ich kann keinen Lastwagen fahren. Würdest du den Transporter für mich fahren?«

Ich zögerte. Als Dapala »tief im Dschungel« sagte, hörte ich: »so gut wie am Ende der Welt«. Aber die Gelegenheit, die Stammesleute predigen und singen zu hören, war immer reizvoll, also willigte ich ein.

Die ersten 24 Kilometer kamen wir gut voran; die Gruppe von Jungen hinten im Transporter sang aus vollem Hals. Bald zeigte Dapala vom Hauptfeldweg weg auf einen Weg, der kaum breiter als ein Trampelpfad war. Ich wendete; Dapala deutete mir an, ich solle anhalten.

Aus dem Dschungel trat ein Stammesangehöriger. Offenbar hatte ihn das örtliche Fernmeldesystem – Trommeln – informiert, dass wir kamen. Dapala sprang vom Wagen, um sich mit seinem Freund zu unterhalten.

Als Dapala zurück in den Wagen kam, trug er ein großes Blatt, das sein Freund ihm gegeben hatte. Ich hatte gerade den Transporter auf den Urwaldpfad gelenkt, als Dapala sagte, dass das Blatt ein besonders beliebtes einheimisches Gericht enthielt, und bot mir etwas davon an.

Die Abwehrhaltung meines alten Ich sprang auf der Stelle an. *Bist du wahnsinnig?*, dachte ich. *Außer Gigi und Nola kannst du niemandem vertrauen! Dieser Stammesangehörige will dich dazu bringen, etwas Unbekanntes zu essen. Du weißt nicht, was es ist, ob es ordentlich gekocht wurde. Ist das sicher? Wird es dich krank machen? Du kannst ihm auf keinen Fall all diese Fragen stellen, ohne ihn zu beleidigen. Iss es nicht! Vertrau ihm nicht! Das ist nicht sicher.*

Dann meldete sich mein verändertes, neues Ich zu Wort: *Was ist nicht sicher? Das Essen oder das Vertrauen?*

Mein altes Ich konnte diese Frage nicht beantworten.

Mein neues Ich entschloss sich, Dapala zu vertrauen. Ohne hinzuschauen, griff ich in das Blatt, nahm etwas von der geheimnisvollen Masse zwischen Daumen und Zeigefinger und stopfte es in den Mund.

Nachdem ich einige Sekunden lang gekaut hatte, vermutete ich, dass der leckere, knackige, nussige Imbiss aus Palmensamen bestand – gemischt mit gebratenen tropischen Ameisen oder Termiten.

Langsam und vorsichtig kaute ich weiter. Aber egal, wie lange ich kaute, es blieben mir ständig Fühler und einzelne Fasern zwischen meinen Zähnen stecken.

Ein Junge hinten im Transporter schaute mir durch die Heckscheibe zu. Jedes Mal, wenn er berichtete, dass ich noch einen Happen genommen hatte, johlten die anderen vor Lachen. Dapala grinste breit und war sichtlich erfreut über meine Bereitschaft, diese Delikatesse mit ihm zu teilen.

Das große Sonntagstreffen zog Dutzende von Stammesangehörigen an und es waren jede Menge aufgeregter Kinder dabei. Dapala stellte mich mehreren Männern und ihren Frauen vor. Kaum eine Stunde nach unserer Ankunft war die Sonne verschwunden und die Dschungelnacht hüllte das Dorf in ihren schwarzen Mantel. Ohne das Leuchten von kleinen Feuern und einigen flackernden Öllaternen hätte ich nicht die Hand vor den Augen sehen können.

Nach Gesprächen und Singen auf Ngbaka war es Zeit für das Abendessen. Bevor das Essen serviert wurde, fragte Dapala laut: »Roh-bär, hat dir das geschmeckt, was du heute Nachmittag auf dem Weg hierher gegessen hast?«

»Aber natürlich!«, erwiderte ich. Dann fragte ich mit gerunzelter Stirn: »Dapala, Freund, was genau habe ich gegessen?«

»Es waren Termiten«, sagte Dapala grinsend. »Die Art, die große Erdhaufen baut. Sie waren in Palmöl gebraten.«

»Sie haben wirklich nicht so schlecht geschmeckt«, sagte ich mit einem Lächeln, »nur ihre Fühler und Scheren sind mir ständig zwischen den Zähnen stecken geblieben.«

Die Gruppe lachte und klatschte entzückt. Ich sah, dass Dapala zufrieden mit mir war, vielleicht sogar stolz.

Nach dem Abendessen sangen wir bis spät in die Nacht. Schließlich signalisierte Dapala, dass es an der Zeit war, schlafen zu gehen.

Als Dapala und ich vom Lagerfeuer weggingen, streckte er den Arm aus und hielt locker meine Hand. Wenn das in den Vereinigten Staaten passiert wäre, wäre ich entsetzt gewesen – aber nicht hier. Ein Missionar hatte mir erklärt, dass das eine Art war zu sagen: »Dieser Mann steht mir näher als ein Bruder. Das ist ein Mann, der es wert ist, für ihn zu sterben.«

Ich hatte noch nie einen Eingeborenen in der Öffentlichkeit die Hand eines *mondeli* halten gesehen. Später fand ich heraus, dass das außerordentlich selten war.

Als wir so fortgingen, sagte Dapala leise – nicht so sehr, um mich in ein Gespräch zu verwickeln, sondern mehr, um mich zu lehren: »Roh-bär, das sind meine Stammesgenossen, meine Dörfer, meine Familie. Ich bin nichts ohne sie.«

Er führte mich zu einem großen Haus mit vier Zimmern, einem Lehmfußboden, Lehmwänden und einem Grasdach. Wir sollten zusammen in einem Zimmer schlafen, in dem es ein großes Bett mit Bambusrahmen und einer Grasmatte und ein kleineres Bambusbett gab. Dapala bestand darauf, dass ich das größere nahm.

Meine Taschenlampe war die einzige Lichtquelle, als wir uns auf unsere Bettkanten setzten. Ich fragte, in welcher Sprache er beten wollte, bevor wir schlafen gingen; er schlug vor, dass jeder von uns in seiner eigenen Sprache beten sollte.

Mein Freund streckte die Hände aus und nahm meine und betete zum Gott des Universums in einer Sprache, die ich nicht verstand – außer, als er mit »*Jesu Christe*« endete. Ich betete in einer Sprache, die Dapala fremd war, außer, als ich mit »Jesus Christus« schloss.

Als wir das Gebet beendet hatten, schaute ich tief in seine dunklen Augen und sagte auf Lingala: »Wir kommen aus so unterschiedlichen Stämmen ... und doch versteht und liebt uns derselbe Gott.«

Nachdem wir gute Nacht gesagt hatten, schaltete ich die Taschenlampe aus und lag in der pechschwarzen Dunkelheit unserer Urwaldhütte. Ich brauchte kein Licht, um die Wahrheit sehen zu können: Egal, wo ich war, Gott war für mich und für jeden anderen da – unabhängig von Kultur, Sprache, Geschichte oder Hautfarbe.

Eine neue Identität begann sich für mich herauszukristallisieren. *Ich bin nicht mehr einfach nur ein Kind aus einem Waisenhaus,* dachte ich. *Ich gehöre zu Gottes weltweiter Familie.*

Es gab noch viele Probleme, die ich aufarbeiten musste. Aber in jener Nacht fiel ein wenig vom Narbengewebe meiner Kindheit ab.

Im Juni 1975 ging meine Zeit in Afrika zu Ende. Mich von meinen Missionarsgastgebern und Ngbaka-Freunden zu verabschieden, fiel mir schwer. Am Tag meiner Abreise tauschten Dapala und ich keine Worte aus – nur eine lange, schweigende Umarmung. Ich vergoss Tränen der Dankbarkeit für seine Freundschaft. Traurig erkannte ich, dass ich ihn wahrscheinlich in diesem Leben nicht wiedersehen würde. So stieg ich in den Wagen und schaute nicht zurück.

Acht von uns verließen an diesem Tag die Missionsstation. Wir verbrachten mehrere Wochen damit, 3200 fantastische, abenteuerliche und gefährliche Kilometer quer durch Afrika zu fahren, die in Nairobi, Kenia, endeten. Dabei sahen wir alles von den Pygmäen im Ituri-Wald, über schwer bewaffnete Männer in Ruanda und die Jagdgebiete der Serengeti, bis hin zum Ngorongoro-Krater. Ich würde eine Menge Geschichten haben, die ich Gigi erzählen konnte, wenn ich nach Hause kam.

Aber der wichtigste Teil meiner Missionsreise war eine Entwicklung in meiner eigenen Geschichte gewesen. Ich reiste mit einer größeren Bereitschaft zu vertrauen ab – und einer größeren Gewissheit, dass meine Aufnahme in Gottes weltweite Familie nicht von meiner Kultur oder Vergangenheit abhing.

# 24 Vergeben?

Bevor ich mich wieder auf den Weg nach Guilford machte, verbrachte ich eine Woche bei Gigi in ihrer Wohnung. Sie war körperlich schwächer, aber geistig voll auf der Höhe und hatte inzwischen ihren 81. Geburtstag gefeiert, während ich weg gewesen war. Wir erlebten herrliche Stunden zusammen, in denen ich von meiner Reise berichtete; jede Einzelheit schien ihr wichtig zu sein.

Ich hatte außerdem eine kurze Nachbesprechung im Büro der *Covenant World Missions*. Als der Direktor mir eine Rückerstattung für mein Abrechnungskonto reichte, war ich erstaunt. »Sie sollten das Konto noch einmal überprüfen, Sir«, protestierte ich. »Das ist mehr, als ich hatte, bevor ich abgereist bin.«

»Das ist das, was Sie übrig haben, Rob«, versicherte er mir. »Während Sie weg waren, haben verschiedene Gruppen und Einzelpersonen mehrere tausend Dollar zusätzlich zu den 3500 Dollar beigetragen, mit denen Sie angefangen haben. Es ist nicht ungewöhnlich, dass unsere Kurzzeitmissionare am Ende eine Rückerstattung bekommen. Wir haben schon oft erlebt, dass Gott für diejenigen sorgt, die seinem Ruf für ihr Leben folgen. Das ist für uns keine Überraschung mehr.«

Als ich mit meinem Scheck wegging, konnte ich nur denken: *Eine weitere Form von Gnade. Die Sache mit dem Gottvertrauen ist wirklich unglaublich!*

Bald wurde klar, dass Vertrauen nicht der einzige Bereich war, in dem das letzte Jahr mich verändert hatte. Aus meiner angeberischen, trotzigen Haltung schien langsam eine stille Zuversicht zu werden.

Am deutlichsten zeigte sich diese Veränderung auf meinem Weg zurück ins College, als ich in Atlanta haltmachte, um Onkel Arnold zu besuchen. Ich wusste, dass ihm Gesichtshaar zuwider war, und ich hatte immer noch einen Bart. In der Highschool hätte ich ihn behalten, nur um meine Unabhängigkeit zu beweisen; jetzt kam mir eine solche Konfrontation unnötig vor, also rasierte ich mich.

Als das Taxi mich in Onkel Arnolds Auffahrt absetzte, war allerdings ich derjenige, der überrascht war. Er wartete vor dem Haus auf mich, um mich zu begrüßen, und das hatte er bisher nie getan. Tränen glänzten in seinen Augen, als er mich wortlos in die Arme schloss – es war erst das zweite Mal, dass er mich umarmte.

Wieder im College, entschied ich mich für Sozialwesen als Hauptfach. Dass ich überlebt hatte, weckte in mir den Wunsch, auch anderen zu helfen.

Psychologie wurde zu einem meiner Lieblingsfächer. In diesen Kursen lernte ich, dass einige psychische Erkrankungen und unsoziale Verhaltensweisen sich auf – echten oder eingebildeten – Groll über Beleidigungen und Ungerechtigkeiten zurückführen ließen. Meine Professoren betonten, wie wichtig es ist, »Frieden mit der eigenen Vergangenheit zu schließen«.

Doch den Begriff der Vergebung schienen sie irgendwie zu vermeiden, und mir ging es genauso. Ich wusste, dass ich noch keinen Frieden mit meiner Vergangenheit geschlossen hatte. Genau genommen war ich gar nicht daran interessiert, es zu tun.

Doch dann hörte ich die Geschichte von Corrie ten Boom.

Corrie, eine niederländische Christin, und ihre Schwester Betsie, ihr Vater und mehrere Freunde waren 1944 verhaftet worden, weil sie Juden versteckt hatten, um sie vor Hitlers Gaskammern zu retten. Betsie und ihr Vater starben im Konzentrationslager Ravensbrück; Corrie überlebte und war jetzt in den Vereinigten Staaten, um über ihre Erfahrungen zu sprechen.

Sie erzählte oft, wie in einer Kirche, wo sie einen Vortrag gehalten hatte, ein Mann auf sie zukam und die Hand ausstreckte. Corrie erkannte ihn als ehemaligen SS-Wärter aus Ravensbrück. Er hatte an der Tür Wache gestanden, als sie und Betsie mit vorgehaltener Waffe in den Duschraum gestoßen und gezwungen worden waren, sich vor den spottenden deutschen Soldaten nackt auszuziehen. Jetzt bat er Corrie, ihm zu vergeben.

Corrie erzählte den Zuhörern, dass sie in jenem Moment nichts fühlte, nicht den leisesten Funken von Wärme oder Nächstenliebe. »Jesus«, betete sie, »ich kann ihm nicht vergeben.« Aber Gott forderte sie zur Vergebung auf und sie folgte diesem Ruf.

Am Ende ihres Vortrags gab Corrie ihren Zuhörern eine liebevolle, aber kühne Herausforderung mit auf den Weg: »Wem müssen Sie vergeben?«

Ich kannte die Antwort. Es kostete mich keine Anstrengung, meine kurze Liste aufzustellen.

»Denken Sie an die Worte in dem Gebet, das Jesus uns gelehrt hat«, sagte Corrie. »Gottes Lösung, wie wir vom Schmerz der Ungerechtigkeit heil werden können, ist, denen zu vergeben, die uns Unrecht getan haben.«

Corrie war dazu aufgefordert worden, einem Mann zu vergeben, der für Verletzungen, Schmerz und Schande stand. Ich wusste, dass Gott von mir verlangte, das Gleiche zu tun. Aber ich war nicht bereit dazu. Zwischen giftigen Schlangen und tropischen Ameisen durch den Urwald zu kriechen, erschien mir weniger schwer.

Die Tage vergingen, und wie ein Dorn, den ich nicht aus meinem Fuß ziehen konnte, kehrte Corries Frage immer wieder zurück und lag mir auf der Seele: »Wem müssen Sie vergeben?«

Ich antwortete schließlich, als ich eines Tages über den Campus ging. *Okay! Ich weiß, wem. Du willst meine Liste? Meiner Großmutter Pauline, meinem Vater, meiner Mutter. Hier, diesen Leuten! Ich habe deine Frage beantwortet. Bist du nun zufrieden? Jetzt lass mich in Ruhe.*

Ich weiß nicht, ob Corrie mit meiner Antwort zufrieden gewesen wäre. Ich wusste aber, dass ich es nicht war, und ich fing an, Gott zu sagen warum. *Komm schon! Wenn die Profis im Kinderheim nicht versucht haben, uns dazu zu bringen, den Erwachsenen zu vergeben, die ihren Müll auf uns abgeladen haben – oder schlimmer, uns missbraucht haben –, warum sollte ich mir dann die Mühe machen, irgendjemandem zu vergeben? Die drei bitten* mich *nicht darum,* ihnen *zu vergeben!*

*Wo liegt dann der Unterschied? Pauline ist tot, mein Vater ist hirntot und meine Mutter könnte das genauso gut auch sein. Sie werden es nicht einmal wissen, ob ich ihnen vergebe oder nicht!*

Schweigen.

Wochenlang kämpfte ich mit mir. Je weiter mein Abschlussjahr in Guilford fortschritt, desto mehr beanspruchte mich nicht nur die Aufgabe des Vergebens, sondern auch mein Studium.

Eines Morgens während der Gebetszeit in diesem Herbst 1976 legte ich wieder einmal Widerspruch ein: *Ist das wirklich nötig, um meine Vergangenheit zu überwinden und sogar die Chance zu haben, eine echte, normale Familie mit Vater, Mutter und Kindern zu haben?*

*Ich glaube nicht, dass ich ihnen vergeben kann! Allein der Versuch kommt mir erdrückend vor. Bist du dir sicher, dass ich den nötigen Verstand und die Kraft habe, auch nur zu versuchen, einem von diesen Dreien zu vergeben? Du meinst es mit dieser Sache nicht ernst, oder?*

Dann kam so ein Moment, in dem mir ein Gedanke, der nicht von mir stammte, in den Sinn kam. Dieses Mal war es nur ein Wort. *Anfangen.*

War Gott meinen Widerstand leid? Ich wusste es nicht. Aber ich hatte gelernt, dass immer dann, wenn Gott sprach, die Gebetszeit vorbei war; es war an der Zeit, dass ich über die Botschaft nachdachte. *Anfangen? Wo anfangen?*

Ich hatte keine Ahnung von den Gefahren einer solchen Reise. Und der Einzige, der sie antreten konnte, war… ich.

# 25 Pauline

Als ich über die drei Menschen nachdachte, die mir den meisten Schmerz zugefügt hatten, fand ich, dass es am leichtesten sein würde, Pauline zu vergeben. Sie war gestorben; ich hatte keine Träne vergossen.

Jetzt versuchte ich, mehr über sie zu erfahren. Ein Gespräch mit ihrer Tochter, meiner Tante Alice, führte nicht weit. Alice war freundlich, wollte aber nicht über die Vergangenheit reden. Vielleicht lag es an dem Wunsch, »schlafende Hunde nicht zu wecken« oder daran, dass es für sie persönlich schwer war – auf jeden Fall gewann ich keine Erkenntnisse.

Meine Psychologieprofessoren hatten mich gelehrt, nach der Motivation von Menschen zu fragen, also spielte ich meine Erinnerungen an Pauline noch einmal durch und analysierte sie. Ich dachte darüber nach, wie sie Tante Alice, Onkel Mack, ihre Kinder und ihre Haushaltshilfe behandelt hatte. Es begann mir zu dämmern, dass sie in einer anderen Welt gelebt hatte.

In Paulines Welt waren ihre eigenen Ziele offenbar so wichtig, dass sie von jedem in ihrer Umgebung erwartete, an ihrer Verwirklichung mitzuarbeiten. In dieser Welt war alles wunderbar – Pauline eingeschlossen. Es war beinahe so, als betrachtete sie sich als Vorbild für alle Frauen.

Doch dieser Inbegriff von sanfter Südstaatenweiblichkeit attackierte sämtliche Leute und Vorstellungen, die ihr Unbehagen bereiteten. Oft begann sie eine Tirade gegen meine Mutter, schwarze Menschen oder Juden mit den Worten: »Ich habe nur die besten Absichten, wenn ich das sage.«

Meine Vermutungen über diese Frau waren vielleicht zutreffend, aber ich konnte keine Antworten auf meine wichtigsten Fragen finden: *Warum wollte sie nicht zulassen, dass irgendjemand in Atlanta mich aufzog? Wie konnte sie mir eine normale Kindheit verweigern? Wie konnte ich denn eine Blamage für sie sein?*

Ich steckte fest. Alle meine Antworten waren zu persönlich. Als ich klein war, nahm ich an, das Leben sei schlecht, weil ich schlecht gewesen war. Selbst jetzt kam es mir so vor, als wäre etwas an mir – etwas, das ich gesagt oder nicht gesagt, getan oder nicht getan hatte, gewesen oder nicht gewesen war, wie ich ausgesehen oder nicht ausgesehen hatte –, durch das Pauline sich angegriffen gefühlt hatte.

Immer wieder rang ich mit der Frage: *Was war es? Was war das Es?* Und immer wieder kam ich an diesem Punkt nicht weiter.

Ich bemühte mich weiter. Ich erinnerte mich daran, wie Pauline mich ihren »liebsten Robby« genannt und mir gesagt hatte, dass sie mich liebte. Ich erinnerte mich daran, wie sie – mehr als einmal – gesagt hatte: »Ach Robby, ich bin so glücklich, dass du an so einem guten Ort lebst.« Ich erinnerte mich daran, wie sie mir monatlich 60 Dollar für meine Rechnungen im Kinderheim geschickt und mich oft an »all die Auslagen, die ich bezahle« erinnert hatte.

In ihrer Vorstellung lebte ich offenbar in einer idyllischen Umgebung – wuchs in einem gemütlichen Haus umgeben von glücklichen Spielkameraden und aufmerksamen Kindermädchen auf. Das Kinderheim war vielleicht besser als manches andere gewesen, aber es hatte in keiner Weise ihrer Fantasie entsprochen.

Dennoch trugen diese Überlegungen nichts dazu bei, meine größte Frage zu beantworten: *Was war an mir gewesen, weswegen sie sich abgewendet hatte?*

Eines Morgens, nachdem ich den Himmel mit dieser Frage bombardiert hatte, stellte ich fest, dass ich einen Gedanken hatte, der nicht von mir stammen konnte. Er wäre mir nie in den Sinn gekommen: *Nichts.*

Es gelang mir immer besser, mich bei Gott zu beschweren: *Was meinst du mit »nichts«? Wir reden nicht über ein falsch gewähltes Wort oder eine vergessene Geburtstagskarte! Wir sprechen über meine ganze Kindheit!*

Schweigen. Offensichtlich wollte Gott mich dazu bringen, es allein herauszufinden.

Ich steckte weiterhin fest – bis ein Collegefreund mir eine Geschichte erzählte: Er war an einem Samstagabend mit einer Frau ausgegangen, für die er schwärmte. Nachdem er sie heimgebracht hatte, fuhr er im Auto seines Vaters zurück zum Haus seiner Eltern. Weil er noch über den wunderbaren Gutenachtkuss nachdachte, den die Freundin ihm gegeben hatte, verfehlte er eine Kurve und fuhr geradewegs in einen Telefonmast.

Glücklicherweise wurde er nicht verletzt. Der Wagen hingegen war reif für einen längeren Werkstattaufenthalt.

»Ich fühlte mich wirklich schlecht und dumm«, erzählte er mir. »Aber Vater war außer sich. Er wollte an meinem Atem und meinem Hemd riechen, ob ich getrunken oder Marihuana geraucht hatte. Er bat sogar die Polizei, mich einem Alkoholtest zu unterziehen. Es war peinlich, auch wenn ich nichts davon getan hatte. Die ganze Nacht lang brüllte Vater: ›Wie konntest du mir das antun?‹«

»Was hast du geantwortet?«, fragte ich.

»Eine ganze Weile sagte ich nichts. Ich liebe meinen Vater und kenne ihn ziemlich gut. Er musste nur Dampf ablassen. Nach der Kirche und beim Mittagessen fing er wieder damit an, dieses Mal aber nicht mehr so heftig. Ich sagte einfach: ›Vater, es war nichts Persönliches. Es hatte nichts mit dir zu tun. Ich hab geträumt und einen Fehler gemacht, einen schlimmen Fehler – aber ich habe es nicht getan, um dir wehzutun. Ich war einfach nur dumm und fahrlässig. Es hatte nichts mit dir zu tun.‹«

Nachdem mein Freund und ich unser Gespräch beendet hatten, ging ich lange spazieren. *Manchmal hast du eine komische Art zu kommunizieren, Gott. Echt komisch!*

Ich wusste, dass Gott den Autounfall nicht verursacht hatte, um mir eine Lektion zu erteilen, aber ich lernte etwas. Konnte es sein, dass Paulines Verhalten nur wenig mit mir zu tun hatte? War möglicherweise überhaupt nichts Persönliches an der Tatsache, dass ich durch sie gezwungen war, in einem Waisenhaus statt bei einem meiner reichen Großonkel aufzuwachsen?

Vielleicht wollte sie nicht, dass Mutter mich in Atlanta besuchte – oder schlimmer noch, dorthin zog. Vielleicht ging Pauline unangenehmen Dingen einfach aus dem Weg, indem sie so tat, als gäbe es sie nicht.

Konnte es sein, dass sie nie auch nur vermutet hätte, dass sie gemein zu mir war? Immerhin nahm sie an, dass ich in der wunderbaren Fantasiewelt lebte, die sie für mich erträumte. Andererseits war sie einfach zu sehr von sich eingenommen, um darüber nachzudenken, inwiefern ich von ihrer Entscheidung betroffen sein könnte.

Ich wusste, dass die Nachwirkungen von Paulines Verhalten mich immer begleiten würden. Aber sie war jetzt tot und konnte mir nicht mehr direkt wehtun. Ich musste mich daran erinnern, dass das, was sie in der Vergangenheit getan hatte, nichts mit dem Mann zu tun hatte, der ich heute war.

Immer wenn die inneren Stimmen behaupten wollten, Paulines Zurückweisung müsse persönlich gemeint gewesen sein, konnte ich ihnen sagen, dass meine Großmutter wie mein Collegefreund war. Genau wie sein Unfall kein Angriff auf seinen Vater war, waren Paulines Handlungen nicht gegen mich gerichtet. Ich hatte Jahre damit verbracht, mich zu fragen, was ich falsch gemacht hatte, und vielleicht lag es überhaupt nicht an mir.

Das war keine beglückende Erkenntnis, aber sie war ein Schritt auf dem Weg der Vergebung. Nachdem ich einige weitere Wochen mit dem Problem gekämpft hatte, kam ich an den Punkt, wo ich ehrlich und ernsthaft darüber beten konnte. »Gott, Pauline hat mir wehgetan. Aber ich glaube nicht, dass sie es mit Absicht getan hat. Ich glaube, sie wollte sich einfach ihr eigenes Leben leichter machen. Sie war egoistisch, und in ihrem ganzen Egoismus hat sie viele Leute verletzt, nicht nur mich. Obwohl sie es nie erfahren wird, vergebe ich ihr. Wenn meine Wut auf sie wiederkommt, hilf mir bitte, ihr wieder zu vergeben.«

Gott erhörte dieses Gebet. Er half mir, meine Wut auf Pauline loszulassen und warf sie weit weg, »so fern der Osten vom Westen ist«. *Eine erledigt; bleiben noch zwei.*

Pauline zu vergeben, war schwer gewesen. Ich war überrascht festzustellen, dass es nicht unmöglich gewesen war. Meinem Vater zu vergeben sollte weitaus schwieriger werden.

Großmutter Pauline, 1955.

# 26 Vater

Als ich mich an den Versuch machte, meinen Vater zu verstehen, fiel mir als Erstes Gigis Geschichte von den Hochzeitsmöbeln ein. Sie schien das Schlachtfeld zu verdeutlichen, auf dem mein Vater wohl ums Überleben gekämpft hatte.

Ein Haus mag für einen Mann seine Burg sein, aber es einzurichten ist meist das Vergnügen der Frau. Offenbar nicht in Paulines Welt. Aus einer Entfernung von über 1600 Kilometern hatte sie etwas inszeniert, was sie nach meiner Überzeugung für ein wunderbares Hochzeitsgeschenk hielt. Ohne es mit ihrem Sohn oder dessen junger Frau abzusprechen, hatte sie Möbelpacker engagiert, die die Einrichtung in der Wohnung der Jungvermählten entfernen und ersetzen sollten.

Der Ersatz war teuer – brandneues Mahagoni. Er war auch vollständig – Couch, Sessel, Lampen, Lampenständer, Esstisch, Couchtisch, Kommode, Frisiertisch, großer Spiegel, Schreibtisch und Doppelbett.

Ich versuchte, mir das Gesicht meines Vaters vorzustellen, als er die Tür öffnete und seine Braut über die Schwelle trug. Ihre Möbel waren verschwunden. Ihr gemütliches neues Zuhause war in etwas verwandelt worden, was eine andere Frau sich unter einer ordentlichen Südstaatenvilla vorstellte.

Es erforderte keine Mühe, mir Mutters Zorn auszumalen. Noch Jahre später spuckte sie jedes Mal die Worte förmlich aus, wenn sie sagte: »Dein Vater war ein dummer Schwächling. Er hat sich dieser hinterhältigen Frau nicht ein einziges Mal entgegengestellt!«

Es fiel mir nicht schwer, das Dilemma zu sehen, in dem mein Vater sich befand. Er war zwischen zwei eigensinnigen Frauen gefangen.

Nach dem zu urteilen, was Gigi und Mutter mir über ihn erzählt hatten, hasste Vater die Konfrontation. Ich nahm an, dass er schon in jungen Jahren gelernt hatte, sich Paulines Willen zu beugen, weil dies der einfachste Weg war. Nun musste er nur noch lernen, mit Mutters unkontrollierten Wutausbrüchen umzugehen.

Vielleicht hatte er versucht, Mutter zu beruhigen, indem er ihr erklärte, dass die Möbel mehr waren, als er sich leisten konnte, und dass es klug wäre, wenn sie sie behielten. Ihr war es natürlich egal, ob das Geschenk eine Million Dollar gekostet hatte. Ihre Wut beruhte auf der »anmaßenden Einmischung dieser Frau« in ihrem Leben.

Nun saß er also in der Falle zwischen einer schimpfenden Ehefrau und einer »hilfsbereiten Mutter«. Die beiden mussten ihm vorgekommen sein wie die peinigenden Harpyien, von denen ich in Dantes *Hölle* gelesen hatte. Mein Vater konnte offenbar keinen Weg finden, sich aus ihren Klauen und von ihren ständigen gegenseitigen Angriffen zu befreien.

Als ich versuchte, etwas über Vaters Arbeit in der Werbebranche herauszufinden, geriet ich in eine Sackgasse. Gigi kannte niemanden, der mit ihm zusammengearbeitet hatte, und Tante Alice erinnerte sich an keinen seiner früheren Freunde aus Atlanta. Aber ich wusste, dass die Werbung eine anspruchsvolle Branche war, in der sehr viel Druck herrschte; wahrscheinlich hatte er unter täglichem Stress gearbeitet. Meine Geburt und Mutters Stimmungsschwankungen mussten den Druck noch verstärkt haben.

»Mehr als einmal hat mich dein Vater panisch angerufen, wenn er nach Hause in die Wohnung kam und dich allein vorfand«, erzählte mir Gigi. »Du lagst mit dreckigen Windeln in deinem Kinderbett und weintest vor Hunger. Deine Mutter war unauffindbar und hatte keine Nachricht hinterlassen, wohin sie gegangen war. Einige Male kam Joyce nicht einmal am Abend nach Hause. Wenn sie dann wieder auftauchte, erklärte sie nie, wo sie gewesen war, oder sie versuchte sogar zu rechtfertigen, warum sie dich allein gelassen hatte. Sie benahm sich, als wäre alles in Ordnung, und bekam einen Wutanfall, wenn dein armer Vater ihr Fragen stellte. Also hörte er damit auf. Auf ganz seltsame Weise schien es, dass jedes Mal, wenn dein Vater sich nicht die Mühe machte, sie zur Rede zu stellen und eine Erklärung zu verlangen, deine Mutter ihn weniger respektierte. Es war, als hätte er sich in ihrer Vorstellung von ihrem strahlenden Prinzen zu einer erbärmlichen Kröte verwandelt.«

Ich war überrascht von Gigis Freimütigkeit. Sie milderte ihre Aussagen ab, indem sie hinzusetzte: »Ich hatte immer das Gefühl, dass der arme Robert sich in den Alkohol flüchtete, um Stress abzubauen. Als die Situation schlimmer wurde und die Ehe bröckelte, trank er immer mehr. Ich nehme an, durch den Alkohol schaffte er sich nur zusätzliche Konflikte und Schwierigkeiten in seinem Leben, weil er versuchen musste, seine Sucht bei der Arbeit zu verheimlichen. Deine Mutter war damals auch eine schwere Trinkerin und nahm irgendeine Art von Beruhigungspillen. Es war eine schreckliche Situation, Robby, und ich konnte rein gar nichts tun, um das zu beenden.«

Ich konnte mich nicht dazu bringen, Vater »arm« zu nennen, obwohl er mir durchaus leid tat. Trotzdem musste es ihm doch möglich gewesen sein, andere Entscheidungen zu treffen. Bald stand ich vor einer schwierigen Frage. Wie konnte mein Vater seine Frau und seinen Sohn verlassen und zurück zu seiner manipulativen, dominanten Mutter gehen?

Wenn er Chicago verlassen und mich mitgenommen hätte, hätte ich das vielleicht verstanden. Aber warum hatte Vater mich bei Mutter gelassen, wenn er doch wusste, dass sie sich nicht gut um mich kümmerte? Ich konnte keine Antworten auf diese Fragen finden.

In Bezug auf den Selbstmordversuch meines Vaters hatte ich einige Dinge gelernt, als ich während meiner Collegezeit ehrenamtlich bei der Telefonseelsorge gearbeitet hatte. Man sagte mir, dass Menschen, die selbstmordgefährdet sind, oft davon reden, dass sie eine erdrückende Verzweiflung spüren. Manche haben das Gefühl, dass sie in Hoffnungslosigkeit, Versagen und Wertlosigkeit untergehen. Viele erleben das erstickende Gefühl, ungeliebt und ungewollt zu sein.

Diese Dunkelheit kann das Opfer überwältigen und vernünftige Überlegungen und den Selbsterhaltungstrieb ausschalten. Die meisten Menschen schreien nach Hilfe, wenn sie in Schwierigkeiten stecken, aber dieser Schrei steigt in Kopf und Herz von selbstmordgefährdeten Menschen oft nicht mehr auf.

Der Versuch, die Dunkelheit zu verstehen, die meinen Vater umgeben haben musste, war schmerzhaft. Aber ich musste eine Frage beantworten, die mich immer verfolgt hatte: *Wie konnte er mich verlassen?*

Endlich begann ein schwaches Licht am Rand des Horizonts zu erscheinen. *Könnte es sein, dass wie bei Pauline die Entscheidungen meines Vaters gar nichts mit mir zu tun hatten?*

Wenn mein Vater heute klar denken und sprechen könnte, was würde er sagen? Vielleicht, dachte ich, wäre es etwas wie: »Mein Sohn, die Wolken der Hoffnungslosigkeit senkten sich über mir herab. Ich hatte nur noch den Trieb zu überleben, meine körperliche und emotionale Existenz zu schützen. Die Depression war so schwer, dass sie mein Urteilsvermögen ausschaltete und ich einfach an nichts anderes mehr denken konnte.«

Vielleicht hatte Vater mich emotional verlassen, lange bevor er Chicago verließ. Als seine Karriere und seine Ehe zusammenbrachen, fühlte er sich wahrscheinlich wie ein Versager. Seine Schwermut verschlimmerte sich bestimmt bei der Aussicht, seiner Mutter diese Niederlagen gestehen zu müssen.

Ich konnte Paulines Antwort förmlich hören, als er zugab, dass sein Leben in Scherben lag: »Ich hatte nur die besten Absichten für dich, Robert, als ich dir nahelegte, Joyce besser nicht zu heiraten. Wenn du auf mich gehört hättest, wärst du jetzt nicht in dieser Lage.«

Ich wusste es nicht genau, vermutete aber, dass mein Vater nie Hilfe gesucht hatte. Wenn doch, war die Therapie nicht effektiv gewesen. Ich wusste ebenso wenig, warum er den Keller von Paulines Haus für die endgültige Demonstration seines Schmerzes gewählt hatte. Vielleicht rief er um Hilfe und hoffte, dass jemand es hören würde. Vielleicht wollte er, bewusst oder unbewusst, seine Mutter an der Stelle treffen, an der es sie am meisten verletzen würde – sie gesellschaftlich zu blamieren.

Ich wusste nicht, warum mein Vater mit dem Druck nicht umgehen oder ihn relativieren konnte. Er hätte wohl, so dachte ich, einen weniger stressigen Arbeitsplatz finden und eine Eheberatung in Anspruch nehmen können. Er hätte zum Arzt oder zu einem Therapeuten gehen können. Er hätte seine Schwester Alice oder seine Schwiegermutter Gigi bitten können, mich aufzunehmen, während er für sich und seine Frau Hilfe suchte.

Wieder einmal steckte ich fest. Ich wollte diesen Mann verstehen, damit ich ihm aufrichtig vergeben konnte. Ich fing an zu überlegen: Würde es helfen, in diese psychiatrische Klinik zu gehen und endlich diesen Fremden kennenzulernen, der mein Leben so in Mitleidenschaft gezogen hatte?

Während eines Besuchs in Atlanta besprach ich das mit Onkel Arnold.

»Aus Liebe zu deinem Großvater Mitchell«, sagte er, »besuche ich deinen Vater jeden Monat. Aber du musst begreifen, dass er, wenn du ihn besuchst, nicht wissen wird, wer du bist. Ich habe mit den Krankenhausärzten darüber gesprochen, ob du mich begleiten könntest. Sie sagten mir, dass er, wenn er doch weiß, wer du bist, vielleicht sehr heftig darauf reagiert. Nicht deinetwegen, sondern weil du sein gescheitertes Leben verkörperst. – Rob, du hast mir erzählt, dass du keine Erinnerung an deinen Vater hast. Was gewinnst du, wenn du als deine einzige Erinnerung die an einen Mann hast, der laufen, aber sich nicht selbst anziehen kann, an einen Mann, der keinen vollständigen Satz sagen kann, einen Mann, der oft Windeln tragen muss, weil er seine Blase nicht kontrollieren kann? Ich werde tun, was du willst, Junge. Ich nehme dich mit, wenn du darauf bestehst, aber warum möchtest du dieses Bild in deinem Kopf haben?«

Ich setzte mich intensiv mit Onkel Arnolds Ratschlag auseinander. Schließlich musste ich ihm aber zustimmen, dass es besser war, kein geistiges Bild von meinem Vater zu haben als so eines.

Als ich mit Gott über die Angelegenheit sprach, geschah es voller Frustration. *Also, warum willst du, dass ich einem Mann vergebe, den ich nicht kenne, nicht verstehe und im Grunde nie kennengelernt habe? Kann ich es nicht zuerst irgendwie verstehen?*

Nach mehreren Monaten des inneren Kampfes gelangte ich zur gleichen Schlussfolgerung wie in Bezug auf Pauline: Die Entscheidung meines Vaters, zu gehen und einen Selbstmordversuch zu unternehmen, hatte nichts mit mir zu tun.

*Aber*, sagte ich zu Gott, *selbst wenn ich diese Tatsache akzeptiere, hilft mir das eigentlich nicht. Ein Vater sollte seinen Sohn lieben. Er sollte für seine Familie eine beständige Kraftquelle sein. Er sollte ein Beschützer, Verteidiger und Vorbild sein. Er sollte derjenige sein, der seinem Jungen beibringt, wie man sich rasiert, hart arbeitet und Frauen versteht. Wie konnte er nur gehen?*

Ich wusste, dass Millionen anderer Menschen das Gleiche über ihre Väter sagen konnten. Dieser Umstand war kaum tröstlich.

Mein innerer Kampf nahm eines Tages eine unerwartete Wendung, als ich mit einer Gruppe von jungen Männern und Frauen arbeitete, die Rettungsschwimmer werden wollten.

Als alle am tiefen Ende des Schwimmbeckens Wassertreten machten, erklärte ich: »Wenn das Opfer nicht aufhört, um sich zu schlagen, holt tief Luft. Taucht unter Wasser, packt beide Beine des Opfers fest mit der Hand. Dreht das Opfer um, sodass es mit dem Rücken zu euch zeigt, und dann schiebt seinen Körper an die Wasseroberfläche. Haltet es dabei gut fest. Das bringt das Opfer unter Kontrolle und gibt ihm das Gefühl, festgehalten zu werden. Wenn ihr es unter Kontrolle habt, könnt ihr auftauchen, aber lasst nicht locker. Legt den rechten Arm über die rechte Schulter des Opfers und über seine Brust und hakt die Hand unter seiner linken Achselhöhle ein. Das beruhigt die meisten Opfer sofort.«

Ich demonstrierte es an einem Schüler und ließ sie dann alle das Gleiche mit mir machen. »Jetzt kommt der schwere Teil«, warnte ich sie. »Nicht alle Opfer sind passiv, und ich werde es jetzt auch nicht sein. Ihr bekommt alle einen Versuch, und dann werden wir es wiederholen.«

Als sie versuchten, mich zu retten, trat und schlug ich um mich, stieg ihnen auf den Kopf und hielt sie unter Wasser fest. Hinterher schauten mich die perplexen und erschöpften jungen Männer und Frauen an, als wäre ich wahnsinnig.

»Du hast mich beinahe umgebracht!«, keuchte eine.

»Ich dachte, ich sollte dich retten!«, griff mich ein anderer an.

»Ich dachte, ich sterbe«, klagte ein Dritter.

Ich erklärte, dass Opfer mit panischer Angst sich so verhielten. »Sie denken nicht rational genug um zu erkennen, dass ihr versucht, sie zu retten.«

»Aber Rob«, protestierte eine Schülerin, »wir hätten beide ertrinken können!«

Natürlich wollte ich genau darauf hinaus. »Vergesst niemals die folgende Regel«, sagte ich. »Es ist besser, dass ein Mensch ertrinkt, als zwei.« Dann fügte ich hinzu: »Ihr könnt keinen retten, der sich nicht retten lassen will.«

Später, als ich allein unter der Dusche im Umkleideraum stand, wurde mir klar, dass diese Tatsache auch auf mich zutraf.

Vielleicht musste mein Vater mich loslassen, während er versuchte, sich selbst zu retten. Vielleicht war er überzeugt gewesen, dass er mich auch nicht retten konnte, wenn er sich nicht selbst retten konnte. Vielleicht hatte er gehofft, dass der Fluss des Lebens gnädig zu seinem kleinen Jungen sein und mich an irgendein friedliches Ufer spülen würde.

Ich bedauerte die Entscheidungen meines Vaters und dass er ein solcher Schwächling zu sein schien. Aber ich wusste, dass mein Schmerz die Vergangenheit nicht ändern konnte. Wenn ich weitergehen wollte, musste ich dem Mann ehrlich vergeben, der nicht die geistige Fähigkeit hatte zu verstehen, was das bedeutete.

Als ich da unter dem heißen Wasser der Dusche stand, erinnerte ich mich dankbar an die Busfahrt, als der Schöpfer des Universums mir zu verstehen gegeben hatte, dass er mich adoptieren wollte. Ich fühlte mich, als stünde ich unter einem heilsamen Regen, und gab still meinen Groll gegen meinen Vater auf. Es schien, als würde ein Teil des »Schmutzes« meiner Kindheit weggespült.

Ich holte tief Luft und atmete dann mit einem langsamen Seufzer der Erleichterung aus. *Zwei erledigt, bleibt noch eine.*

Mutter zu vergeben sollte die schwerste Aufgabe von allen sein.

# 27 Mutter

Der Versuch, Mutter zu verstehen, war wie der Abstieg in ein Gemälde von Salvador Dali, umfangen von einem kafkaesken Albtraum. Manchmal schien es möglich, ihr Wesen zu erfassen. Dann tauchte eine andere unangenehme Erinnerung auf und ihr Wesen entglitt mir und hinterließ das Gefühl, als müsste ich wieder von vorn anfangen.

*Wie kann ich der Frau vergeben, die alles symbolisiert, was in meiner Kindheit schiefgelaufen ist, wenn sie nicht lange genug stillsteht, damit ich sie kennenlernen kann?*

Als kleiner Junge hatte mich ihr Verhalten immer verwirrt und ich hatte nie gewusst, wie ich mich in ihrer Gegenwart verhalten sollte. Als junger Erwachsener wusste ich, dass die Gesellschaft und die Bibel sagten, ich solle meine Eltern achten. *Aber wie kann ich eine Mutter achten, die mich entführt hat, mich Gigi vorenthalten hat und dann betrunken in meine Abschlussfeier an der Junior Highschool getaumelt ist?*

Ich konnte mich an eine Zeit erinnern, in der Mutter eine kurze stabile Phase erlebt hatte. In jenem Sommer gingen Gigi und ich in die Stadt, um uns mit ihr zum Mittagessen zu treffen. Mit ihrem schlanken Körper und ihren modernen Kleidern sah Mutter umwerfend aus. Als wir das Gebäude verließen, wo sie arbeitete, drehten sich Männer um, um sie anzusehen. Ein Schimmer von Stolz und Hoffnung stieg in meinem Herzen auf.

Unglücklicherweise schwand diese Stabilität dahin wie ein Schneemann im Frühlingstauwetter. Mutter landete in einer anderen psychiatrischen Klinik – und später auf der Straße. Weitere Elektroschockbehandlungen und zahlreiche Medikamente konnten ihren Zustand nicht verbessern. Als sie entlassen wurde, trank sie und weigerte sich, ihre Medikamente nach Vorschrift zu nehmen.

Als ich in die Pubertät kam, hatten die Therapeuten im Kinderheim mich ermuntert, Mutter gegenüber Mitgefühl zu haben, da ihre Geisteskrankheit der Grund für ihr Verhalten war. Aber nach so vielen Jahren des inneren Tumults schien es mir zu zermürbend, mich um Mitleid zu bemühen.

Joyce Mitchell, Mutter des Autors, 1967. Sie war gerade aus einer psychiatrischen Klinik entlassen worden und kämpfte in einem Rehabilitationszentrum ums Überleben.

Mutters Entscheidung, mich ins Waisenhaus zu stecken, war ein großer Stolperstein auf dem Weg zur Vergebung – besonders seit ich erfahren hatte, dass sie eine andere Wahl gehabt hätte. Offenbar hatte ein Krankenhausseelsorger sie dazu bewegen wollen, mich Gigis Fürsorge zu überlassen, bis sie wieder auf die Beine kam. Aber Mutter wollte nichts davon hören und erklärte, Gigi sei eine »Dame der hohen Gesellschaft«, die nicht von mir belästigt werden wolle. Egal, wie sehr ich mich bemühte, ich konnte es nicht verstehen. Es schien mir eine so grausame, boshafte Entscheidung zu sein.

Wenn ich Mutter in jener Zeit besuchte, dann nur widerwillig. Sie war im vorigen Sommer in ein Übergangsheim gekommen, in der Nähe des zwielichtigen Wohnhauses, wo wir zwölf Jahre zuvor festgenommen worden waren. Gelegentlich zwang ich mich, sie dort auf Gigis Bitten hin zu besuchen – kurz.

In diesem Übergangsheim begrüßte der Pförtner die Besucher hinter kugelsicherem Glas und ließ sie nur hinein, wenn sie ihren Ausweis zeigten. Mutter hasste diese Prozedur. »Ich bin über 50 und sie behandeln mich wie ein kleines Kind«, murrte sie. »Das Personal verhält sich wie Tierpfleger im Zoo. Es ist ganz klar, dass sie nicht glauben, dass es auch nur einem von uns je gut genug gehen wird, um allein zu leben. Ihre kleinlichen Regeln machen mich wahnsinnig.«

Ihr Zimmer war kaum groß genug für ein Bett, eine Kommode und einen Sessel. Das Personal bestand darauf, dass sie jeden Morgen ihr Bett machte, bevor sie frühstücken konnte. Dann musste sie eine Liste täglicher Aufgaben abarbeiten. Sie verdiente sich Punkte für alles, was sie tat, und wurde in diesem System mit extra Taschengeld belohnt. Ich nahm an, dass es gut für sie war, in diesem Heim zu sein. Wenigstens bot es ihr Schutz vor dem Missbrauch, dem sie auf der Straße ausgesetzt gewesen war.

Einige Stunden lang saßen wir dann in einem nahe gelegenen Imbiss und aßen zusammen. Da sie für die Rechnung immer Kleingeld abzählte, bestellte ich nur das Nötigste und trank Wasser.

Manchmal klang Mutter wie bei Verstand, aber von einer Sekunde zur nächsten wurde ihr Gerede bizarr. Sie sprach davon, dass sie obdachlos und hungrig gewesen und geschlagen und ausgeraubt worden sei. Ich fragte mich, ob sie sich je prostituiert hatte um zu überleben; sie sagte es nie und ich fragte nie nach.

Gelegentlich verdrehte sie ihr begrenztes Bibelwissen in persönliche Prophezeiungen. Eines Tages redete sie über meine zukünftige Ehefrau: »Ich bete jeden Tag, dass du die richtige Frau findest, Robby. Und dass du sie ja herbringst und mir vorstellst! Mach keine Dummheiten, bis ich dir sage, dass sie gut genug für dich ist.«

*Ja, sicher!*, dachte ich. *Das ist das Letzte, was ich tun werde.*

An einem Abend, als ich wieder einmal versuchte, sie zu verstehen, erinnerte ich mich an die Regenzeit in Afrika. Gewitterwolken kamen und schwebten dicht über dem Boden; es blitzte viel und heftig. Der Boden unter meiner Hütte erbebte und ich wäre am liebsten an einen sichereren Ort gerannt.

Ich fragte mich, ob Mutter sich immer inmitten eines solchen Gewitters befand, psychisch betrachtet. Ich hatte nie ihre offizielle Diagnose erfahren. Paranoia? Schizophrenie? Manische Depression? Alles davon oder etwas anderes? Egal, wie es hieß, es war ein unberechenbarer Albtraum von Depression, Alkoholismus, Verbitterung, Wut und Desorientierung.

Ich schwankte ihr gegenüber zwischen Mitleid und Wut. Eines veränderte sich allerdings nicht: Ich wollte sie nicht in meinem Leben haben! Allein der Gedanke, mich mit ihr auseinandersetzen zu müssen, bereitete mir Magenschmerzen.

*Sie wird zur Hochzeit kommen wollen, wenn ich heirate. Wie werde ich damit umgehen? Wie kann ich verhindern, dass sie davon erfährt? Wenn sie herausfindet, dass sie nicht eingeladen war, lässt sich nicht vorhersehen, was sie tun wird. Wer weiß, welche Art Bemerkungen sie in Gegenwart meiner Frau macht, falls sie sich je kennenlernen?*

Ich rief mir ins Gedächtnis, dass Mutter allerdings praktisch mittellos war. Ihre einzige Möglichkeit, nach Greensboro zu gelangen, wäre, per Anhalter zu fahren – eine Herausforderung, die sie in dieser Phase ihres Lebens nicht meistern konnte.

Dennoch kamen die Sorgen immer wieder hoch. *Wenn ich heirate, sähe es ihr ganz ähnlich, mit einem dämlichen Plan anzukommen und zu verkünden: »Tja, da ich deine Mutter bin, warum kann ich nicht zu euch ziehen, damit ihr euch um mich kümmern könnt?«*

*Wenn ich ihr tatsächlich vergebe, wie werde ich mit diesem Thema umgehen?*

*Und was ist mit unseren Kindern? Werde ich sie vor ihrer psychisch kranken Großmutter verstecken müssen? Werden sie wissen müssen, dass sie geistesgestört ist und in einem Übergangsheim wohnt? Sie sollten sie nicht besuchen müssen oder ihr ausgesetzt sein!*

Es war nicht so, dass Mutter böse war; ich wusste, dass sie einfach krank war. Gelegentlich litt ich mit ihr; sie war so gefangen in den Problemen, für die es keine offensichtliche Hoffnung oder ein Entkommen gab. Manchmal erinnerte ich mich auch an den vielen Schmerz, den sie mir in der Kindheit zugefügt hatte, und schaute mit Härte auf sie.

Ich war gegen Mauern gerannt, als ich Pauline und meinem Vater vergeben wollte, aber der Versuch, Mutter zu vergeben, war viel schlimmer. Ich konnte das Chaos von Joyce Mitchells Herz, Seele und Verstand nicht durchdringen. Im besten Fall konnte ich sie nur als Opfer betrachten, das manchmal darum kämpfte, die eigene seelische Dunkelheit zu überwinden, und dann doch immer wieder hineingezogen wurde.

Aber war das genug? Das fünfte Gebot, »Ehre deinen Vater und deine Mutter«, beunruhigte mich weiterhin. *Wie kann ich das schaffen?*, beschwerte ich mich dann. *Wie kann ich jemanden ehren, der das nicht verdient hat?*

Nach zahllosen Stunden, in denen ich mich mit solchen Gedanken herumschlug, kam ich zu einer schwierigen Schlussfolgerung. In gewisser Hinsicht hatte Joyce Mitchell ihr Recht, meine Mutter zu sein, verwirkt. Sie hatte mir das Leben geschenkt. Doch damit war ihre Aufgabe nicht erledigt gewesen. Mütter sollten ihre Kinder lieben und für sie sorgen und nach meiner Auffassung hatte sie keines von beidem getan.

Schließlich entschied ich, dass ich die Frau, die mich geboren hatte, durch nichts anderes ehren konnte als durch Vergebung. Es wurde Zeit, nicht länger an meiner Verbitterung festzuhalten, Zeit, weiterzugehen, ohne genau zu wissen, ob sie immer für ihre Handlungen verantwortlich gewesen war.

Aber sich für die Vergebung zu entscheiden und dieser Entscheidung zu folgen war nicht das Gleiche. Vom Verstand her wusste ich, dass Vergebung ein unerlässlicher Schritt für meine innere Heilung war. Gefühlsmäßig konnte ich mein Herz nicht dazu bringen, darauf zu reagieren, egal, wie sehr ich mich anstrengte.

*Wie, Gott?*, betete ich. *Wie kann ich dieser Person vergeben, die mich verletzt, blamiert und misshandelt hat?*

Das Schweigen war mir vertraut.

Der innere Kampf erreichte an einem Sonntagnachmittag seinen Höhepunkt. Ich hatte inzwischen ein Magengeschwür bekommen und schluckte Säureblocker direkt aus der Flasche. Das Magengeschwür flackerte an diesem Tag auf, gerade als die Medikamentenflasche leer war. Ich ging zu einer Apotheke in der Nähe des Campus. Geschlossen! Ich hielt mir den Magen und schlurfte zurück zu meinem Wohnheim.

Mein Zimmergenosse war übers Wochenende weg. Vornüber gebeugt saß ich auf meiner Bettkante und hatte das Gefühl, dass der Tod mir willkommen wäre. Da griff ich nach meiner Bibel. *Bitte hilf mir*, betete ich.

Ich schlug die Bibel auf. Dort las ich: »Überlasst all eure Sorgen Gott, denn er sorgt sich um alles, was euch betrifft!«

Ich hatte diese Worte schon öfter gelesen, aber es schien mir, als wären sie geschickt worden, weil ich sie genau in diesem Augenblick brauchte. Langsam glitt ich auf meine Knie und kapitulierte. *Ich gebe auf, Gott. Ich gebe alles auf. Die Angst, die Verletzungen, den Schmerz. Ich kann ihr noch nicht vergeben, aber ich gebe dir meine Wut auf Mutter. Nimm sie. Bitte! Nimm sie einfach.*

Es schien mir, als kniete ich eine Ewigkeit auf dem Boden. Schließlich fand ich die Kraft, aufzustehen und mich auf die Bettkante zu setzen.

Weniger als eine Stunde später hatten die Schmerzen vom Magengeschwür nachgelassen und ich fiel in einen tiefen Schlaf. Als der Montagmorgen dämmerte, war ich immer noch schmerzfrei. Zwei Wochen später war klar, dass das Magengeschwür verschwunden war. Ebenso ein großer Teil der Angst, der Verletzungen und der Wut, die ich gehortet hatte.

Ungefähr drei Wochen nach jenem Sonntag fragte ich mich: *Bist du jetzt bereit, Rob? Bist du bereit, deiner Mutter zu vergeben?*

Trotz eines ängstlichen Zitterns und eines komischen Gefühls im Magen war mir bewusst, dass Gott mir gezeigt hatte, dass es nichts gab, was er nicht regeln konnte. Also betete ich laut: »Ich möchte nicht, dass das eine Lüge ist. Ich möchte mich nicht selbst zum Narren halten. Ich möchte nicht kommen und dich bitten, mir zu helfen, meiner Mutter zu vergeben, wenn ich es in Wirklichkeit nicht ernst meine.«

Ich bat Gott um Hilfe, damit ich erkannte, ob ich bereit war, indem er mir Frieden darüber gab. Die ganze nächste Woche lang umgab eine tiefe Ruhe mein Herz und meine Gedanken. Ich wusste, dass die Zeit gekommen war.

Im Alter von 22 Jahren kniete ich nieder und bat Gott endlich, dass er mir half, meiner Mutter zu vergeben.

Es war drei Monate her, seit ich mich auf den Weg gemacht hatte, Pauline und meinen Eltern zu vergeben. Die Reise war vielleicht noch nicht vorbei, aber ich wusste, dass meine Wunden jetzt aufhören konnten zu eitern. Am Ende würden sie heilen, selbst wenn Narben blieben.

Ich hatte beschlossen, kein Opfer zu sein, das von einem Kindheitstrauma behindert wurde, und nun fühlte ich mich frei – als wären schwere Ketten von meinen Beinen abgenommen worden. Ich war frei, überall hinzugehen, wo der Fluss des Lebens mich auch hinbrachte.

Wohin der Fluss führen *sollte* – was ich diesbezüglich hoffte –, wusste ich genau. Ich hatte nie meine Sehnsucht nach einer echten menschlichen Familie verloren. Das konnte nur mithilfe einer Ehefrau geschehen, die in der Lage war, über meine Vergangenheit hinwegzusehen– falls ich solch eine Frau finden konnte.

# 28 Die verlorenen Jungen

Am Horizont zeigten sich keine Kandidatinnen für das Amt der Mrs. Rob Mitchell. Dieser Teil meiner Sehnsucht nach einer Familie würde warten müssen. Aber im Verlauf meines Abschlussjahres sollte ich eine Gelegenheit bekommen herauszufinden, ob ich einen Draht zu Kindern hatte. Es waren allerdings nicht einfach irgendwelche Kinder. Sie waren auch Ausgestoßene.

Bereits im vorletzten Collegejahr hatte ich als Leiter einer Jugendgruppe in einer Kirche in der Nähe des Campus mitgearbeitet. Jetzt meldete ich mich als ehrenamtlicher Mitarbeiter im *Nat Green Home* für verhaltensgestörte Jungen außerhalb von Greensboro. Ich hatte das Gefühl, ich könnte vielleicht helfen. Bald bat man mich, montagabends eine kombinierte Bibel- und Diskussionsgruppe zu leiten.

In diesem Heim gab es Hauseltern und acht Jugendliche, die das Leben mit Verbitterung betrachteten. Die »Insassen« waren genau wie die Jungs, mit denen ich aufgewachsen war; ihre Probleme waren mir nur allzu vertraut.

Es dauerte nicht lange, bis sie mich angriffen. »Was glaubst du, wer du bist?«, fauchte mich ein abgehärteter Zwölfjähriger an, der mir Auge in Auge gegenüberstand und mich feindselig anstarrte. »Du kannst überhaupt nicht verstehen, wo wir herkommen!«

Ich packte ihn mit der Faust beim Hemd, hob ihn mit einer Hand vom Boden hoch und drückte ihn an die Wand. Als seine Füße so frei baumelten und seine Augen immer größer wurden, sagte ich mit ruhiger Stimme: »Du hast keine Ahnung, wo ich herkomme. Jetzt setz dich hin und hör zu.«

Der Junge starrte mich an, als ich ihn auf einen Stuhl fallen ließ. Die anderen Jungen saßen schweigend da, sie waren wie betäubt von dieser Behandlung ihres selbst ernannten Anführers.

»Jetzt, da ich eure ungeteilte Aufmerksamkeit habe …«, sagte ich. »Ihr habt jeden Grund zu denken, dass kein Erwachsener eure Situation verstehen kann. Wahrscheinlich habt ihr Recht. Die meisten von ihnen können Mitgefühl mit euch haben, aber sie verstehen euch wirklich nicht, weil sie nie das durchlitten haben, was ihr durchlitten habt. Tja, ich verstehe es. Ich habe in eurer Haut gesteckt. Mit drei Jahren wurde ich im Stich gelassen und in ein Waisenhaus abgeschoben. Dort verbrachte ich dann die nächsten 14 Jahre meiner

Kindheit. Mit 17 gab man mir einen einfachen Busfahrschein wohin auch immer. Seitdem bin ich auf mich gestellt.«

Acht Augenpaare weiteten sich. Niemand sprach.

»Glaubt mir«, setzte ich hinzu, »ich verstehe eure Situation!«

Nachdem der anfängliche Schock vergangen war, platzte die Gruppe mit Fragen heraus.

»Wo hast du gelebt?«

»Illinois.«

»Du warst erst drei?«

»Richtig.«

»Was ist passiert?«

»Mein Vater hat uns verlassen, sich eine Knarre an den Kopf gehalten und den Abzug gedrückt.«

»Meiner kam bei einem Drogenkampf um! Hat dein Vater sich umgebracht?«

»Nein, aber er hat sich das Gehirn zermatscht. Er wird in einer psychiatrischen Klinik bleiben, bis er stirbt.«

»Meiner ist noch die nächsten zehn Jahre im Gefängnis. Ich besuche ihn manchmal. Es ist ihm egal. Hast du mal deinen Vater besucht?«

»Nein, ich besuche ihn nicht. Er würde nicht wissen, wer ich bin.«

»Was ist mit deiner Mutter? Wo ist sie?«

»Stadtstreicherin auf den Straßen von Chicago, mal in Obdachlosen- und Übergangsheimen, mal nicht.«

»Meine ist eine Säuferin.«

»Hast du 'ne Oma, die sich um dich kümmert?«

»Irgendwie schon. Sie ist toll, aber arm und alt. Wohnt in Chicago.«

»Meine Oma kümmert sich um mich, außer wenn ich Ärger kriege. Dann schickt sie mich an Orte wie diesen. Hier ist es besser als in den anderen Heimen, in denen ich war. Hast du Geschwister?«

»Nein, es gibt nur mich.«

»Mein Bruder ist tot. Die Schwestern sind alle verheiratet und haben Kinder.«

Während keiner seine Geschichte vollständig offenlegen wollte, wollten alle die Einzelheiten meiner Geschichte wissen. Ich antwortete jedem, ohne von ihnen Informationen zu erzwingen. Ich wusste, dass es eine Weile dauern würde, bis sie mir vertrauten.

Innerhalb einiger Wochen wurden sie lockerer, weil sie erkannten, dass ich einer von ihnen war. Wir sprachen über meine Gefühle in ihrem

Alter und wie ich mit Einsamkeit, Wut und persönlichen Problemen umgegangen war. Sie schienen verzweifelt nach Rat zu suchen.

Ich hatte es immer vermieden, mit »normalen« Leuten über meine Kindheit zu sprechen, weil ich dann irgendwie seltsam gewirkt hätte. Aber an diesem Ort war es in Ordnung.

Für diese Jungen schien die Begegnung mit jemandem, der 14 Jahre im »System« verbracht, aber lebendig herausgekommen war, nicht im Gefängnis saß und beinahe das College beendet hatte, die Hoffnung zu bieten, dass ihnen vielleicht das Gleiche gelingen konnte. Ich begann zu glauben, dass es anderen, die sich verlassen, ungeliebt, einsam, zurückgewiesen, wütend oder unnormal fühlten, helfen konnte, wenn ich ihnen meine Geschichte erzählte. Während meines Jahres als ehrenamtlicher Mitarbeiter bekehrten sich mehrere Jungen und gelobten, ihr Leben in eine positive Richtung zu führen.

Ehe ich's mich versah, näherte sich für mich selbst ein Meilenstein. Es war ein Ereignis, von dem ich einst bezweifelt hatte, dass es je dazu kommen würde: Ich würde bald meinen Collegeabschluss machen.

Ich konnte mich daran erinnern, wie ich gedacht hatte, dass ich nicht einmal in der Lage sein würde, mich überhaupt am College einzuschreiben. Viele Erwachsene im Kinderheim hatten mir erzählt, dass ihres Wissens in den letzten 20 Jahren – vielleicht länger – nur zwei andere Kinder aus dem Waisenhaus einen Abschluss am College gemacht hatten.

Was mich betraf, war mein Diplom nicht nur für mich. Es war für Gigi, die immer an mich geglaubt hatte, und für die Jungen und Mädchen im Kinderheim, die sehen mussten, dass ein Collegeabschluss für Heimkinder möglich war.

Die Abschlussfeier fand an einem wunderschönen Frühlingstag im Jahr 1977 statt. Als ich auf meinem Platz saß und mein Diplom in den Händen hielt, überrollten mich Wellen von Emotionen. Ich konnte meine stillen Tränen nicht zurückhalten.

Ich weinte nicht meinetwegen. Ich weinte um all die verstoßenen Kinder, die es nicht so weit geschafft hatten – und um diejenigen, die noch eine Chance hatten.

*Gott*, betete ich, *hilf mir, andere zu ermutigen, die mit ihrer eigenen verletzten Vergangenheit zu kämpfen haben.*

Ich wusste nicht, wie sich das verwirklichen lassen konnte. Genau genommen hatte ich keine Ahnung, was die Zukunft bereithielt. Ich wäre gern an eine Bibelschule gegangen, aber ich hatte nicht genug Geld dafür gespart. Ich hoffte allerdings, dass ich eine Reise quer durchs Land machen konnte – eine Art amerikanische Safari.

Um Geld für diese Reise zu verdienen, suchte ich mir Arbeit in einer Papierfabrik. Ich mietete ein preiswertes Zimmer bei einer Witwe, die am Rand der Stadt wohnte. Die Strecke von meiner neuen Wohnung zur Fabrik und zurück betrug 48 Kilometer; bei gutem Wetter fuhr ich mit dem Fahrrad, um das Benzingeld zu sparen. Meine Kollegen dachten, ich sei verrückt.

Es war ein gutes Gefühl, meine Kindheit zu überwinden. Dennoch fragte ich mich, ob ich vielleicht zu vieles nur deswegen tat – meine Mitarbeit in der Jugendgruppe der Gemeinde und die ehrenamtliche Arbeit mit den Jungen im *Nat-Green-Heim* –, um mir und der Welt zu beweisen, dass ich nicht mehr nur ein Kind aus einem Waisenhaus war.

Ich hatte keine Ahnung, dass ich bald jemanden kennenlernen sollte, der mir vielleicht helfen würde zu finden, was ich mir immer gewünscht hatte – wenn ich es nicht vermasselte.

Der Autor schließt das Guilford College im Jahr 1977 erfolgreich ab.

# 29 Susan

»Dort stand die schönste Frau, die ich je gesehen hatte« (Susan Davis 1975).

Einige Monate nach meinem Collegeabschluss lud mich mein Freund David ein, zurück auf den Campus zu kommen und den Bibelkreis zu besuchen, den ich zwei Jahre lang geleitet hatte. Ein ungewöhnlicher Schneeeinbruch in diesem Oktober hielt mich beinahe von der Reise ab, aber in letzter Minute fuhr ich doch hin.

In einem anderen College auf der anderen Seite der Stadt überredete Davids Freundin Annette zwei ihrer Freundinnen, nach Guilford zu gehen, um mit David und einigen seiner Football-Kumpel im Schnee zu spielen. Als die Mädchen unangekündigt vor seinem Zimmer auftauchten, sagte David: »Klasse! Aber erst nach dem Bibelkreis.« Die drei Mädchen, die Christen waren, beschlossen, am Bibelkreis teilzunehmen.

Als ich zu dem Treffen kam, klappte mir mein 23 Jahre alter Kiefer herunter. Ich hörte beinahe auf zu atmen. Dort stand die schönste Frau, die ich je gesehen hatte. Ihr blondes Haar fiel ihr beinahe bis zur Taille und unterstrich eine Figur, die jede Frau neidisch gemacht hätte. Mein Herz raste; ich war hin und weg. Es fiel mir schwer, meine Gedanken für die nächste Stunde auf die Bibelarbeit zu konzentrieren.

*Gott, bitte hilf mir,* betete das »neue« Ich. *Wenn ich mit ihr in Kontakt kommen kann, dann lass sie ungebunden sein. Hilf mir, einen guten ersten Eindruck zu machen, und hilf mir, meine Gedanken sauber zu halten, so wie du es willst.*

Das »alte« Ich dachte nur immerzu: *Ahuuuuu! Der Hund geht auf die Jagd!*

Nachdem der Bibelabend mit Gebet beendet worden war, begrüßte ich viele ehemalige Klassenkameraden. Dann arbeitete ich mich zu Annette und ihren Freunden vor, umarmte Annette, lernte ein Mädchen namens Phyllis kennen – und drehte mich zu der schönen Blonden um.

Das Chaos in mir radierte alle rationalen Gedanken aus. Ich war mir nicht sicher, was aus meinem Mund kommen könnte. Sie gab mir sanft die Hand und sagte: »Hallo, ich bin Susan.«

Als ich endlich merkte, dass sie taktvoll versuchte, ihre Hand aus meinem Griff zu ziehen, war klar, dass ich zu lange festgehalten hatte. Mein Begrüßungsspruch war brillant: »Also, ihr Mädchen geht mit Annette aufs College?«

Susan warf mir einen skeptischen Blick zu, antwortete aber: »Ja, Annette und ich haben beide als Hauptfach Innenarchitektur.«

»Entschuldige bitte, aber was ist das?«

Ich zuckte über meine eigene Frage zusammen. *Halt die Klappe! Hör auf zu reden!*

»Raumplanung für Wohn- und Geschäftsräume«, erwiderte sie.

*Pass auf, Blödmann,* warnte ich mich selbst. *Sie antwortet in kurzen Sätzen. Reiß dich zusammen.*

Susan drehte den Spieß um. »Also, Rob, was ist dein Hauptfach?«

»Ich habe im Frühjahr meinen Abschluss gemacht und plane, in den vollzeitlichen Dienst zu gehen.« Ich wusste einfach, dass sie das beeindrucken würde.

»Oh, welche Gemeinde?«

Die richtige Antwort entfiel mir in dem Augenblick, also sagte ich schließlich: »Christlich.« So viel zum Beeindrucken.

»Tja, es war nett, dich kennenzulernen«, sagte Susan höflich. »Wir müssen gehen.« Sie drehte sich um und ging mit Annette und Phyllis hinaus, die die Augen verdrehten.

Ich wollte ihr hinterherjagen, rührte mich aber nicht. Ich wollte rufen: »Warte auf mich!«, sagte aber nichts. Kichernd winkte mir David zum Abschied zu, als er ihnen ins Freie folgte. Ich wagte nicht mitzukommen. Susans Körpersprache schien zu sagen, dass das Interesse nicht auf Gegenseitigkeit beruhte. Aber sie wusste nicht, mit wem sie es zu tun hatte.

An diesem Mädchen war etwas Besonderes. Es war nicht nur ihre atemberaubende Schönheit. Ich wusste nicht genau, ob meine Entschlossenheit aus meinem Ego, aus Lust oder einem tiefer gehenden Motiv geboren war. Aber ich begann, meinen nächsten Schritt zu planen.

Da Susan und Annette auf dem gleichen Flur wohnten, erbettelte ich von David die Nummer des Münztelefons, das am nächsten an Susans Wohnheimzimmer war. Ich flehte ihn ebenfalls an, Susan nicht zu sagen, dass er mir ihre Nummer gegeben hatte. Ich wollte eine Gelegenheit, sie zum Ausgehen einzuladen, bevor sie mich völlig abschrieb.

Drei Wochen lang rief ich wiederholt in Susans Wohnheim an. Weil ich fürchtete, dass sie ablehnen würde, wenn sie wüsste, wer anrief, hinterließ ich nie meinen Namen.

Endlich bekam ich eines Abends eine Verbindung. Als ich ihre Stimme hörte, konnte ich kaum sprechen. Schließlich sagte ich: »Susan, hier ist Rob, ein Freund von David. Wir haben uns vor einigen Wochen bei einem Bibelabend getroffen.«

»Ja, ich erinnere mich«, sagte sie höflich, aber ohne Begeisterung.

»Ich glaube, ich hab an diesem Abend keinen besonders guten Eindruck gemacht«, sagte ich und rezitierte, was ich vorher eingeübt hatte. »Aber ich würde mich wirklich freuen, wenn du mir eine kleine Chance geben würdest, ein bisschen Zeit mit dir zu verbringen, damit wir einander kennenlernen können. Könnten wir vielleicht zusammen einen Film ansehen, wenn du möchtest, nächste Woche oder übernächste?«

Vollkommen auf eine Absage vorbereitet, hielt ich die Luft an.

»Solange es etwas Unverfängliches ist, geht das in Ordnung.«

*Ja!*, jubelte ich innerlich. Dann verpasste ich mir selbst eine Warnung. *Beruhige dich. Beherrsch dich. Fass dich kurz. Schwafele nicht wie ein Idiot herum und ruinier nicht diese Chance.*

»Toll!«, sagte ich mit einem Zehntel der Intensität, die ich empfand. Nachdem wir einen Tag gefunden hatten, an dem wir beide Zeit hatten, legten wir auf. Verblüfft lehnte ich mich zurück. Meine Beine fühlten sich wie Gummi an.

Als ich Susan am Abend unserer ersten Verabredung abholte, sah ich, wie ein besorgter Ausdruck über ihr Gesicht glitt, als sie mein Auto erspähte.

Vor einigen Monaten hatte ich 300 Dollar für mein erstes Fahrzeug, einen Ford Fairlane Kombi aus den 1960er Jahren, bezahlt. Die einzigen überzeugenden Qualitäten des rostenden Koloss waren ein funktionierender Motor und ein funktionierendes Getriebe. Ich hatte die Innenverkleidung der Tür entfernen und ein Brett einsetzen müssen, damit die Scheibe in der Beifahrertür hielt. Der Boden war stellenweise so verrostet, dass man unter den Füßen die Straße sehen konnte; eine Sperrholzplatte verhinderte, dass ich durch die Löcher fiel. Die Vinylsitze waren speckig und abgenutzt. Da Sicherheitsgurte nicht vorgeschrieben waren, hatte der Wagen keine.

In einem Wettbewerb mit dem Titel »Gib dem Bomber einen Namen« hatten die Teenager in meiner Jugendgruppe dieses Stück Schrott »Wunderwagen« betitelt. Sie sagten, es sei ein Wunder, dass er noch lief.

Susans Reaktion auf das Auto war allerdings kein Wunder. Es war nicht so, dass sie einen ausgefallenen Geschmack gehabt hätte; ihr Vater war Methodistenpastor. Aber meine Antiquität auf Rädern sah alles andere als sicher aus.

Nachdem ich die Tür geöffnet hatte, damit sie einsteigen konnte, nahm sie das ein, was man eine »abwehrende Rendezvoushaltung« nennen könnte. Sie setzte sich auf der rutschigen Sitzbank mit dem Rücken zur Beifahrertür und schaute zu mir hin statt zur Windschutzscheibe.

Auf der Fahrt fragte ich: »Sind wir auf der richtigen Straße zum Kino?«

»Du hättest vor ein paar Blocks abbiegen müssen.«

»Dachte ich mir.«

*Hey, hier ist gar kein Verkehr. Mache ich einfach eine Kehrtwendung…* Ohne Vorwarnung bremste ich ab und riss das Lenkrad scharf nach links.

Augenblicklich rutschte Susan über den Sitz, knallte gegen die Beifahrertür und landete mit dem Hinterteil auf dem Boden und den Beinen in der Luft. Es sah nicht besonders anmutig aus. Sie war entsetzt. Ich auch.

Ich fühlte mich, als ob ich wieder in den Schlafsaal der kleinen Jungen gehörte. Ich fuhr an den Straßenrand, half ihr auf und bat vielmals um Entschuldigung. Schweiß trat mir auf die Stirn und in die Achselhöhlen, während ich darauf wartete, dass sie sagte: »Ruf mich nie wieder an.«

Stattdessen meinte sie: »Kein Problem, Rob. Fahren wir einfach ins Kino.«

Wir genossen das Kino, aber hinterher fuhr ich sie sofort zurück zu ihrem Wohnheim. Ich wollte nicht noch mehr dumme Patzer riskieren. Ich versuchte auch nicht, ihr einen Gutenachtkuss zu geben.

Es war kaum zu glauben, aber sie stimmte einer zweiten Verabredung zu. Diese ging viel glatter vonstatten. Wir gingen in mein Zimmer und unterhielten uns lange; dann holte ich meine Gitarre hervor und wir sangen zusammen.

Als ich sie zu meinem Auto brachte, blieb sie stehen und bemerkte, wie wunderschön die Sterne auf dem Land schienen. Spontan drehte ich sie zu mir um, schlang meine Arme um sie und hielt sie zärtlich fest. »Weißt du, du passt perfekt zwischen meine Schultern«, sagte ich.

Es klang wie ein Spruch, aber wir schienen tatsächlich zusammenzupassen. Nach einem kurzen Kuss brachte ich sie nach Hause.

Das sah nach einer vielversprechenden Beziehung aus, dachte ich. Doch bald fand ich heraus, dass meine Vergangenheit die Situation beträchtlich verkomplizieren würde.

Am Nachmittag des Tages, an dem unsere dritte Verabredung sein sollte, kam ich mit dem Plan nach Hause, zu duschen und mich umzuziehen. Sobald sich die Haustür hinter mir geschlossen hatte, kam meine Vermieterin aus der Küche geeilt. »Warten Sie mal, Rob. Ich muss mit Ihnen reden.«

Ich ging bereits die Treppe hinauf und rief über die Schulter zurück: »Tut mir Leid, ich bin spät dran zu meiner Verabredung mit Susan. Können wir morgen darüber reden?«

»Nein, Rob«, sagte sie nachdrücklich. »Können wir nicht.«

Das machte mich stutzig.

»Ich weiß nicht, wie ich Ihnen das beibringen soll, Rob, aber…« Ihr Blick senkte sich und ihre Stimme verlor sich. »Rob, ich habe heute Morgen einen Anruf bekommen. Es tut mir sehr leid. Ihre Mutter ist gestorben.«

Ich zögerte. Als ich endlich antwortete, geschah es mit einem Mangel an Emotionen, den diese Frau sicher nicht verstehen würde. »Es gibt… sehr vieles, das Sie nicht über meine Kindheit wissen«, sagte ich vorsichtig. »Ich bin in einem Waisenhaus aufgewachsen, nicht bei meinen Eltern. Es ist eine sehr komplizierte Geschichte. Ich verspreche Ihnen, dass ich Ihnen morgen mehr erzählen werde. Bis dahin bitte ich Sie, nicht zu denken, ich sei ein Ungeheuer, weil ich nicht traurig bin, dass meine Mutter gestorben ist. Sie war kaum eine Mutter für mich.«

Meine Vermieterin war über meine Antwort sprachlos. Offenbar erkannte sie, dass ich meine Gründe haben musste, um so zu empfinden, also nickte sie, drehte sich um und ging zurück in die Küche.

Nachdem ich mich umgezogen hatte, holte ich Susan ab. Wir gingen in ein Konzert. Als wir dort nebeneinander saßen, konnte ich es nicht über mich bringen, ihr vom Tod meiner Mutter zu erzählen. Ich wusste, dass Susan eine wunderbar sensible Frau war. Aber ich fühlte mich immer noch nicht frei genug, ihr solche Nachrichten mitzuteilen.

*Wie kann ich ihr erklären, dass der Tod meiner Mutter keine große Sache ist?*, überlegte ich. *Wie kann ich Susan nur sagen, dass er in Wahrheit eine Erleichterung ist?*

Ich wusste, dass Susan ihre Familie liebte. Ich wusste auch, dass, wenn eines ihrer Familienmitglieder gerade erst gestorben wäre, sie nicht in einem Konzert sitzen würde. Sie wäre in Tränen aufgelöst und auf dem Weg nach Hause, um zu trauern. Wie konnte ich ihr meine anscheinend kalte Reaktion erklären, wenn ich ihr nicht alles erzählte?

Ich war nicht bereit, das Risiko einzugehen, was passieren würde, wenn ich es tat. Also sagte ich nichts. Nach dem Konzert entschuldigte ich mich dafür, dass ich so still gewesen war. Ich fragte Susan, ob wir den Abend bald beenden könnten. »Bitte glaub mir«, versicherte ich ihr, »das hat nichts mit dir oder unserer Beziehung zu tun. Ich fühle mich irgendwie miserabel und möchte dich nicht mit runterziehen. Ich rufe dich morgen an.«

Sie schaute verwundert, willigte aber ein. Als ich nach Hause kam, hatte ich Zeit zum Nachdenken.

*Joyce Mitchell ist tot.* In Wirklichkeit war ich erleichtert.

Seit ich ihr vergeben hatte, hatte ich mich zweimal mit ihr getroffen. Unglücklicherweise war sie nicht klar genug bei Verstand gewesen, und ich hatte ihr nicht sagen können, dass ihr vergeben worden war.

Ich war nicht glücklich, dass sie tot war, aber ich war auch nicht traurig. Wenigstens war sie dem Elend entflohen, in dem sie 54 Jahre lang gelebt hatte. Es war nicht meine Sache zu spekulieren, wie Gott einen Menschen beurteilen würde, der geisteskrank war, aber ich hoffte, dass ihre Seele endlich Frieden gefunden hatte.

Am nächsten Morgen telefonierte ich mit Gigi. Als ich sie fragte, ob ich zurück nach Chicago fliegen solle, sagte sie: »Nein, Robby. Die Leute im Obdachlosenheim haben einen Gedenkgottesdienst geplant und Joyce wird auf dem Armenfriedhof beigesetzt. Es geht mir nicht gut genug, um daran teilzunehmen, und alle ihre alten Freunde haben schon lange den Kontakt zu ihr verloren. Ich werde hierbleiben und während der Zeit des Gottesdienstes beten. Das ist alles, was ich jetzt noch für meine arme Tochter tun kann.«

Ich war dankbar, dass Gigi es mir gestattete, Mutters Tod so zu begegnen, ohne dass ich nach Chicago fliegen und Gefühle vortäuschen musste, die ich nicht empfand. Doch selbst mehrere Tage danach hatte ich keine Ahnung, wie ich das mit Susan besprechen sollte.

Ich begann auch, eine weitere beunruhigende Wahrheit zu erkennen: Dank meiner Vergangenheit hatte ich keine Ahnung, wie ich eine ernsthafte, erwachsene Beziehung mit einer Frau führen sollte.

# 30 Die Beziehung

Susan und ich schwankten zwischen heiß und kalt hin und her. Wir kamen uns näher und die Hoffnungen stiegen in den Himmel; dann wurde es einem von uns oder beiden unangenehm und man zog sich zurück. Diese Trennungen dauerten nie länger als zwei oder drei Wochen. Schließlich rief einer von uns den anderen an und wir gingen wieder miteinander aus.

Ich hatte keine Erwachsenen, die mich durch diese unbekannten Wasser lotsten. Alles, was mir einfiel, waren Ehepaare aus alten Fernsehserien wie *Ozzie & Harriet, Vater ist der Beste* und *Erwachsen müsste man sein*. Diese Eheleute wurden als perfekt dargestellt; sie fanden innerhalb einer halben Stunde Lösungen für all ihre Probleme. Sie hatten die schweren Aufgaben, umeinander zu werben, zu heiraten und Kinder zu bekommen, bereits hinter sich gebracht. Am Ende wollte ich eine Familie haben wie sie. Ich wusste nur nicht, wie ich dahin kommen sollte.

Das war offensichtlich, als ich Susan eines Tages erklärte: »Ich weiß nicht genau, wo ich nach der amerikanischen Safari landen werde, die ich für diesen Sommer geplant habe.«

Ihre Antwort rüttelte mich auf. »Ich weiß nicht, ob es sich lohnt, diese Beziehung aufrechtzuerhalten, oder ob ich sie beenden soll. Als Paar haben wir mehr Potenzial, als du zugeben willst. Aber ich bin mir nicht sicher, ob ich hier warten soll, bis du dich in Bezug auf uns entschieden hast.«

Ich wusste nicht, wie ich antworten sollte, also wechselte ich das Thema. Ich brachte es scheinbar nicht fertig zu erklären, dass ich keinesfalls das Ende wollte, dass ich aber Angst davor hatte, mich stärker zu binden.

Irgendwie hielt Susan es lang genug mit mir aus, um mich nach China Grove, North Carolina, einzuladen, um ihre Familie zu besuchen. Bärte waren noch immer ein Zeichen von Rebellion, besonders in den Südstaaten. Der Bart, den ich mir in letzter Zeit hatte wachsen lassen, zusammen mit meinem Widerwillen, über Familie zu sprechen, waren zwei Minuspunkte für mich, als ich ins Haus trat, um Susans Eltern kennenzulernen.

Ihre Mutter hatte einen köstlichen Schmorbraten mit Kartoffelbrei, hausgemachter Soße, Gemüse und Brötchen gemacht. Für einen

Robs wilder Bart, typisch für das Jahr 1978, spiegelt auch seine unruhige Beziehung zu Susan in diesem Jahr wider.

Mann, dessen Fertigkeiten sich darauf beschränkten, Erdnussbutter und Gelee auf ein Brot zu streichen und Würstchen zu kochen, war das ein Festessen.

Ich bemerkte, dass Susans beide Teenagerbrüder nur eine Portion aßen, also nahm ich an, dass sie an jenem Tag wohl sehr viel genascht hatten. Als ich Susans Mutter ein Kompliment über das Essen machte, lächelte sie und sagte: »Nehmen Sie sich nach, wenn Sie mögen.« Also tat ich das.

Zu meiner großen Verlegenheit erfuhr ich später von Susan, dass ihre Familie, die von einem bescheidenen Pastorengehalt lebte, erwartete, dass ein Braten mindestens zwei Tage reichte. Als ich mit dem Essen fertig war, war kaum noch genug für ein belegtes Brot übrig. Das erklärte, warum ich nach dem Hauptgang zufällig hörte, wie Susans Mutter flüsterte: »Lass es mit diesem Jungen nicht zu ernst werden, Liebes. Ihn satt zu kriegen, wird unerschwinglich!«

Es erklärte auch, warum ich zufällig hörte, wie einer der Brüder zu seiner Mutter sagte, während Susans Vater und ich nach dem

Abendessen über geistliche Fragen redeten: »Er scheint ziemlich schlau zu sein. Aber, Junge, der kann essen!«

Dennoch ging ich unbeschadet aus diesem ersten Treffen hervor. Als Susan und ich nach Greensboro zurückkehrten, schien unsere Beziehung etwas glatter zu laufen.

Vielleicht lag es daran, dass sie mein Bedürfnis nach Freiheit zu verstehen schien – obwohl ich ihr nie von meiner Vergangenheit erzählt hatte. Sie ließ mich meine Miniträume verfolgen, gab mir aber immer einen Grund, zu ihr zurückzukehren. Sie war der Grund; sie war nicht nur eine Schönheit, die man gewinnen musste, sondern ihre innere Schönheit weckte den Wunsch in mir, ein besserer Mensch zu werden.

Sie forderte mich auch auf andere Weise heraus. Sie hatte so eine Art an sich, »weiterführende« Fragen zu stellen. Als ich beschloss, den Motor eines gebrauchten Kleintransporters aufzubauen, fragte sie: »Du steckst eine Menge Energie in dieses Projekt. Welche Ziele hast du?«

»Einfach nur sehen, ob ich es kann«, sagte ich. Es klang besser als: »Um mir selbst zu beweisen, dass ich eine ›normale, männliche‹ Sache machen kann.« Fragen wie ihre halfen mir, langsamer zu machen, statt hektisch durchs Leben zu schießen und zu versuchen, mich zu beweisen.

Susan schien auch zu wissen, wie sie mir Manieren beibringen konnte. Doch sie tat es vorsichtig und ließ mich immer ein Mann sein.

Ungefähr fünf Monate, nachdem wir uns kennengelernt hatten, beschloss ich, dass es an der Zeit war herauszufinden, ob Susan mit den Einzelheiten über meine Kindheit umgehen konnte. Ihre Reaktion würde mir sagen, ob wir unsere unverbindliche Beziehung vertiefen konnten.

Ich war starr vor Angst. Jemandem die Wahrheit über meine Vergangenheit anzuvertrauen, kam mir riskant vor. Ich hatte mich gefürchtet, den Eltern der Kinder in meiner kirchlichen Jugendgruppe von meiner Kindheit zu erzählen, damit sie nicht plötzlich meinten, sie wollten mich nicht mehr in der Nähe ihrer Kinder haben.

Schließlich sagte ich eines Abends: »Susan, ich muss dir von meiner Vergangenheit erzählen. Würde es dir etwas ausmachen, wenn wir auf dem Collegegolfplatz spazieren gehen, während ich rede? Ich fühle mich dabei bestimmt wohler.«

Mein Herz raste immer noch, während wir gingen und ich redete. Susan hörte meine Geschichte ohne Unterbrechung an. Als ich fertig war, setzte ich hinzu: »Wenn du jetzt also nicht mehr mit mir ausgehen willst, verstehe ich das.«

Wir gingen in langem Schweigen weiter. Bei jedem Schritt schien mein Herz einen Zentimeter weiter auf meine Füße zuzurutschen.

Endlich blieb Susan stehen und wandte sich mir zu. »Warum hast du das gesagt?«, fragte sie ungläubig. »Warum denkst du, dass ich nicht mit dir ausgehen will, nur weil du eine erbärmliche Kindheit hattest? Ich habe wegen der Dinge, die du durchgemacht hast, nicht den Respekt vor dir verloren. Genau genommen bin ich beeindruckt, dass du so weit über deine Kindheit hinausgewachsen bist. *Natürlich* will ich weiterhin mit dir ausgehen.«

Mein Herz hätte vielleicht einen Sprung gemacht – wenn es mich nicht so sehr ausgelaugt hätte, meine Geschichte zu erzählen. »Ich werde versuchen, alle Fragen zu beantworten, die du hast«, sagte ich, »aber kann das bis zu einem anderen Mal warten? Es war schwer, den Mut aufzubringen, dir das zu erzählen. Du ahnst nicht, wie sehr ich deine Reaktion zu schätzen weiß, aber ich würde wirklich lieber heute nicht mehr darüber reden. In Ordnung?«

Susan nickte. Schweigend zog sie mich an sich und hielt mich fest.

Ich konnte kaum glauben, was gerade geschah. Ich hatte mir eine Zurückweisung ausgemalt, nicht das hier. *Kann das wahr sein?*, dachte ich. *Habe ich wirklich eine gute Frau gefunden, die mich trotz der Geisteskrankheit meiner Eltern und meiner absonderlichen Kindheit akzeptieren kann?*

Über die nächsten Wochen hinweg distanzierte ich mich ein wenig und baute Mauern auf, für den Fall, dass sie es sich anders überlegte. Ich musste mir eingestehen, dass mir das mehr wehtun würde, als ich es für möglich gehalten hatte. Ich sah jetzt, dass ich mir aus keiner anderen Frau jemals so viel gemacht hatte wie aus Susan.

Als unsere Beziehung nicht scheiterte, war ich verblüfft, dankbar, überwältigt – und verängstigt. Ich hatte mich nach einer engen Beziehung zu einer Frau gesehnt. Jetzt, da es aussah, als hätte ich sie gefunden, kämpfte ich mit einer ganzen Reihe von Ängsten. *Wie viel kann ich offenbaren, ohne wie ein Monster zu erscheinen? Wie viel kann ich ihr erzählen und versuchen, mit ihr aufzuarbeiten, bevor ich zu sonderbar wirke? Wenn das die Frau ist, die Gott mir als Ehefrau zugedacht hat, bin ich bereit, diesen Schritt in eine lebenslange Verpflichtung zu tun?*

Dennoch war es aufregend, endlich eine Freundin zu haben, die mich trotz meiner Vergangenheit zu lieben schien. Vielleicht war Susan wirklich die Frau, die mich zu dem »Vater-Mutter-Kinder«-Leben bringen konnte, das ich mir so lange gewünscht hatte.

Unsere Beziehung sah wie ein Abenteuer aus, das gerade begonnen hatte. Mit eifriger Erwartung und Vorsicht, die aus der Erfahrung geboren war, betete ich um Weisheit und Mut. Ich würde beides brauchen, um der Mann zu sein, mit dem Susan ihr Leben verbringen wollte.

Ich sollte bald herausfinden, dass ich nicht so gut in Susans Bild passte, wie ich es gehofft hatte.

# 31 Getrennt

Der Frühling 1978 kam und ich redete ständig von meiner bevorstehenden amerikanischen Safari. Die Zeit mit Susan war oft damit verbunden, dass ich meinen Kleintransporter zu einem Campingmobil umbaute. Bei »Verabredungen« am Samstagabend quasselte ich pausenlos vor Begeisterung, während eine relativ schweigsame Susan mir Werkzeuge reichte.

Mein Plan war es, 14 Wochen auf der Straße zu verbringen, mit nur einer Nacht in einem Motel. Den Rest der Zeit würde ich campen, im Wagen schlafen oder bei Freunden übernachten. Ich erzählte Susan alles davon – aber achtete nicht auf ihre Bedenken, bis zum Abend vor meiner Abreise.

»Ich weiß, dass du das wirklich machen willst, Rob«, sagte sie. »Aber kannst du es nicht in kürzeren Etappen machen?«

»Eigentlich nicht«, antwortete ich. »Das ist für mich die perfekte Zeit, um herumzureisen. Vielleicht bin ich nie wieder so frei von Verpflichtungen.« Das klang nicht allzu einfühlsam, also setzte ich rasch hinzu: »Ich komme zurück, Susan. Und ich werde nur ein paar Monate weg sein.«

Ich versuchte das Thema zu wechseln, aber sie war hartnäckig. »Und was, wenn du auf deiner Reise irgendwohin kommst und beschließt, dort zu bleiben?«

*Das ist eine schwere Frage*, dachte ich. »Tja, Schatz, ich kann nicht versprechen, dass ich wiederkommen werde, aber du bist hier – also ist das ein echt guter Grund.«

Kaum hatten die Worte meinen Mund verlassen, wusste ich, wie dumm sie waren. Aber es war zu spät. Susans Schweigen machte jedes Gespräch unmöglich.

Ich fuhr sie zurück zu ihrem Wohnheim, hielt sie im Arm, während sie versuchte, nicht zu weinen, küsste sie und sagte, dass ich sie anrufen würde, so oft ich konnte. Sie ging ins Wohnheim, ohne mich anzuschauen.

*Warum hast du das gesagt?*, überlegte ich, als ich wegfuhr. Diese umwerfend schöne, talentierte, intelligente, gottesfürchtige junge Frau wollte eine Zukunft mit mir. Dennoch versuchte ich, mir meine Möglichkeiten offenzuhalten. *Warum dankst du Gott nicht auf Knien, dass er sie dir geschickt hat? Warum hältst du dich zurück und glaubst, es könnte jemand noch Besseres da draußen sein?* Ich hatte keine Ahnung.

In jener Nacht rasten meine Gedanken so schnell, dass ich nicht einschlafen konnte. Endlich schüttelte ich sie ab und dachte: *Ach, sie wird schon darüber hinwegkommen.*

Am folgenden Morgen sprang ich in mein Haus auf Rädern und fuhr westwärts. In den nächsten 14 Wochen fuhr ich, wanderte und sah Amerika, von den Blue Ridge Mountains bis zur Olympic-Halbinsel im Staat Washington – und wieder zurück. Dazwischen besuchte ich die inzwischen 84-jährige Gigi, traf mich mit Nola im Kinderheim, paddelte drei Tage lang auf dem Rogue River und genoss die Naturwunder vom Grand Canyon bis zum Crater Lake in Oregon.

Gelegentlich suchte ich mir ein Münztelefon und rief Susan an. Wenn ich sie erwischte, kam sie kaum zu Wort, während ich rasch meine Abenteuer zusammenfasste und ihr sagte, dass ich bald wieder anrufen würde.

Im Sommer des Jahres 1978 sah man den Autor auf einer Rucksacktour im Grand Canyon – ein Höhepunkt seiner »amerikanischen Safari«. Seine große Tour durch die USA hat Susan, welche er allein zurückließ, nicht sonderlich beeindruckt.

Als ich schließlich nach North Carolina zurückkam, wartete Susan in der Auffahrt auf mich. Wieder einmal raubte ihre Schönheit mir den Atem. Sie hörte stundenlang zu, während ich ohne Unterbrechung von der Reise erzählte.

In meiner selbstverliebten Vorstellung war unsere Beziehung auf dem richtigen Kurs. Wir würden einfach unseren gewohnten Weg weitergehen. Ich lag falsch.

»Ich weiß immer noch nicht, wie du mich vier Monate lang verlassen konntest, ohne mir zu versprechen, dass du zurückkommst und wir zusammenbleiben«, erklärte sie, als ich endlich erkannte, dass etwas nicht ganz in Ordnung war.

*Hey, ich bin zurückgekommen, oder etwa nicht?*, wollte ich sagen, aber ich ließ es bleiben.

»Woher wusstest du, dass ich hier auf dich warten würde? Du hast mich nicht um ein Versprechen gebeten. Du hast mich einfach als selbstverständlich hingenommen und erwartet, dass ich auf Abruf hier sein würde, *falls* du dich entscheiden würdest zurückzukommen.«

Ich war klug genug, den Mund zu halten.

»Ich bin froh, dass du wieder da bist, Rob, und dass du dich noch immer zu mir hingezogen fühlst. Aber ich frage mich, ob ich einfach eine Übergangslösung bin, bis etwas Besseres daherkommt.«

*Warum müssen Frauen immer so emotional werden?*, dachte ich.

»In Ordnung, Schatz, ich kapier's«, sagte ich. »Ich hätte sensibler für deine Bedürfnisse sein sollen, bevor ich gefahren bin. Ich war so mit der Reise beschäftigt, dass ich nicht erkannt habe, dass du an meinen Gefühlen für dich gezweifelt hast. Es tut mir wirklich leid. Bitte schreib mich nicht ab. Gib mir eine Chance, unsere Beziehung wieder aufzubauen.«

Sie sagte mir nicht, ich solle verschwinden. Aber ich stand auf unsicherem Boden und ich wusste es.

Am nächsten Tag fand ich heraus, dass meine ehemalige Vermieterin ein Zimmer hatte, das ich mieten konnte, also zog ich wieder ein. Nach einigen vereinzelten Jobs nahm ich im Herbst 1978 eine Stelle im Verkauf einer kleinen Firma an, die neue Technologie für elektronische Kassen vermarktete. Meine Vorgesetzten waren hilfsbereit, ehrlich, geduldig und gute Lehrer.

Während sich meine Verkaufskarriere entwickelte, war Susan in der Endphase ihres Diploms für Innenarchitektur. Bald würde sich ihr die ganze Welt eröffnen. Es war an der Zeit, dass ich eine Entscheidung traf. Ich musste riskieren, Susan einen Heiratsantrag zu machen – oder sie gehen lassen.

Doch wir waren anscheinend beide nicht bereit, diesen Schritt zu tun. Susan gestand mir ihren inneren Konflikt, als sie eines Tages sagte: »Ich bin mir nicht sicher, ob du mich brauchst.«

»Ich liebe dich, Susan«, versicherte ich ihr. »Aber ich weiß nicht genau, ob ich jemals den Punkt erreichen werde, wo ich jemand anderen zum Überleben brauche.«

»Aber ich brauche es, gebraucht zu werden«, sagte sie einfach.

Wie konnte ich ihr erklären, wie furchterregend es für mich war, auch nur daran zu *denken*, dass ich jemanden so brauchen könnte? Mich so sehr auf einen anderen Menschen zu verlassen, würde mich zu verletzlich machen.

Wenn meine Erziehung mir etwas beigebracht hatte, dann war es, mich selbst zu schützen. Es war eine Gewohnheit, die mir im Waisenhaus gute Dienste geleistet hatte, aber sie fing an, meinem Traum von einer Familie im Weg zu stehen.

# 32 Angst vor Familie

Als ob meine Angst davor, verletzlich zu sein, nicht genug wäre, um meine Beziehung mit Susan zu zerstören, wurde ich auch noch von den Schatten meiner Eltern verfolgt.

*Wie werde ich damit umgehen, wenn wir heiraten und Susan ebenso psychisch instabil ist wie Mutter?*, fragte ich mich oft. *Werde ich in der Ehe bleiben oder gehen? Wenn wir Kinder bekommen, bevor diese Probleme sich entwickeln, werde ich die Kinder verlassen oder versuchen, das Sorgerecht zu erkämpfen? Wäre es fair, sie der gleichen Art von Geisteskrankheit auszusetzen, mit der ich aufgewachsen bin?*

Ich wusste, dass viele Ehepaare sich einfach trennten, wenn es schwierig wurde, und ihren Kindern dann eben so viel Zeit und Zuwendung gaben wie möglich. Aber die Art von Ehe, die ich wollte, von der ich immer geträumt hatte, bedeutete, dass ich mein Leben mit einer Frau verbrachte, die eine Partnerin war – in Bezug auf Geld, Ziele, Liebe und Romantik ebenso wie geistlich. Ich wollte, dass meine Kinder nie fragen mussten: »Warum ist Papa gegangen?«

*Aber was, wenn Susan mir Dinge verheimlicht, wie Mutter sie vor Vater verheimlicht haben muss? Was, wenn ich von meinen Hormonen beherrscht werde und die Warnzeichen nicht sehe oder nicht rational denke? Was, wenn es ihr jetzt gut geht, sie aber später verrückt wird?*

Monatelang kämpfte ich mit diesen Fragen nach dem »Was wäre, wenn«. Dann, eines Morgens während meiner Gebetszeit, saß ich in stiller Erwartung einer Antwort länger als üblich mit gesenktem Kopf und geschlossenen Augen da. Gerade als ich aufgeben wollte, kam mir ein Gedanke, auf den ich in keinster Weise vorbereitet war. *Was, wenn du das Problem bist?*

Ich schnellte hoch und öffnete die Augen. Wieder einmal waren wir am Kern der Sache angelangt. *Was, wenn es an mir liegt? Warum habe ich nicht in Betracht gezogen, dass ich verrückt werden könnte wie meine Eltern? Warum konzentriere ich mich auf Susan, wenn es doch viel wahrscheinlicher ist, dass das Problem bei mir liegt?*

Wie gewöhnlich war mein Blick darauf gerichtet gewesen, wie andere mich beeinträchtigen könnten. Aber was war mit Susan? Wie konnte ich sie mit der Möglichkeit belasten, dass ich den Verstand verlieren könnte?

*Wenn so etwas passiert, will ich dann, dass Susan mich verlässt? Wenn wir Kinder haben, werde ich da in der Lage sein, ihr zu sagen, dass sie unsere Kinder wegbringen soll, um sie vor mir zu retten?*

Es war eine Frage, wie sie mich seit meiner Kindheit geplagt hatte und wie ich sie John auf der Rückfahrt von Chicago gestellt hatte, als ich bei den Psychiatern gewesen war: »Bin ich dazu verurteilt, so verrückt wie meine Eltern zu werden?«

Die Frage begann, andere Formen anzunehmen. *Was, wenn ich wegen geistiger oder psychischer Probleme nicht meine Aufgaben in der Welt erfüllen oder einen festen Arbeitsplatz halten kann? Was, wenn ich Multiple Sklerose bekomme oder eine andere neurologische Krankheit, die mich körperlich behindert und es mir unmöglich macht, Versorger, Beschützer, Liebhaber und Vater zu sein? Werde ich wollen, dass Susan mich verlässt, weil ich schwach geworden bin?*

Die Antwort schien offensichtlich: Natürlich würde ich nicht wollen, dass sie mich verlässt. Aber mich ehrlich der Realität zu stellen, dass ich der Problempartner sein könnte, dauerte viel länger.

Es dauerte ein oder zwei Wochen, in denen ich meinen Stolz hinunterschlucken musste, bis ich ehrlich aus dem Herzen heraus antworten konnte. *Nein, natürlich nicht! Ich würde aus keinem Grund verlassen werden wollen. Ich habe das erlebt, und kein anderer sollte das ertragen müssen.*

*Selbst wenn ich der Schwächere werde, möchte ich, dass Susan zu mir hält, damit wir uns den Kämpfen des Lebens gemeinsam stellen können. Ich möchte wirklich, dass sie ihr Versprechen hält, in guten wie in schlechten Tagen, in Gesundheit und Krankheit, in Reichtum und Armut, bis dass der Tod uns scheidet, an meiner Seite zu bleiben.*

Wenn ich das von meiner Frau wollte, wie konnte ich dann weniger von mir selbst verlangen?

Immerhin war ich nicht der Einzige, der einen großen Sprung ins Ungewisse wagte, wenn wir heirateten. Susans Sprung war vielleicht größer als meiner.

Ich kam zu dem Schluss, dass die grundlegende Frage lautete: »Rob, bist du bereit, dich auf diese Frau festzulegen, ihr in jeder Hinsicht treu zu sein, egal was kommt?« Ich wusste, was ich antworten *sollte*, aber es ehrlich und laut zu tun, war ein großer Kampf.

Susan tat ihr Bestes, verständnisvoll und geduldig zu sein, als ich mit ihr sprach und versuchte, mich durch meine inneren Konflikte hindurchzukämpfen. Eines Abends bat ich sie, mit mir zu beten, und meine Bitte an Gott war direkt: »Hilf mir, darauf zu vertrauen, dass Susan mich nicht verlässt. Gib mir die Kraft zu versprechen, auch für sie immer da zu sein.«

In der Woche nach diesem Gebet umgab mich ein Frieden, den ich nicht erklären konnte. Endlich fühlte ich mich bereit, dieses Versprechen zu geben.

An einem Spätsommerabend lagen wir in einer Hängematte unter Pinien, als ich Susan bat, mich zu heiraten. Sie gab mir nie eine Antwort. Sie küsste mich nur so lang und intensiv, dass ich dachte, ich ersticke.

Als sie anfing, die Hochzeit zu planen, nahm ich an, dass das »Ja« bedeutete.

Einige Wochen später hatte Susan es allerdings immer noch niemandem erzählt. »Wann sagst du es deinen Eltern?«, fragte ich schließlich.

Sie wedelte mit ihrer linken Hand vor meinem Gesicht herum.

»Was soll das?«, fragte ich irritiert.

»Mein Finger ist nackt!«, sagte sie mit einem Grinsen.

»Häh?«

»Ich habe keinen Verlobungsring, Dummerchen. Ich hätte gern erst einen Ring.«

»Also gut, nimm mich mit in den Laden und zeig mir einen Ring.«

Offenbar hatte sie schon einmal danach geschaut. Als wir in den Laden kamen, deutete sie auf mehrere Ringe in der Vitrine. Schließlich fragte ich die Verkäuferin, ob ich einmal einen in die Hand nehmen könne – damit ich auf das Preisschild schauen konnte.

»Susan«, keuchte ich, »der kostet über 1000 Dollar! Das meinst du nicht ernst, oder?«

Ich wollte sie nicht blamieren oder verletzen. Ich hatte einfach nur für noch nichts in meinem Leben 1000 Dollar bezahlt – nicht einmal für ein Auto. Aber ihre Stimmung schlug augenblicklich von Ausgelassenheit zu Verärgerung um.

»Bitte bring mich nach Hause«, flüsterte sie.

Ich war klug genug, kein Wort mehr zu sagen.

Meine arme Vermieterin hörte zu, als ich mir all das von der Seele redete. Als ich fertig damit war, im Zimmer herumzulaufen und die Unkosten in allen Einzelheiten zu erläutern, setzte ich mich hin und wartete auf einen Ratschlag. Sie konnte mir nicht in die Augen sehen.

»Was solltest du deiner Ansicht nach tun, Rob?«, fragte sie behutsam.

»Habe ich eine Wahl?«, fragte ich.

Sie brach in Gelächter aus. Als sie endlich wieder sprechen konnte, sagte sie: »Keine Wahl, Robby. Beiß in den sauren Apfel, kauf das Steinchen. Willkommen in der Welt der Ehe.«

Ich kaufte den Ring und schenkte ihn der überraschten Susan, die weinte und mich lang und stürmisch küsste.

Bald fuhren wir nach China Grove, um ihren Eltern unsere Verlobung bekannt zu geben. Ihre Mutter hatte es sich schon ausgerechnet, ihr Vater nicht. Als er sich wieder erholt hatte, war er sehr einverstanden.

Eines Abends während unseres Besuchs stellte mir Susans Vater eine Frage. »Rob, wenn du daran denkst, dass du bald Ehemann und hoffentlich Vater sein wirst: Wer ist in Anbetracht deiner Kindheit dein Vorbild als Mann?«

In Gedanken spulte ich rasch eine Liste ab: mein älterer Cousin Art; mein Sozialarbeiter aus der Highschool, Marv; Bob, der Jäger; Swaney, der stellvertretende Gruppenleiter; »Weißhemd« Dave; Lee, der Missionar; Dapala, der Ngbaka. Unwillkürlich dachte ich auch an die Frauen, die mein Leben gesegnet hatten: Gigi; Nola; Fran, Arts Mutter; Tante Alice; die Missionarin Alene.

Schließlich antwortete ich meinem zukünftigen Schwiegervater: »Ich möchte nicht, dass das verrückt klingt, und es tut mir leid, wenn es trotzdem so ist. Aber ich glaube wirklich, dass die beste Antwort auf deine Frage das ist, was ich an dem Menschen Jesus sehe. Natürlich kann ich niemals seine geistliche Reinheit erreichen, aber ich würde gern versuchen, so ein Mann zu sein wie er.«

»Bitte erklär das«, sagte Joe.

»Nun, nach allem, was ich gelernt habe, ging er behutsam mit kleinen Kindern um, behandelte Frauen respektvoll, war für Männer ein Freund, verteidigte die Schwachen, blieb auch unter großen Schwierigkeiten unbeugsam, war angesichts heuchlerischer und böser Menschen furchtlos und Gott treu. Er scheint mir ein ziemlich gutes Vorbild zu sein.«

Nachdem er über meine Antwort nachgedacht hatte, ermutigte Joe mich, es auf eine einfachere Formulierung zusammenzufassen.

»Ein echter Mann ist sowohl hart als auch zärtlich«, erwiderte ich.

Joe nickte.

»Ich möchte beides – Windeln wechseln und mit meinen Kindern schmusen, aber auch Dinge machen wie Gewichtheben und Wandern und Jagen.«

Irgendwann während des Gesprächs war Susan aus der Küche ins Zimmer gekommen. Sie kicherte.

»Weißt du«, sagte ich, »du wirst mit mir als Ehemann und Vater Geduld haben müssen. Ich werde Anleitung brauchen. Du kannst nicht voraussetzen, dass ich weiß, was ich tue!«

Mit einem Lächeln, einem Nicken und einem Funkeln in den Augen versicherte sie mir, dass das keine Überraschung war. »Keine Sorge«, sagte sie. »Ich brauche ein Langzeitprojekt!«

# 33 Der Kreis schließt sich

Im November 1979 besuchten Susan und ich das Pflegeheim in Chicago, wo Gigi ihre letzten Tage verbrachte.

Susan und ich planten, in wenigen Monaten zu heiraten. Ich brachte meine Verlobte zu meiner Großmutter, die sie nun zum ersten Mal persönlich treffen sollte. Was vor einigen Jahren noch fröhlich gewesen wäre, war jetzt bittersüß und schwierig. Gigi, mein stärkender Lichtstrahl, lag im Alter von 86 Jahren ans Bett gefesselt da und war zu gebrechlich, um zur Begrüßung aufzustehen. Mal war sie sich unserer Anwesenheit bewusst, mal nicht. Sie strengte sich gewaltig an, sich aufzusetzen und zu sprechen.

Das *St. Paul's House* war sauber, hatte aber einen antiseptischen Geruch an sich, vermischt mit dem Geruch des Verfalls. Man hatte Susan und mich auf eine kleine Glasveranda geführt, wo die Heimbewohner hingebracht worden waren, damit sie nach draußen sehen konnten.

Es gab da und dort Gespräche unter den alten Leuten, aber nicht viele. Die meisten schliefen zusammengesunken in Rollstühlen oder saßen in beigefarbenen und grauen Liegesesseln, die auf traurige Weise zu ihrer aschfahlen Haut passten.

Susan zog sich einen Stuhl neben Gigis Sessel, streckte den Arm aus und nahm eine faltige Hand in ihre. Augen, die so viel Schmerz gesehen hatten, suchten im Gesicht meiner Verlobten nach Einzelheiten, die Frauen gern erkennen und Männer nicht verstehen.

Sanft lächelnd drückte Gigi Susans Hand. Ich stand dabei und der Kloß in meinem Hals war so dick, dass das Sprechen unmöglich und das Atmen schwierig war.

»Viele Jahre lang habe ich gebetet, dass Gott es mich noch erleben lässt, wie Rob seinen Collegeabschluss macht und heiratet«, flüsterte Gigi. »Ich bin so dankbar, dass ich dich noch kennenlernen durfte.«

Sie wandte sich einer Schwester zu, die den Raum betreten hatte, und verkündete stolz: »Das ist Robs liebe Ehefrau. Sie heiraten im März.«

Wir bemerkten, dass Gigi etwas durcheinandergebracht hatte, und lächelten.

Sie schloss eine Weile die Augen, öffnete sie dann wieder und fragte: »Also, Susan, wann heiratet ihr?«

»Im März, Gigi. Rob und ich werden im März heiraten.«

Gigi sah die Träne auf Susans Wange nicht, aber ich. Meine zukünftige Frau bat mit gezwungen fröhlicher Stimme um einen Rat. »Wie in aller Welt bekomme ich diesen Mann satt?«

Gigi grinste und ihre Falten nahmen eine andere Form an. Ihre schwach geflüsterte Antwort klang wie die eines kleinen Mädchens, das seiner neuen besten Freundin ein Geheimnis erzählt. »Er mag Schmorbraten, Kartoffelbrei und Soße, Spinat und Vanilleeis mit Schokosirup.«

Susan nickte.

»Ich muss dich allerdings vor etwas warnen«, setzte Gigi ernst hinzu.

Überrascht beugten wir uns beide vor.

»Schatz, er ist ein lieber Junge. Aber er schnarcht wie eine Kettensäge!«

Wir lachten aus vollem Hals. Sie hatte noch ihren Humor.

Susan wischte sich die Augen und wollte dann eine weitere Frage stellen. Aber Gigi war schon wieder eingeschlafen.

Wir warteten ein Weilchen. In der Hoffnung, Gigi würde vielleicht aufwachen und noch ein bisschen mit uns reden, nahm meine zukünftige Ehefrau eine Flasche Körperlotion und cremte die Arme meiner Großmutter damit ein. Die pergamentdünne Haut saugte die Lotion rasch auf.

Ihre Augen blieben geschlossen, aber ein Lächeln zeigte sich auf ihren Lippen. »Danke«, sagte Gigi leise.

Bald mussten wir die Tatsache akzeptieren, dass sie erschöpft und in einen tiefen Schlaf gefallen war. Es war Zeit zu gehen.

Susan stand auf, beugte sich vor und küsste Gigi auf die Stirn. Ich küsste sie auch und hielt dann meinen Kopf neben ihren in der Hoffnung, einen Hauch ihres Lieblingsparfüms zu erhaschen. Leider trug sie keines. Ich wünschte, ich hätte ihr eine Flasche davon mitgebracht.

Arm in Arm gingen Susan und ich schweigend nach draußen. In Wirklichkeit hielt sie mich aufrecht. Ich konnte immer noch nicht sprechen.

Das war nicht die Gigi, an die ich mich erinnerte, die Gigi, der Susan begegnen sollte. Mir war nicht klar gewesen, in welchem Zustand sich meine Großmutter befand; am Telefon hatte sie stärker geklungen.

Einer der Gründe, warum wir nach Chicago geflogen waren, war, dass Gigi Susan kennenlernen sollte. Dieses Ziel hatten wir mehr oder weniger erreicht. So reisten wir in dem ahnungsvollen Bewusstsein ab, dass der letzte Tag meiner geliebten Großmutter näherrückte.

Wir nahmen den Bus nach Nordwesten, nach Rockford, um die zweite Angelegenheit in Angriff zu nehmen, die uns nach Illinois geführt hatte.

Als Art Gigi ins Pflegeheim gebracht hatte, hatte er die Möbel, die von Paulines Bescherung an meine Eltern übrig geblieben waren, eingelagert. Ironischerweise sollte einer der Zankäpfel in der Ehe meines Vaters jetzt der jungen Familie seines Sohnes ein wenig Komfort bieten. Wir mieteten in Rockford einen Lastwagen und luden ein kleines Vermögen an Einrichtungsgegenständen ein.

Art hatte auch Gigis Alltagsgeschirr und einige Hochzeitsgeschenke aufbewahrt, die meine Eltern bekommen hatten – darunter Gedecke aus Kristall, Kristallgläser und -weinkelche und wunderschönes altes Tafelsilber. Gigis Hoffnung, mir ein Erbe zu hinterlassen, hatte sich erfüllt. Susan und ich transportierten ihr besonderes Geschenk zurück nach North Carolina, wo wir anfingen, uns eine Wohnung einzurichten.

Unsere Hochzeitsplanungen liefen jetzt auf Hochtouren. Meine Gästeliste sah schlicht aus: die Mitchell-Verwandtschaft aus Atlanta und einige Leute aus North Carolina, meine Jugendgruppe aus der Kirche, einige Collegeprofessoren und Freunde. Verwandte aus Illinois, die schon älter waren, würden nicht so weit reisen können.

Susans Liste war viel länger. Ihre beiden Eltern kamen aus Großfamilien, und viele Leute aus der gegenwärtigen und aus früheren Gemeinden ihres Vaters sollten auch eingeladen werden. Das Durcharbeiten der Liste verwirrte mich, aber Susan schien ganz gelassen zu sein.

Susan und ihr Vater saßen oft am Küchentisch und arbeiteten die Einzelheiten der Trauung aus. Sie wählten Bibelverse, Eheversprechen und Lieder. Ich wusste, dass ich »Ja, ich will« sagen wollte, aber damit waren meine konkreten Vorstellungen auch schon erschöpft.

Ich war gerührt, als einige meiner Verwandten uns unterstützten. Tante Alice und Onkel Mack organisierten und bezahlten das

Probeessen in einem örtlichen Countryklub; Großtante Martha aus Burlington organisierte und bezahlte einen Hochzeitsbrunch.

Unser Hochzeitstag im März 1980 war sonnig. Die methodistische Kirche in China Grove war mit wunderschönem warmem Holz ausgekleidet und hatte Buntglasfenster. Die Brautjungfern trugen rotbraune Kleider, meine Trauzeugen blaue Anzüge. Susans Kleid war cremefarben; ich trug einen passenden Smoking. Die weißen Gardenien in ihrem Haar waren die gleichen wie die in ihrem Brautstrauß.

Susans Vater nahm die Trauung vor und strahlte mit der Sonne um die Wette. Als er vor dem Schlusssegen unsere Hände in seine nahm, veränderte sich jedoch sein Gesichtsausdruck; er war den Tränen nahe. Irgendwie schaffte er es, für den Rest der Zeremonie die Fassung zu bewahren.

Zusammen mit ihrer Mutter richtete Susan den größten Teil unseres Hochzeitsempfangs aus. Über 300 Gäste strömten zu unserer Feier.

Nach der Hochzeitsreise auf das wunderschöne Kiawah Island vor der Küste von South Carolina machten wir uns auf den Weg zu unserer kleinen Wohnung. Mir gefiel es bereits, verheiratet zu sein, und ich wusste, dass ich ein glücklicher Mann sein würde.

Wir waren erst seit ein paar Stunden wieder in Greensboro, als das Telefon klingelte.

»Hallo Rob«, sagte mein Cousin Art. »Es tut mir leid, dass ich dich gleich wieder stören muss, aber ich habe schlechte Nachrichten.«

Er machte eine Pause und mein Herz sank. Ich konnte mir den Grund für seinen Anruf denken. Vier Monate waren vergangen, seit Susan und ich in Chicago gewesen waren. Dieser Besuch und die Nachrichten, die ich danach bekommen hatte, hatten mich auf das vorbereitet, was ich gleich hören würde. Ich winkte Susan, dass sie mithören sollte.

»Gigi ist am Montag gestorben. Ich wollte euch nicht während eurer Hochzeitsreise anrufen und wusste nicht, wann ihr wiederkommen würdet. Also habe ich erst gestern angefangen, euch auf dieser Nummer anzurufen.«

Ich versuchte, mich zu konzentrieren. »Kannst du mir die Einzelheiten erzählen?«

»Ich war an eurem Hochzeitstag bei Gigi. Am Nachmittag fragte sie mich immer wieder, wann ihr heiraten würdet. Jedes Mal sagte ich ihr: ›Heute, Gigi; Rob und Susan heiraten heute.‹ Als sie endlich begriff, dass es tatsächlich der Tag war, an dem ihr heiratet, schlief sie ein und kam nicht mehr zu Bewusstsein. Ich blieb in Chicago, bis sie starb.«

»Danke, Art. Du warst so gut zu ihr. Es tut mir leid, dass ich nicht auch bei ihr sein konnte.«

»Ich weiß, wie schwer das für dich ist, Rob«, sagte Art behutsam. »Sie hat dich sehr geliebt. Die Ärzte sagen, dass es keinen medizinischen Grund gab, warum sie so lange gelebt hat. Sie war stolz auf dich, als du deinen Collegeabschluss gemacht hast. Aber sie war immer noch besorgt, weil du allein warst. An dem Tag, als du geheiratet hast, hat sie dich in Susans Hände abgegeben. Sie hat deine Frau gemocht, weißt du?«

»Ja, Art, ich weiß«, antwortete ich mühsam. »Sie hat immer versprochen, dass sie noch erleben würde, wie ich meinen Collegeabschluss mache und heirate.«

»Ich habe das sichere Gefühl, dass sie sich irgendwie dazu gezwungen hat, bis zu eurer Hochzeit zu überleben.«

Ich brachte kein Wort heraus.

Dann beschrieb er die letzten Absprachen, die er mit Gigi getroffen hatte. Ich dankte ihm, dass er so freundlich zu mir gewesen war, und besonders für die Liebe, die er Gigi erwiesen hatte.

Als ich auflegte, sah Susan mich an und wartete.

»Lass uns wegfahren«, sagte ich und ging zur Tür. »Du fährst.«

Meine Frau fuhr mit tränenfeuchten Augen und ich saß schweigend neben ihr in unserem kleinen VW. Ich schlang die Arme um meinen Körper, schob die Hände in die Achselhöhlen und begann, leicht hin- und herzuschwanken – ganz ähnlich, wie ich es sehr viele Jahre zuvor getan hatte, als ich ein kleiner Junge gewesen war und mit tränenverschleierten Augen gesehen hatte, wie meine Gigi wegging. Damals hatte ich mich jedes Mal gefragt, ob sie zurückkommen würde. Dieses Mal würde sie nicht zurückkommen.

Diese einfache, arme, aber gottesfürchtige Frau hatte mich mehr als ihr eigenes Leben geliebt. Sie hatte mir alles gegeben, was sie hatte, und jetzt war sie fort. Ich konnte sie nicht mehr am Sonntagnachmittag anrufen oder ihren Bostoner Schmorbraten genießen. Ich konnte ihr nicht mehr sagen, wie sehr ich sie liebte. Die Endgültigkeit erdrückte mich.

Wir fuhren etwa 20 Minuten, bevor Susan den bevorstehenden Ausbruch spürte. Sobald sie auf einem verlassenen Parkplatz hielt, brach ich in gequältes Schluchzen aus. Das kleine Auto bebte, als ich mich hin- und herwiegte und vor Trauer stöhnte, die zu tief für Worte war. Susan sagte nichts, hielt mich fest und weinte mit mir und für mich.

Es war beinahe eine halbe Stunde später, als wir endlich erschöpft auf den Sitz zurücksanken, unfähig, noch eine einzige Träne zu vergießen.

Dann brachten Gott und Susan mich an einen Ort, wo ich immer hatte sein wollen. Nach Hause.

Rob und Susan wurden am 9. März 1980 von Susans Vater Joe getraut (Mitte). Dies war der Anfang für den Autor, seinen Traum von einer »wirklichen« Familie zu verwirklichen.

Kinder waren der nächste Schritt. Alicia, zweieinhalb Jahre, und Luke, ein Jahr alt, lieben es, auf ihrem Daddy herumzuklettern (1988).

Familie Mitchell im Jahr 2002.
Von links nach rechts: Luke, Rob, Alicia, Susan.

# Nachwort

20 Jahre nach Gigis Tod räumte ich alte Kisten auf dem Dachboden auf. Ich fand ihr kleines Tagebuch mit Spiralbindung und darin den folgenden Eintrag:

*Robby, Liebling –*

*Du bist mein lieber Enkelsohn. Ich hoffe, dass du groß und körperlich, geistlich und psychisch stark wirst, dass du ein guter Bürger wirst und stark genug, um die Dinge zu schützen, an die du glaubst.*

*Behalte meine Liebe im Herzen – du wirst immer meine Liebe haben.*

*– Großmutter Gigi*

Ich fand auch diese kurze Beschreibung der Zeit, in der Mutter mich entführt hatte:

*Weihnachten 1962 und die ersten Monate von 1963 waren unerfreulich für Robby und mich, aber im Sommer 1963 hatten wir alles wieder unter Kontrolle.*

Gigis Gebete für meine Zukunft und ihre nüchterne Art, mit dem Chaos in meinem Leben umzugehen, erklären vielleicht teilweise, wie ich dahin gekommen bin, wo ich heute stehe.

Ich habe das Waisenhaus überlebt, in dem ich aufgewachsen bin. Im Winter 2005 wurde das *Covenant Children's Home* abgerissen. Der Ort, der so viele ausgestoßene Kinder beherbergt hat, ist als Gebäude verschwunden.

Glücklicherweise lebe ich in einem Zuhause, das niemals zerstört werden kann – in meiner Beziehung zu meinem himmlischen Vater. Und ich freue mich auf mein ewiges Zuhause. In der Bibel steht in 2. Korinther 5,1: »Denn wir wissen: Wenn dieses irdische Zelt, in dem wir leben, einmal abgerissen wird – wenn wir sterben und diesen Körper verlassen –, werden wir ein ewiges Haus im Himmel haben.«

Susan und ich haben vor kurzem Hochzeitstag gefeiert. Seit 26 Jahren halten wir uns nun die Treue. Nach 22 Jahren als Hausfrau und Mutter arbeitet sie jetzt an ihrem Magisterabschluss in Theologie. Wie die meisten Ehepaare hatten wir Zeiten, die wunderbar erfüllend waren, und Zeiten mit großen Belastungen. Ich bin glücklich berichten zu können, dass wir einander noch immer lieben – und dass ich noch immer verrückt nach ihr bin.

Wir haben zwei prima Kinder. Alicia hat das College innerhalb von drei Jahren mit einem Abschluss in christlicher Pädagogik *cum laude* absolviert. Sie hat einen feinen jungen Mann geheiratet, Chad, der auf dem Weg an die juristische Fakultät ist.

Unser Sohn Luke ist 19, als ich dieses Buch schreibe. Er studiert Musikwissenschaft. Seine stimmlichen Fähigkeiten, die ihm ein Stipendium eingebracht haben, und seine Begabung, mehrere Instrumente zu spielen, möchte er gern einmal in einem christlichen Werk einsetzen.

Als Alicia und Luke reif genug dafür waren, erzählten wir ihnen einiges aus meiner Kindheit. Wir nahmen sie nach Princeton mit, damit sie das Kinderheim anschauen konnten. Ich freue mich, dass sie niemals auch nur im Entferntesten verstehen werden, was ich durchgemacht habe.

Susan und ich freuen uns sehr darüber, dass unsere Kinder sich für den Glauben ihrer Eltern entschieden haben – und ihn voll und aufrichtig leben.

Im Jahr 1985 wurde ich Finanzberater. Das Geschäft hat Erfolge und Niederlagen mit sich gebracht, aber im Jahr 2002 wurde ich in einer führenden Branchenzeitschrift als einer der herausragendsten amerikanischen Makler gewürdigt.

Ich habe mein Versprechen an Tony Martin, den Gärtner des Kinderheims, gehalten und nie den »kleinen Mann« vergessen. Viele meiner Kunden sind wohlhabend, aber auch die »kleinen« Investoren schicke ich nie fort.

Mein Vater starb 1983, drei Jahre, nachdem Susan und ich geheiratet hatten. Es gab eine Beerdigung im engsten Familienkreis; das Begräbnis fand an einem kalten, nassen, windigen Tag mit Tante Alice, Onkel Mack, ihren drei Kindern und einigen Cousins und Cousinen meines Vaters statt.

Ich entschied mich für eine Trauerfeier mit geschlossenem Sarg, sodass das Foto meines Vaters nach wie vor das einzige Bild von ihm ist, das ich in meinen Gedanken trage. Wir benutzen noch immer einen Teil der geerbten Möbel, die ihm so viel Kummer bereitet haben, ebenso wie das Kristall, Porzellan und Tafelsilber.

Ich bin weiterhin in Kontakt mit vielen Menschen aus meiner Vergangenheit. Onkel Mack und alle meine Großonkel sind inzwischen gestorben, aber ich telefoniere immer noch mit Tante Alice und Mack junior und besuche sie. Art lebt nach wie vor in Rockford.

Ein paar Mal im Jahr schaue ich bei Nola vorbei, die aus dem Dienst ausgeschieden ist und später noch geheiratet hat. Paul, mein »Mitinsasse«, ist wie ein Bruder für mich. Ich bin außerdem weiterhin in Kontakt mit Marv, Dave und Swaney, wie auch mit meinen Missionarsfreunden. Kürzlich habe ich wieder Verbindung zu meinem Sozialarbeiter John aufgenommen, habe aber unglücklicherweise jeden Kontakt zu meinem afrikanischen Freund Dapala verloren.

Wenn Leute meine Geschichte hören, fragen sie mich hinterher oft: »Wie hast du es geschafft zu überleben und der Mann zu werden, der du heute bist?«

Die Antworten sind kompliziert, aber die Wahrheit, die ihnen zugrunde liegt, ist einfach: Ich konnte die Ereignisse und Umstände, die mir auferlegt wurden, nicht ändern, aber ich konnte wählen, wie ich darauf reagieren wollte. Das wesentliche Kennzeichen eines Menschen ist, so scheint mir, nicht nur, wie er agiert, sondern auch, wie er reagiert.

Die Gesellschaft sagte, dass ich bloß ein Kind aus einem Waisenhaus war, wahrscheinlich zu sinnlosem Herumhängen, einem frühen Tod oder dem Gefängnis verurteilt. Die Genetik legte nahe, dass ich ebenfalls unter den Krankheiten meiner Eltern leiden könnte. Ich beschloss, meine Sicht darüber, wer ich war und wer ich werden konnte, zu verändern. Fürsorgliche Erwachsene versuchten mich zu erreichen, aber am Ende musste ich ihnen auch die Hand entgegenstrecken – und nach oben zu Gott.

Als ich mich nach Gott ausstreckte und nach der Hoffnung, die er jedem ungeachtet seiner Herkunft, Sprache oder Kultur anbietet, lernte ich, dass nichts, das ich mir selbst antue oder das andere mir antun, keine Misshandlung oder Gleichgültigkeit, nichts, das geschehen ist oder je geschehen wird – auch nicht der Tod – mich von der Liebe Gottes trennen kann. Diese Liebe half mir zu vergeben und hat mich aus meiner schmerzlichen Vergangenheit entlassen – ebenso wie diese Liebe so vielen anderen geholfen hat, zu vergeben und Freiheit zu finden.

Wenn ich diese Geschichte erzähle, besteht mein Ziel nicht nur darin, anderen ausgestoßenen Kindern Hoffnung zu bringen. Es soll jeden Menschen daran erinnern, dass sein Leben zählt.

Es gibt immer Hoffnung, wenn man das Zuhause findet, in dem man kein Gast ist. Ich glaube aufrichtig, dass sich diese Art von Zuhause finden lässt, indem man sich für eine persönliche Beziehung zu Gott entscheidet und die Gemeinschaft mit Leuten sucht, die sich ebenfalls für eine solche Beziehung entschieden haben.

Für mich begann das mit einem einfachen, ehrlichen Gebet: *Jesus, wenn du echt bist, komm in meinen Albtraum. Vergib mir meine Sünden und verändere mich.*

Ich wünsche Ihnen, dass Sie Antworten finden, wenn Sie sich voller Hoffnung den Problemen Ihrer Vergangenheit stellen, sich mit den Realitäten Ihrer Gegenwart auseinandersetzen und in Ihre Zukunft schauen. Ich wünsche Ihnen, dass es Ihnen durch die Entscheidungen, die Sie treffen, gelingt, mit mir zusammen nachzusprechen, was der ehemalige Saulus von Tarsus so wunderbar formuliert hat:

*Ich bin noch nicht alles, was ich sein sollte, aber ich setze meine ganze Kraft für dieses Ziel ein, indem ich die Vergangenheit vergesse und auf das schaue, was vor mir liegt.*

Philipper 3,13

# Ein Hinweis an Pädagogen

Lehrer werden oft ermuntert, dafür zu sorgen, dass auch andere Stimmen und Kulturen Teil des Lehrplans sind. Die echte Stimme eines verstoßenen Kindes, das eines der letzten »Lebenslänglichen« in einem amerikanischen Waisenhaus war, kann vielleicht auch als andere Stimme und Kultur gelten.

Folgendes sagte eine Englischlehrerin, die seit 25 Jahren an einer Highschool unterrichtet, über diese Geschichte, nachdem ihre sieben zwölften Klassen einen Entwurf von *Kind der Hoffnung* gelesen hatten:

»Dies ist ein erstaunliches Werk zeitgenössischer Literatur, das universelle Themen wie Einsamkeit, Angst, Ablehnung, Wut, Verbitterung und die Notwendigkeit der Vergebung untersucht. Ich war überrascht von dem breiten Spektrum an verschiedenen Reaktionen und besonders, wie ehrlich die Jungen reagierten und sich ganz darauf einließen.«

Ebenso aufschlussreich sind die Reaktionen einiger Highschool-Schüler auf das Manuskript:

»Konnte es nicht weglegen. Ihre offenen Fragen haben mich wirklich zum Nachdenken gebracht.«

»Viele Kapitelenden waren dramatische Cliffhanger. Ich habe mit Ihnen Ihre Kämpfe durchlitten; der romantische Kram mit Ihrer zukünftigen Frau hat mir wahnsinnig gut gefallen; ich habe laut gelacht, weil ich mich damit identifizieren konnte, wie dusselig Sie sich bei den Mädchen angestellt haben.«

»Das war nicht nur Hoffnung für Kinder wie Sie, sondern für uns alle.«

»Es ist eine unglaubliche Geschichte, erstaunliche Abenteuer.«

»Erfrischend.«

»Es hat mir echt gefallen, wie Sie mir unter die Haut gegangen sind. Ich war dankbar, Sie in Ihrem Kampf ums Vergeben begleiten zu dürfen – und dass Sie das, was wirklich schwer ist, nicht so dargestellt haben, als sei es einfach.«

Wenn Sie Englisch, Literatur, Soziologie, Psychologie oder im Jugendjustizwesen unterrichten, hoffe ich, dass Sie diese wahre Geschichte als fakultative Lektüreaufgabe nutzen. Ich stehe an Ihrer

Seite in dem Versuch, den Schülern zu helfen, alles zu werden, was sie sein können.

*Rob Mitchell*

# Literaturhinweise

Dieses Buch enthält viele Verweise auf andere literarische Werke, darunter auch die Bibel. Falls Sie diese weiter verfolgen möchten, folgt hier eine Liste dieser Verweise und die Quellen, aus denen sie entnommen sind.

**Kapitel 4**
»Jetzt war ich an der Reihe, mit einem Schluchzen zu weinen, das zu tief für Worte war.« Siehe Die Bibel, Römer 8,26

**Kapitel 8**
»Ich werde versuchen, alles zu tun und zu sein, was Sie wollen, wenn Sie mich nur behalten.« Siehe *Anne auf Green Gables* von Lucy M. Montgomery. Bindlach: Loewe, 1991.

**Kapitel 9**
»Das erinnert mich an *Oliver Twist*.« Siehe *Oliver Twist* von Charles Dickens. Frankfurt/Main: Fischer-Taschenbuch-Verlag, 2008.

**Kapitel 12**
»Ungefähr zu dieser Zeit las ich *Ich war ein Sklave* von Booker T. Washington, dem ehemaligen Sklaven, der Pädagoge wurde.« Siehe *Ich war ein Sklave* von Booker T. Washington, Wien: Verlag für Jugend und Volk, 1958.

**Kapitel 14**
»Eines Tages fragte ich ihn: ›Wie kann jemand an eine Hoffnung glauben, die er nicht sehen kann?‹« Siehe Die Bibel, Hebräer 11,1.

**Kapitel 18**

»*Dieser Kerl wurde hungrig, durstig und müde. Er hat sich sogar die Füße schmutzig gemacht.* Darüber hatte ich noch nie nachgedacht.« Siehe Die Bibel, Markus 11,12; Johannes 19,28; Markus 6,31; Johannes 13,3-17.

»*Er wurde von denen im Stich gelassen, denen er vertraute.* Damit konnte ich mich identifizieren.« Siehe Die Bibel, Markus 14,43-46.

»Dann las ich einen Vers, der mich vom Hocker haute. *Dieser Mann sagte, dass er Gott ist. ...*

Offenbar war diese Behauptung so anstößig für die religiösen Leiter seiner Zeit, dass sie einen Plan schmiedeten, wie sie ihn umbringen lassen könnten.« Siehe Die Bibel, Johannes 8,51-59.

»Entweder war Jesus ein Verrückter, oder er log mit seiner Behauptung, er sei Gott – oder er war tatsächlich der, der er zu sein behauptete.« Siehe *Pardon, ich bin Christ* von C. S. Lewis. Basel, Gießen: Brunnen-Verlag, 2001.

»Es überraschte mich, dass Jesus wütend wurde.« Siehe Die Bibel, Markus 3,5.

»Wir beide wurden wütend über Heuchelei; das gefiel mir.« Siehe Die Bibel, Matthäus 23,13-33.

»Er war frustriert über Leute, ich auch.« Siehe Die Bibel, Markus 3,5.

»Ich sah, dass Jesus oft über das ewige Leben sprach. Ich machte mir mehr Sorgen darum, älter als 20 zu werden.« Siehe Die Bibel, Johannes 3,16 f.

»Jesus sagte, dass der Geist Gottes in mein Herz kommen und mich verändern würde. *Wie kann etwas wie der Geist Gottes in meinen Körper, in mein Herz passen? Wie kann ich an etwas glauben, das ich nicht sehen oder anfassen kann?*« Siehe Die Bibel, Johannes 3,1-15.

»Ich las weiter und bemerkte, dass Jesus sagte, dass Diebe kommen, um zu stehlen, zu töten und zu zerstören – während er kam, damit wir Leben ›im Überfluss‹ haben können.« Siehe Die Bibel, Johannes 10,10.

»Wenn ich auf Bibelabschnitte darüber stieß, wie Jesus die Kranken, Blinden und Tauben heilte, ging ich normalerweise darüber hinweg.« Siehe Die Bibel, Matthäus 11,1-6.

»Sag mir, Robby, wie erklärst du dir die Sache mit den Männern, die am engsten mit Jesus zusammenlebten und ihn dann am Kreuz sterben sahen? Sie begruben seine Leiche und behaupteten dann gesehen zu haben, wie er aus diesem Grab auferstanden war, genau wie er versprochen hatte.« Siehe Die Bibel, Matthäus 27-28; Johannes 19-21; Hebräer 11,35-12,2.

»Hast du von den über 500 Männern gelesen, die behaupteten, sie hätten ihn nach seiner Auferstehung aus dem Grab gesehen?« Siehe Die Bibel, 1. Korinther 15,1-8.

»Ich weiß, dass ein Kind, wenn es seinen Eltern ungehorsam ist, sich entschuldigen und um Vergebung bitten sollte.« Siehe Die Bibel, Epheser 6,1.

»Etwas versuchte, die verriegelten Türen meines Herzens zu öffnen.« Siehe Die Bibel, Offenbarung 3,20.

*»Welche Entscheidung werde ich bezüglich dieses Jesus treffen? Werde ich ihn als Verrückten ablehnen wie meine Mutter oder riskieren, mich ein letztes Mal nach der Hoffnung auszustrecken und ihn als den zu akzeptieren, der er sagt, der er ist?«* Siehe Die Bibel, Matthäus 16,13-17.

**Kapitel 19**

»Wie bei Ralph und Jack auf Castle Rock in *Der Herr der Fliegen* würde einer von uns Verletzungen davontragen.« Siehe *Herr der Fliegen* von William Golding. Frankfurt/Main: Fischer-Taschenbuch-Verlag, 2003.

»Plötzlich erinnerte ich mich jedoch an die Worte von Jesus: ›Halte auch die andere Wange hin.‹« Siehe Die Bibel, Matthäus 5,39.

»Ich drehte das Buch um. Dann las ich einen Vers: ›Eine freundliche Antwort besänftigt den Zorn.‹« Siehe Die Bibel, Sprüche 15,1.

»Auf der Suche nach Ermutigung wandte ich mich wieder dem Buch *Ich war ein Sklave* von Booker T. Washington zu. Eine der Aussagen, die ich dort las, war: ›Der schwarze Jugendliche beginnt sein Leben unter widrigen Voraussetzungen.‹« Siehe *Ich war ein Sklave* von Booker T. Washington, Wien: Verlag für Jugend und Volk, 1958.

**Kapitel 21**

»Und jetzt bot mir ›Ich bin, der ich bin‹, der Gott des Universums, an, mich zu adoptieren.« Siehe Die Bibel, Römer 8,14-17.

**Kapitel 23**

»Plötzlich ... stellte ich fest, wie sich meine Faust schloss, anspannte. Ich hörte das Geräusch von summenden Fliegen. Das ›alte Ich‹ erhob sich wie ein Löwe, der getarnt im Gras gelegen hatte.

Eine vertraute Stimme, die nur ich hören konnte, schien mich auszulachen. Sie kam wie aus dem Dschungel, der den Fußballplatz umsäumte. *Schlag ihm das Gesicht ein! Schlag, schlag, schlag und er liegt am Boden, bevor er weiß, wie ihm geschieht. Er wird eine Woche lang Schmerzen haben!*

*Du kannst deiner Vergangenheit nicht entfliehen. Tu es! Tu es jetzt!*« Siehe *Herr der Fliegen* von William Golding. Frankfurt/Main: Fischer-Taschenbuch-Verlag, 2003.

*»Halte auch die andere Wange hin und geh weg.«* Siehe Die Bibel, Matthäus 5,39.

**Kapitel 24**

»Doch dann hörte ich die Geschichte von Corrie ten Boom.« Siehe *Die Zuflucht* von Corrie ten Boom, Elizabeth Sherrill und John Sherrill. Wuppertal: Brockhaus, 1997.

**Kapitel 26**

»Die zwei mussten ihm vorgekommen sein wie die peinigenden Harpyien, von denen ich in Dantes *Hölle* gelesen hatte. Mein Vater konnte wohl keinen Weg finden, sich aus ihren Klauen und von ihrem ständigen aufeinander Herumhacken zu befreien.« Siehe *Die Hölle* von Dante Alighieri (Göttliche Komödie, *Die Hölle*. Dresden: Widukind-Presse, 2002), wahrscheinlich 1341 erstmals veröffentlicht. In Canto XIII wird Dante in etwas geführt, das als zweiter Ring des siebenten Kreises der Hölle bezeichnet wird, ein Ort für diejenigen, die gegen sich selbst gewalttätig waren. Dort werden sie ständig von Harpyien gequält.

**Kapitel 27**

»Das fünfte der Zehn Gebote, ›Ehre deinen Vater und deine Mutter‹, beunruhigte mich weiterhin.« Siehe Die Bibel, 2. Mose 20,12.

»Dort las ich: ›Überlasst all eure Sorgen Gott, denn er sorgt sich um alles, was euch betrifft!‹« Siehe Die Bibel, 1. Petrus 5,7.

»Die ganze nächste Woche lang umgab eine tiefe Ruhe mein Herz und meine Gedanken. Ich wusste, dass die Zeit gekommen war.« Siehe Die Bibel, Philipper 4,7.

»Da ich beschlossen hatte, kein Opfer zu sein, das von einem Kindheitstrauma behindert wurde, fühlte ich mich frei – als ob schwere Ketten von meinen Beinen abgenommen worden waren.« Siehe Die Bibel, Galater 5,1.

**Nachwort**

»Als ich mich nach Gott ausstreckte und nach der Hoffnung, die er jedem ungeachtet seiner ethnischen Herkunft, Sprache oder Kultur anbietet, lernte ich, dass nichts, das ich mir selbst antue oder das andere mir antun, keine Misshandlung oder Gleichgültigkeit, nichts, das geschehen ist oder je geschehen wird – auch nicht der Tod – mich von der Liebe Gottes trennen kann.« Siehe Die Bibel, Römer 8,38 f.

## Über den Autor

Mehr Informationen zu Rob Mitchell erhalten Sie auf den (englischen) Internetseiten

www.rbmitchell.com oder www.castawaykid.com.

Meggie Alisch

## Der beste Wechsel

Tb, 12 x 19 cm, 160 S.
Nr. 394.873,
ISBN 978-3-7751-4873-3

In einem unterhaltsamen, ehrlichen und fesselnden Gespräch mit Moderatorin Meggie Alisch gibt der Engländer Colin Bell Einblick in das Leben eines Fußballtrainers (TuS Koblenz, Jugend-Cheftrainer, 2. Bundesliga), der zunächst Erfolg um jeden Preis sucht und schließlich den besten Trainer aller Zeiten kennenlernt.

## Mit vollem Einsatz

Pb., 11,7 x 17,9 cm, 496 S.
Nr. 394.718,
ISBN 978-3-7751-4718-7

Die Bibel – nur etwas für Pfarrer und andere Kirchen-Profis?

Diese Ausgabe des Neuen Testamentes räumt mit Vorurteilen auf und zeigt: Die Bibel ist für jeden da. In allen Lebenslagen bietet sie Denkanstöße und Wegweisung an. In der modernen Neues Leben Übersetzung ist sie gut verständlich. Außerdem berichten Spitzensportler aus verschiedenen Disziplinen, wie ihr Leben durch dieses Buch verändert wurde:

- Weltfußballer Kaká
- Fußball-Weltmeister Lúcio
- Deutscher Fußballmeister Zé Roberto
- Brasilianischer Fußball-Nationalspieler Marcelo José Bordon
- Weltmeister Ralf und Anke Schumann (Sportschützen)
- Vize-Schwimm-Weltmeisterin Kirsty Balfour
- Radprofi Matthias Ruß
- Deutsche Meisterin im Bahnradfahren Verena Jooß
- Schweizer Meister im Snowboarden Heinz Inniger
- Baseball-Nationalspieler Simon Gühring
  und viele andere.

*Bitte fragen Sie in Ihrer Buchhandlung nach diesen Büchern!*
*Oder schreiben Sie an: SCM Hänssler Verlag, D-71087 Holzgerlingen.*

Gerhard Nehls

## Auf den Spuren der Sehnsucht

Gb., 13,5 x 20,5 cm, ca. 360 S.
Nr. 394.880,
ISBN 978-3-7751-4880-1

Gulag-Häftling, Globetrotter, Goldschmied und Gott-Sucher. Nehls Lebensbeschreibung liest sich wie ein Roman.

Im Gulag erfährt Gerhard Nehls, was Hölle heißt. Als Globetrotter sucht er den Weg zum Himmel. Okkulte Erlebnisse zeigen ihm: Es gibt mehr als das, was wir sehen. In Schwarzafrika entdeckt der Goldschmied dann seinen himmlischen Schatz und wird Christ. Der Glaube wird Nehls neue Leidenschaft: Egal ob er schwarzen Jugendlichen, Muslimen oder Mitgliedern von Verbrechergangs gegenübersteht. Seine vielfältigen Begegnungen geben aufschlussreiche Einblicke in eine fremde Lebens- und Glaubenswelt.

Ben Carson

## Das Ziel heißt Leben

Gb., 13,5 x 20,5 cm, 320 S.
Nr. 394.907,
ISBN 978-3-7751-4907-5

Es geht um Sekundenbruchteile. Das Leben der Zwillinge hängt am seidenen Faden. Tabea und Lea sind am Kopf zusammengewachsen. Ihre letzte Rettung: Ben Carson.

Ben Carson erzählt nicht nur von schwierigen Eingriffen, verzweifelten Eltern und lebenshungrigen Kindern. Weit mehr: Der Meisterchirurg teilt sein Erfolgsrezept mit dem Leser: Wie man gute Entscheidungen trifft, Risiko wagt und seine persönlichen Ziele erreicht.

Nur in der deutschen Ausgabe: ein extra Kapitel von Carson über die Operation von Tabea und Lea und ein Vorwort von Nelly Block, die berichtet, wie es ihrer Tochter Lea heute geht.

*Bitte fragen Sie in Ihrer Buchhandlung nach diesen Büchern!*
*Oder schreiben Sie an: SCM Hänssler Verlag, D-71087 Holzgerlingen.*